선교의 새 패러다임

왕의 길을 예비하라

왕의 길을 예비하라

발행 2019년 11월 30일

지은이 김궁헌
발행인 윤상문
디자인 표소영, 박진경
발행처 킹덤북스
등록 제2009-29호(2009년 10월 19일)
주소 경기도 용인시 기흥구 동백동 622-2
문의 전화 031-275-0196 팩스 031-275-0296

ISBN 979-11-5886-176-6 (03230)

Copyright ⓒ 2019 김궁헌
이 책은 저작권법에 따라 보호받는 저작물이므로 무단전재와 복제를 금지하며, 이 책의 내용의 전부 또는 일부를 이용하려면 반드시 저작권자와 킹덤북스의 서면 동의를 받아야 합니다.

※ 잘못된 책은 구입하신 곳에서 교환하여 드립니다.
※ 책 가격은 표지 뒷면에 있습니다.

 킹덤북스(Kingdom Books)는 문서사역을 통해 하나님의 나라를 확장하고, 한국 교회와 세계 교회를 섬기고자 설립된 출판사입니다.

선교의 새 패러다임

왕의 길을 예비하라

김궁헌 지음

PREPARE THE WAY OF OUR KING

지교회가 주도하는 총체적 협력 선교

어떻게 '교회의 본질'을 회복할 것인가?
어떻게 '하나님의 비전'을 이루는 교회가 될 수 있을까?

땅의 모든 끝이 하나님을 경외하리로다(시 67:7)

킹덤북스
Kingdom Books

추천사

눈 덮인 벌판에서 길 없는 막막함보다, 먼저 간 이들이 흐트러놓은 발자국은 더욱 큰 혼란을 줍니다. 현재 한국 교회 선교의 이와 같은 현실 속에서 본 저서는 목회와 선교지에서 실제로 경험한 것을 기초로 선교의 바른 패러다임과 길을 제시해 줍니다. 귀한 저서를 통하여 앞으로 교회의 선교적 기능이 온전하게 회복되고 주님 오실 길을 예비하는 거룩한 교회들로 일어서기를 기도합니다.

박보영 목사(마가의 다락방 기도원)

교회는 예수님의 대위임령에 철저하게 순종해야 한다. 이러한 명제를 부정하는 목회자는 아무도 없지만 이를 온전히 실천하는 교회를 찾는 것 역시 쉽지 않다. 김궁헌 목사의 책 『왕의 길을 예비하라』에는 온 성도가 주님의 명령에 철저히 순종하며 선교하는 교회를 일궈온 지난 14년의 목회 여정이 고스란히 담겨 있다. 그가 전하는 지난 여정의 고뇌와 시행착오, 돌파와 감사의 고백이 갈 길을 잃어버린 한국 교회를 위한 새로운 이정표로 귀히 쓰이길 소망한다.

송태근 목사(삼일교회 담임목사)

공간적으로는 땅끝까지, 시간적으로는 그리스도께서 다시 오실 때까지, 지금도 변함없는 교회의 지상 과업은 주님의 대위임령을 성취하는 것이다. 온 세계 교회의 남은 과업의 핵심은 0.1%미만의 4,800여 미전도 종족들을 선교하는 것이다. 이 책은 저자의 경험을 바탕으로 이 핵심 과업을 완수하기 위한 최선의 길을 활짝 열어준다. 수많은 교회들이 이 책을 통해서 '왕의 선교'에 동참하기를 소망한다.

신현필 목사(GAP 대표회장, 한국오픈도어선교회 대표)

이 책은 김궁헌 목사님과 마라나타 비전교회가 예수님의 제자로서 예수님의 삶과 사역을 본 받아 살아온 생생한 역사적 선교 기록이다. 예수님처럼 담임목사가 교인들을 직접 미전도 종족에게 데리고 가서 복음을 전하고, 제자를 만들고, 교회를 세운 선교사들의 열전이다. 교인들도 보냄을 받는 곳에서 예수님의 가르침과 사례와 전략을 실천하며 사는 작은 사도들이다. 이 책은 왕이신 예수님을 맞이하기 위해 전 세계 목사들과 교인들과 교회들이 반드시 읽고 본 받아야 할 교과서이다.

안강희 목사(인도 선교사, FTT 실행위원)

본서는 교회의 본질을 잃어가고 있는 한국 교회를 깨우는 경종의 목소리가 담긴 작품이다. 나는 필자가 어떤 분이신지 잘 알고 있다. 김궁헌 목사님은 20년 이상 대학 교수로 사시다가 늦게 부르심을 받으신 분이다. 그러나 목사님은 늦게 시작한 목회를 예수님의 가르침대로 교회의 본질에서 벗어나지 않고 왕의 선교에 초점을 맞추고 하나님 나라의 꿈을 꾸며 그 꿈을 이루기 위하여 순종하며 성령님과 함께 걸어오셨다.

그 결과 짧은 기간에 수많은 극상품의 열매를 맺는 것은 물론 길 잃은 한국 교회의 바른 길잡이가 되는 모범적인 교회를 반듯하게 세우게 되었다. 교회는 급성장하기 시작했다. 성경대로 부흥되기 시작했다. 교회가 교회의 본질을 회복했기 때문이다. 500명이 넘는 교인들은 하나 같이 전도하고 선교하는 사역자가 되었다. 마라나타 비전교회 성도들은 하나 같이 왕 같은 제사장들로서 비전을 지구 이하로 낮추지 않고 살고 있다. 무엇보다 담임목회자이신 김궁헌 목사님이 오직 선교 하나밖에 모르는 사람이 되었기 때문이다. 그는 성경대로 사는 법을 배워 그대로 실천한다. 선교의 방법도 예수님의 가르침과 행하시고 모범을 보이신 그대로 거의 문자적으로 순종한다. 저자는 주님이 명하신 지상명령을 성취하려면 왕의 명령에 100% 순종해야 함을 강조한다. 또한 '지교회가 주도하는 총체적 협력 선교'가 진정한 선교 모델임을 강조한다. 그리고 실제로 교회가 배가되는 부흥을 이루었으며 전교인이 사역자가 되고 구경꾼과 무리들이 아닌 제자화 된 교회를 만들었다. 저자의 말대로 선교 단체가 선교를 주도하고 개교회는 선교사를 후원이나 하는 수준의 선교는 선교의 낙제점을 면할 수가 없다. 본서는 모든 목회자들이 읽어야 할 선교의 지혜서이다. 이 책을 통하여 일어날 한국 교회의 새로운 부흥을 기대한다.

임현수 목사(토론토 큰빛교회 원로목사)

나는 김궁헌 목사님의 저서 『왕의 길을 예비하라』는 선교의 새 패러다임을 단숨에 다 읽었다. 한국 교회는 미국 다음가는 선교 대국이 되었다. 전 세계에 한국 선교사가 들어가지 않는 곳은 거의 없다. 하지만 한국 교회는 성경적 선교 방법과 선교 정책은 제대로 작동하고 있는가를 물어야 한다. 지금까지 한국 교회에 우후죽순처럼 일어난 선교 단체들이 사역하는 선교 정책도 제대로 열매 맺었는가를 살펴보고 재검토해야 한다. 그동안 한국 교회 지교회 담임목사는 선교사를 선택하는 일과 기도하는 일, 재정을 돕는 일 외에는 아무것도 하지 못하고 방치해 온 것이 사실이다. 선교사들도 부끄럽지만 도피성 선교도 있었고, 심지어 선교 현지에서 십자가 복음을 전하는 데 집중하기보다는 사업자로 전락하는 경우도 더러 있다고 한다.

그런데 이 책에서 저자가 말하는 메시지는 이른바 '왕의 선교'이다. 이는 지역교회 당회장이 중심이 된 역동적이고 공격적인 교회가 하는 선교이다. 즉 저자가 말하는 선교는 선교 전문가나 선교 단체가 하는 선교가 아니라, 지교회가 주도하는 선교이자, 미전도 종족 선교를 구체화하는 교회가 되어 하나님 나라를 확장시키는 것이다. 그래서 저자는 지금까지 그가 섬기는 교회 모든 성도들을 예수님의 제자로 세우고, 예수가족 공동체가 되어 모든 삶 속에서 땅끝까지 하나님의 나라를 위해 헌신하도록 목양하였다. 또한 저자는 성경적인 원리에 따라 바른 선교 패러다임을 가지고, 지교회가 미전도 종족 선교를 주도할 수 있도록 옆에서 함께 돕고 동역하는 선교를 지속해 왔다. 따라서 이 책에서 김 목사는 선교를 위해서는 반드시 지교회(Local Church)가 주도해야 한다고 역설한다.

나는 이 책의 저자를 잘 알고 있고, 그의 가정을 잘 알고 있다. 그는 50이 넘어서 경희대학교 회계학과 교수를 접고 총신대학교 신학대학원을 졸업하고, 미국으로 가서 교회를 개척하여 선교하는 큰 교회로 키웠다. 이 책은 새로운 '왕의 선교'라는 체험적 선교 이론을 제시할 뿐 아니라, 그동안 미전도 종족들에게 들어가 선교의 열매를 맺은 간증서라고 봐도 좋을 것이다. 이 책을 새로운 선교 정책을 찾는 모든 교역자와 신학생들에게 필독서로 강력히 추천한다.

정성구 박사(전 총신대학교, 대신대학교 총장)

* 추천사는 가나다순입니다.

목차

추천사 • 4
들어가면서 • 9

01 출발
- 교회 개척으로 이끄심 • 29
- '선교적 교회'의 비전 • 32
- 한계와 시행착오 • 37

02 전환점 Turning Point
- GAP와의 만남! • 43
- '왕의 선교' 모델 - '지교회가 주도하는 총체적 협력 선교' • 49
- 전환 단계 – 즉시 순종 • 53

03 진행 과정
- 준비 과정 • 62
- 제1차 북인도 교회 개척 선교 • 64
- 제2차 북인도 교회 개척 선교 • 69
- 교회 개척 선교의 중간 평가 • 70
- 제3차 교회 개척 선교 • 77

04 성숙되어감
- 교회 개척 선교의 진행 • 87
- 성숙 단계 • 89
- 우리 교회가 왜 미전도 종족 개척 선교를 하는가? • 103

05 교회 개척 선교의 원리와 실제- 목회적 관점에서
- 교회 개척 선교의 원리 • 111
- 예수님의 선교 전술- '눅 10장'의 실천 • 127
- 마을 복음화 사역 • 138
- 현지 가정교회 예배 형식 • 146
- 현지 '가정교회 지도자(HCL)' 제자 훈련 과정 • 149

06 개척 선교를 위한 하부 구조 Infrastructure
- 개척 선교를 위한 교회 내 조직 • 157
- 12주 선교 훈련 • 161

왕의 길을 예비하라
PREPARE THE WAY OF OUR KING

07
영원히 남는 열매
- 교회 개척 선교의 목표는 '영원히 남는' 열매다 • 167
- 북인도에 개척된 교회들(영원히 남은 열매) • 170
- 투글라카바드 교회의 열매 • 172
- 만사교회의 열매 • 174
- 인도 총회가 개척한 '미전도 미개척 종족들'(UUPG) • 176
- 인도 총회가 이룬 기적과 같은 사역들 • 177
- 인도가 선교받는 나라에서 선교하는 나라로 • 180

08
다른 교회들을 제자화하기
- 2012 미전도 종족 개척 선교 컨설테이션 • 186
- 두 교회의 사례 - 임마누엘 장로교회 • 188
- 두 교회의 사례- 산호세 세계선교침례교회 • 190
- 2016 미주 서부 지역 미전도 종족 선교 대회 • 191
- 'One Cycle'의 완성 • 193

09
어떻게 하나님의 비전을 이루는 교회가 될 수 있는가?
- 첫째, 전적으로 담임목사에게 달려 있다 • 202
- 둘째, '바른' 선교 단체와 협력해야 한다 • 206
- 셋째, 끊임없는 중보 기도가 선교의 동력이다 • 210

10
감당할 수 없는 축복
- 교회 건물을 선물로 주심 • 213
- 교회의 본질을 회복하는 '선교적 교회'로 세워짐 • 214
- 신약 교회 회복 운동이 일어남 • 218
- '선교적 삶'을 살려고 애쓰는 성도들로 변화됨 • 219
- 그리스도의 재림을 앞당기는 교회로 세워짐 • 221

나가면서
앞으로의 과제
- 2020 세계 교회 지도자 미전도 종족 개척 선교 대회 • 230
- 결론 • 233

부록 • 235

들어가면서

오늘날 한국 교회는 총체적인 위기를 맞고 있다. 그 원인은 한국 교회가 교회의 본질을 잃어버렸기 때문이라고 생각한다. 예수님께서 교회를 세우신 원래의 목적을 상실한 채 표류하는 교회가 너무 많다. 교회가 교회답지 못하다는 소리가 너무 많이 들린다. 우리가 지금 겪고 있는 교회의 수많은 부끄러운 문제들을 지적하고 싶지는 않다. 단지 한 가지 대안을 제시하려고 한다.

이 책은 필자가 14년 전에 샌프란시스코 베이 지역에서 교회를 개척하고 나서, 어떻게 선교를 통해서 교회의 본질을 회복하게 되었는가를 담은 이야기이다. 특히 10년 전부터 '지교회가 주도하는 총체적 협력 선교'를 수행하면서 경험한 이야기이다. '지교회가 주도하는 총체적 협력 선교'라는 말이 독자들에게는 생소할지 모르겠다. 지금까지 해오던 전통적 선교 방식에서 벗어난 새로운 선교 패러다임이다. 필자는 이것을 '왕의 길을 예비하는 선교'(줄여서 '왕의 선교')라고 부르고 싶다.

한 마디로 '왕의 선교'를 정의하라면 매우 쉽다. 단순하게 성경에 써 있는 대로 선교하자는 것이다. 오랫동안 선교 단체가 주도하던 선교를 지교회가 주도하는 방식으로 도로 회복하는 것이다. 지교회의 담임목사가 선교의 모든 주도권을 가지고 앞장서고, 온 교회가 하나되어 '잃어버린 미전도 종족'을 개척하는 선교이다. 이 책에서 '왕의 선교'에 대해 자세히 말할 것이지만 우선 큰 윤곽만 잠시 말하면 '왕의 선교'는 '선교적 교회'를 지향한다. 다른 말로 하면 선교가 교회의 본질이 되는 선교이다. 그래서 온 성도들에게 자신의 정체성을 선교사로 인식하게 한다. 즉 모든 성도들이 선교사가 되어서 선교적 삶을 살도록 도전한다. 필자는 이 책에서 '왕의 선교'는 초대 교회를 회복하는 선교이자 교회 갱신 운동이라고 주장한다.

오늘날 한국 교회의 갱신이 절실히 필요하다. 온 교회가 원색적인 십자가 복음으로 돌아가야 한다. 교회가 철저한 제자도를 실천하는 제자들의 공동체가 되어야 한다. 오직 예수 그리스도만이 나의 지혜, 나의 의, 나의 거룩함, 나의 속량임을 고백하는 성도들로 훈련시켜야 한다.

필자는 '왕의 선교'를 통해서 이러한 회복과 갱신을 직접 경험했다. 교회의 본질이 회복되고 교회가 조금씩 변화되는 것을 보았다. 물론 '왕의 선교'라는 방법 때문이 아니다. 그 안에 담겨진 말씀대로 순종하려는 의지를 주님께서 소중히 보신 것이라 생각한다. 오늘날 교회는 그런 결단과 의지가 필요하다. 오해하지 말라. 우리 교회가 '그런 교회로' 이미 변했다는 말은 물론 아니다. 단순히 해외 선교를 많이 하자는 이야기도 아니다. 말씀대로 선교를 교회의 본질로 인식하고 이 사명에 목숨 걸 때 주님께서 축복하신다는 뜻이다. 여기에 우리들의 작은 몸짓이 한국 교회를 살리는 도화선이 되기를 소원한다.

이 책은 어떻게 우리 교회가 '왕의 선교'를 통해서 조금이나마 교회의

본질을 회복하고 성도들이 선교적인 삶을 살아가는 그리스도의 제자로 세워질 수 있었는가를 생생히 보여주는 간증이다. 그래서 딱딱한 원리나 이론이 아니다. 아주 쉽고 실제적인 이야기이다. 그러나 서론에서 교회의 본질과 '왕의 선교'에 대한 이야기를 잠시 하겠다. 둘 사이의 연관성을 밝히고 독자들을 설득하기 위함이다. 다소 딱딱할 수 있는 이론에 관심이 없는 분들은 그냥 넘어가도 좋다. '왕의 선교'에 대한 성경적인 토대를 쌓으려고 하는 필자의 의도를 양해해 주기 바란다. 물론 되도록 쉽게 쓰려고 노력하겠다.

교회의 본질이 뭔가? 아니 그보다 먼저 교회가 도대체 뭔가? 칼빈의 『기독교 강요』를 보면 교회를 어머니와 같은 이미지로 설명한다. 교회는 하나님의 자녀를 그 품속으로 모으는(어머니와 같은) 이 땅의 기관으로서 믿음이 어린 성도들을 양육하여 성숙하게 할 뿐 아니라 믿음의 목적지까지 도달하는데 도움을 주는 기관이다.[1] 요사이 많이 이야기하는 삼위일체론적인 관점에서 교회는 하나님의 백성들이 함께 모여서 성령 안에서 예수 그리스도와 신비한 연합을 통하여 하나님 아버지와 사귐을 갖고, 성도들끼리도 교제하는 유기적이고 영적인 공동체이다.[2] 다 맞는 정의이다. 그런데 문제는 거기서 멈추었다. 오늘날 목회자들이나 성도들은 종교개혁자들로부터 내려온 소위 '정적인 교회관'에서 한걸음도 더 나아가지 못하고 묶여 있다.

성경을 주의 깊게 읽어 보라. 예수님이 가르쳐 주신 교회는 언제나 역동적이다. 삼위일체 하나님과의 교제(예배)와 성도들 간의 교제는 언제나 하나님 나라를 전제한다. 우리가 흔히 '교회는 하나님 나라를 이 땅에 확

1　존 칼빈, 『기독교 강요』, IV권 1-2장 참조.
2　방선영, "박형룡 신학에서 교회의 본질-삼위일체론적 교회론에 관한 연구", 개혁주의 학술원, http://kirs.kr/data/theology/theology_0057.pdf

장하기 위하여 세우신 유일한 기관이다'는 말을 쓴다. 이 말을 곰곰이 되씹어 보라. '하나님 나라'라는 말 자체에 선교가 내포되어 있다. 하나님 나라는 한번도 정체된 적이 없다. 하나님 나라는 겨자씨 나무처럼 자라왔고, 누룩처럼 팽창해 왔다. 교회(에클레시아)는 세상에서 부름 받아 하나님의 백성이 되어서 하나님을 예배하는 공동체다. 그런데 그 예배는 지금까지 확장되어 왔고 앞으로도 계속 모든 민족들에게 확장되어야 한다. "땅의 모든 끝이 하나님을 경외하리로다"(시 67:7)는 시편 기자의 예언은 반드시 성취될 것이다.

존 파이퍼는 "선교는 교회의 궁극적인 목표가 아니다. 예배가 그 목표다. 예배가 없기 때문에 선교가 필요한 것이다. 이 시대가 끝나고 구속받은 셀 수 없이 많은 이들이 하나님의 보좌 앞에서 머리를 조아리게 될 때 선교는 더 이상 존재하지 않을 것이다. 이는 일시적으로 필요한 것일 뿐이다. 그러나 예배는 영원히 남는다. 예배는 선교의 연료요 목표다. 예배가 선교의 목표라 함은, 선교할 때 우리가 오로지 열방을 인도하여 하나님의 영광을 높이려는 목표를 가지고 있기 때문이다. 선교의 목표는 열방이 하나님의 위대하심을 보고 기뻐하게 하는 것이다. 선교는 예배로 시작해서 예배로 끝난다."고 말했다.[3]

맞다. 교회의 목표도 예배이고 선교의 목표도 예배다. 그렇다면 교회의 본질은 뭔가? 왜 우리가 교회에서 모여 예배를 드리는가? 그냥 은혜롭게 예배만 잘 드리면 다 끝나는가? 예수님께서 교회를 이 땅에 두신 근본 이유가 뭔가? 물론 선교가 완성된 계 7장의 하늘나라에서는 '예배 자체'가 유일한 목적이 될 것이다. 그러나 아직 하나님 나라가 침투해 들어가는

---

3 존 파이퍼(김대영 역), 『열방을 향해가라』(Let the Nations Be Glad), 좋은씨앗, 2003.

과정에 놓여 있는 이 땅에 존재하는 교회의 예배는 어떠해야 하는가? 예배 그 자체로 끝날 수는 없다. 끝나서도 안 된다. 존 파이퍼 목사가 말했듯이 예배는 선교의 연료가 되어야 한다.

예수님께서 교회를 이 땅에 세우신 목적은 예배와 선교다. 그런데 예배와 선교는 분리할 수 없는 하나다. 이 땅의 모든 예배는 그 자체로 끝나서는 안 된다. 예배는 언제나 선교를 향해야 한다. 목표 의식이 있어야 한다. 예배가 없는 곳에 예배를 있게 해야 한다. 다른 말로 역동적인 교회가 되어야 한다. 그래야 계 7장의 천상 예배가 실현된다. 선교를 떼고서는 교회를 생각할 수 없다. 교회와 선교는 붙어 있다. 따라서 '하늘에서 이루어진 뜻이 이 땅에 모두 이루어질 때까지' 이 땅에 존재하는 교회의 본질은 선교가 되어야 한다.

필자는 목회를 하면서 성도들이 교회의 본질이 선교라는 사실을 너무 모른다는 사실을 실감한다. 오늘날 교회가 무기력하고 세속화되는 이유는 교회가 본질을 잊어버렸기 때문이다. 그 책임이 목회자에게 있다고 생각한다. 수많은 목회자들과 성도들이 표류하고 있다. 이제는 정적인 교회관에서 역동적인 교회관으로 옮겨가야 한다. 오늘날은 교회의 본질에 대한 회복이 절실한 때이다. 선교는 교회가 수행해야 하는 여러 가지 기능 중에 하나가 아니다. 즉 예배, 선교, 교육, 교제, 봉사, 차세대 양육 등 교회가 수행해야 하는 한 개의 기능이 아니다. 선교는 교회가 존재하는 근본 이유이다. 우리가 '왕의 선교'에 목숨을 걸어야 할 이유는 선교가 교회의 본질이기 때문이다.

너무 장황하게 서문을 쓰는지 모르겠다. 이 책은 하나님께서 어떻게 우리 교회를 '선교적 교회(Missional Church)'로 만드셨느냐에 대한 사례 연구(case study)이다. 오늘날 '선교적 교회'라는 용어는 여러 사람들이 여러 가지 다른 의미로 사용한다. 어떤 선교학자들은 해외 선교는 필요없다고 주장하면서 교회가 수행하는 사회봉사를 선교라고 말한다. 그런 교회를 '선교적 교회'라고 부르는 것을 보았다. 물론 잘못이다. 선교학에서 말하는 '선교적 교회'의 글을 읽어보면 매우 혼란스럽다. 예수님이 성경에서 말하는 선교는 너무 쉽고 단순한데 왜 인간들이 그렇게 복잡하게 만드는지 모르겠다.

필자가 말하는 '선교적 교회'란 '온 성도들이 예수님의 대위임령에 철저하게(radically) 순종하는 교회'이다. 온 성도들이 '가서 모든 족속으로 제자 삼으라'는 주님의 명령에 철저하게 순종해서 땅끝까지 모든 나라와 족속과 백성과 방언에 그리스도의 복음을 전하는 사명을 감당하는 교회를 '선교적 교회'라고 부른다. 그것이 성경에서 말하는 선교다. 선교적 교회에서는 '모든 성도들이' 다 선교사가 되어서 선교적인 삶을 살면서 주님의 지상명령에 '철저하게 순종'하기 때문에 '선교사 교회'(Missionary Church)라고 해도 좋다. 이 책에서는 '선교적 교회'와 '선교사 교회'를 같은 뜻으로 사용하겠다.

'선교적 교회'에서 두 가지가 중요하다.

첫째 '온 성도들이' 예수님의 지상명령에 순종해야 한다. 정말 예수 믿고 중생한 신자라면 모두 다 제자이다. 성경에는 신자(believer)와 제자(disciple)의 구별이 없다. 여러분이 동의하던 안 하던 성경의 진리다. 제자라면 누구나 세상에 보냄을 받았다. 예수님께서 요 17:18과 요 20:21에서 십자가 지기 전날 밤, 그리고 부활하신 첫날 밤에 되풀이해서 하신 말씀을 보라. "아버지께서 나를 보내신 것 같이 나도 너희를 보내노라." 어디에 보내셨는가? 이 세상이다. 예수님께서 "나도 선교사로 왔고 너희들도 선교사다"라고 선언하시는 말씀이다. 모든 신자들의 정체성은 선교사이다. 이는 성경의 명백한 진리인데 오늘날 교회가 많이 놓치고 있다. 자신을 선교사로 여기고 선교 사명을 충실히 감당하면서 '선교적 삶'을 살고 있는 성도들이 너무 희귀하다. 뭔가 잘못된 것이다. 오늘날 교회에서 이 진리가 회복되어져야 한다.

둘째 '철저하게 순종한다'는 말이 중요하다. '철저하다'는 말은 선교의 동기와 목적, 그리고 선교를 수행하는 방식까지 철저하게 예수님이 명령하신 내용과 일치해야 한다는 뜻이다. 예수님은 '땅끝까지 복음을 전하라'는 명령만 주시고 복음 전하는 방식은 너희들이 마음대로 알아서 하라고 하시지 않았다. 구체적으로 '어떻게' 그 명령을 수행해야 하는 지 방법까지도 알려주셨다. 성경에는 예수님의 선교 전략과 방법이 분명히 나와 있다. 예수님의 전략과 방법 '그대로' 순종해야 '영원히 남는 열매'를 맺을 수 있다.

불행하게도 오늘날 교회는 이 방식을 무시하고 그냥 자기가 옳다고 생각하는 방식대로 선교한다. 많은 선교사들은 성경의 원리보다 선교학에서 배운 내용이나(성경과 일치하지 않는 부분) 자기의 경험을 기초로 선교하는 것 같다. 그러면서 나는(혹은 우리 교회는) 대위임령에 순종한다고 말한다. 잘못이다. 오늘날 한국 교회의 주보를 보면 파송 혹은 협력 선교사 명단이 나열되어 있지 않은 교회는 거의 찾아볼 수 없다. 모든 교회들이 "우리는 선교를 한다, 대위임령에 순종한다"고 자신 있게 말한다. 과연 주님이 보실 때도 그럴까? 필자는 매우 의심스럽다. 왜? '철저하게' 성경에서 말하는 대로 선교를 하지 않기 때문이다. 철저하다는 말이 중요하다. 성경에서 나오는 순종은 언제나 100% '철저한 순종'이다.

주님은 100% 철저하게 대위임령에 순종하는 교회들만 '순종하는 교회'

로 간주하신다. 너무 과격하다고(radical) 생각하는가? 원래 예수님은 과격하신 분이다. 과격하신 왕께서 '왕의 교회'를 세우셨고 '철저한 선교'를 하라고 명령하신다. 잠시 삼상 15장의 사건을 떠올려 보라. 사울 왕은 자기가 순종했다고 자신했다. 그런데 하나님은 불순종이라고 하셨다. 뭐가 문제였는가? '철저한 순종(radical obedience)'을 하지 않았다. 99%만 순종했다. 명령대로 아말렉을 다 진멸했지만 한 사람은 살렸다. 가축도 다 진멸했지만 아주 작은 일부는 살렸다.

하나님은 그것이 바로 불순종이라고 선언하고 사울 왕을 버리셨다. 하나님은 100% 순종만이 진짜 순종으로 간주하신다. 순종과 믿음은 동전의 양면과 같이 하나이다. 그래서 믿음도 믿느냐 믿지 않느냐의 문제다. '나는 90% 믿는다' 이런 것은 있을 수 없다. 그건 안 믿는 거다. 오늘날 선교에 있어서도 마찬가지다. 모두들 이 '철저한 순종'의 문제에 걸려 있다. 따라서 이 책을 통해서 예수님의 대위임령에 '철저하게' 순종하는 선교가 무엇인지 조금이나마 밝히고 싶다.

결론부터 말하면 '지교회가 주도하는 총체적 협력 선교'(지.총.협 선교)가 바로 '철저하게' 예수님의 지상명령에 순종하는 선교이고 '왕의 선교'이다. 왕의 선교라는 말이 거창하게 들릴지 몰라도 복잡하지 않다. 왕이 하신 말씀 그대로 순종하면 된다. 즉 선교는 반드시 지교회가 주도해야 한다. 주님께서 선교를 주님의 몸된 교회에 맡기셨다. 선교 단체에 맡기신 적이 없다. 담임목사들이 얼마나 할 일이 많고 바쁜데 선교까지 주도해야 한다구요? 선뜻 받아드리지 못할지 모른다. 그러나 그것이 예수님

의 명령이다. 오늘날 교회는 여기에 철저하게 순종하지 못했다. 선교를 떼 내어서 선교 단체에 넘겼다. 선교 역사를 보면 교회가 하지 않기 때문에 할 수 없이 선교에 열정을 가진 개인들이 선교 단체를 만들어서 할 수밖에 없었다. 그렇게라도 한 것은 매우 잘한 일이다. 그러나 그것은 예수님의 원래 전략과는 거리가 있다. 차선책에 불과했다.

문제는 그동안 선교 단체가 열심히 선교사를 파송하고 애를 썼지만 선교의 성적표는 낙제점(?)이라는 사실이다. 예수님께서는 "이 천국 복음이 모든 민족에게 증거되어야 끝이 온다"(마 24:14)고 했는데 예수님이 다시 오실 수 있는 길이 점점 더 멀어지는 것 같다. 재림하신다고 약속하신 지 2,000년 이상이 지났지만, 이대로 가다가는 어쩌면 영원히(?) 못 오실지도 모른다는 생각이 들 정도다. 물론 인간적인 계산으로 볼 때 그렇다. 하나님의 영원한 작정이 있어서 반드시 천국 복음이 모든 민족에게 증거될 것이고 주님은 곧 오시겠지만 말이다. (사실은 그게 선교다.)

2012년 6월에 우리 교회에서 '미전도 종족 개척 Consultation' 모임을 가질 때 초청 강사로 오신 IMB의 Jim Haney(세계 선교 통계의 최고 권위자)가 1995년부터 2011년까지 16년간 미전도 종족수와 미전도 종족 인구수가 어떻게 변화했는지에 대한 데이터를 제시했다. 16년간 온 세계 교회가 선교 단체를 중심으로 열심히 사역한 성과를 보기 위함이다. 그 기간 동안 미전도 종족이 6,431개(약 29.8억 명)에서 16년 후 6,524개(약 40.3억 명)이 되었다. 16년간 열심히 선교 단체를 중심으로 선교했지만 미전도 종족수가 93개 증가하고, 인구수로는 약 10.5억 명이나 증가했다.[4] 10/40 창의 미전도 종족들은 아이들을 많이 낳는다. 우리가 전도하는 속도보다

---

4   Jim Haney, 세계 미전도 종족 개척 선교의 현황, 세계 미전도 종족 개척 선교 컨설테이션 강의안 (Canyon Creek Korean Church, 2012.6).

미전도 종족의 인구 증가 속도가 훨씬 빠르다. 미전도 종족수가 늘어난 것은 새로 발견된 종족들도 있기 때문이다. 이것은 무엇을 의미하는가?

필자가 2019년 6월 현재 데이터를 찾아 보았다. 미전도 종족수는 7,088개(약 45억 명)이다. (IMB에서는 카스트 즉 문화 사회적인 구분도 한 종족으로 보아서 미전도 종족수가 늘어난 요인도 있다.)[5] 결국 지난 약 25년간 열심히 선교했는데 미전도 종족수는 그대로 있고, 미전도 종족 인구는 매년 급격하게 늘어만 간다. 이것이 오늘날 세계 선교의 암울한 현실이다. 지금까지 선교 단체가 주도했던 선교의 한계다.

왜 그럴까? 그 당시 Jim Haney 박사가 여러 가지 요인들을 지적했다. 선교 단체에서 선교사들을 보냈는데 그들이 예수 그리스도를 제대로 반영하지 못했다. 담대하게 복음을 증거하지도 못했다. 교회 개척은 안 하고 다른 일만(학교, 병원, 우물 파고…) 했다. (오해말라. 그런 일이 필요 없다는 뜻이 아니다. NGO에게는 중요한 일이다. 단지 선교사라는 이름으로 교회에서 파송받아서 교회의 선교 자원을 사용하면서 그런 일만 하면 안 된다는 뜻이다.) 선교사들이 교회를 개척한 뒤에 한 곳에 너무 오래 머물러 있으면서 목회를 하기도 했다. 그러나 더 중요한 요인은 선교사들이 선교지에서 '배가할 수 없는 모델'을 사용해서 선교했다는 것이다.

성경에는 분명히 '배가할 수 있는 모델'이 있다. 바로 '제자 삼아서 교회를 개척하는' 모델이다. 그런데 불순종했다. 그럴 수밖에 없는 이유가 있다. 선교사를 보내는 모델 자체가 잘못되었기 때문이다. 낡은 부대, 옛 패러다임(old paradigm)이다. 이대로는 안 된다. 이제는 모든 교회들이 깨어나서 바른 모델을 사용해야 한다. '지교회가 주도하는 총체적 협력 선교'

---

5 IMB, Global Status of Evangelical Christianity, Listing of UPG, https://www.imb.org/research-reports/, 2019. 6.

가 새 모델이고 새 부대다. 이제는 모든 교회에서 '왕의 길을 예비하는 선교(왕의 선교)'가 회복되어져야 한다. 지교회의 담임목사님들이 주도하고, 온 성도들이 선교사 정체성을 가지고, 온 땅에 잃어버린 미전도 종족들을 개척하는 운동이 일어나야 한다.

○○○○○○○○○○

주님은 지난 14년간 부족한 우리 교회를 사용하셔서 정말 놀라운 일들을 행하셨다. '지교회가 주도하는 총체적 협력 선교' 즉 '왕의 선교'를 10년 전에 시작했고 그동안 많은 열매를 맺었다. 아무리 생각해 보아도 전적으로 예수님의 인도와 은혜이다. 이렇게 글로 남기는 것은 뭔가 드러내거나 혹은 뭔가를 성취하였다는 것을 나타내려고 함이 결코 아니다. 그런 마음이 하나도 없다는 것을 주님께서 아신다. 오히려 우리 교회는 부족하고 모자라는 부분이 많다. 지금도 주님이 주신 완전한 목표를 향해 힘겹게 달려가는 중이다. 어느 교회나 끊임없이 새가족들이 들어오고 계속 변한다. 교회는 어떤 업적을 내세울 수가 없는 구조이다. 오직 머리 되신 예수 그리스도만이 드러나셔야 한다.

필자가 이 책을 쓰는 것은 예수님께서 행하신 일을 되도록 많은 교회들과 함께 나누고 싶은 마음뿐이다. 가능하면 많은 교회들이 '선교적 교회'가 되는 것이 필자의 소원이다. 이것이 주님께서 이 땅에 교회를 세우신 원래의 목적이다. 예수님이 처음으로 교회라는 말을 사용하신 마 16:18을 보면 더 명확하게 알 수 있다. "내가 이 반석 위에 내 교회를 세우리니 음부의 권세가 이기지 못하리라." 원어의 뜻은 "음부의 문들이(교회의 공격에) 이기지 못한다"는 뜻이다. 마귀가 교회를 사방으로 공격하는데 교회가 늘 얻어 터지고 열세에 몰려 있겠지만, 그래도 끝까지 무너지지 않고 잘 견디다가 마지막에는 겨우 교회가 승리한다는 뜻이 아니다.

정반대. 교회가 마귀의 성문들을 공격하는 그림이다. 수많은 음부(지옥)의 문들이 지금도 이 지역과 온 열방에 있는데, 교회는 이런 문들을 하나씩 공격해서 결국은 다 무너뜨릴 것이다는 예언적 선포이다. 대적의 문을 차지하는 자가 승리한다. 교회는 음부의 문들을 부수기 위해 존재한다. 그게 선교다. 예수님이 묘사하신 진정한 교회의 그림은 처음부터 공격적이다. 예수님께서 그런 목적으로 교회를 만드셨다. 늘 수비적이고 늘 마귀의 공격에 비틀거리는 교회는 진정한 교회가 아닐 가능성이 높다. 그래서 교회는 하나님 나라를 이 땅에서 나타내고 펼쳐내는 유일한 기관이 되는 것이다.

다시 반복하지만 '하나님 나라'라는 말 자체에 선교가 내포되어 있는 것을 인식하는 것이 매우 중요하다. 하나님 나라는 예수님이 어느 날 갑자기 선포하신 주제가 아니고 구약에서부터 이어오는 연속적인 주제다. 하나님께서 아브라함을 부르실 때도 창 12:3하 "… 땅의 모든 족속이 너로 말미암아 복을 얻을 것이라." 온 열방에 펼쳐지는 하나님 나라를 염두에 두셨다. 출19::6 "너희가 내게 대하여 제사장 나라가 되며…" 제사장 나라라는 말 자체의 뜻을 생각해 보라. 온 세계의 수많은 이방 민족들을 전제로 하는 말이다. 이스라엘은 온 열방의 모든 민족들을 대표하는 제사장 역할을 하는 나라라는 뜻이다. 스데반은 그런 이스라엘을 '광야교회'라고 불렀다(행 7:38).

시 67편에는 시인이 하나님의 나라가 온 열방 가운데 펼쳐져서 "주의 구원이 모든 나라에 알려지고, 모든 민족들이 주를 찬송하게 될" 것을 기도했다. 말 1:11의 "해 뜨는 곳에서부터 해지는 곳까지의 이방 민족 중에서 내 이름이 크게 될 것이라"도 하나님 나라 완성에 대한 예언적 선포다.

예수님의 비유에서도 하나님 나라가 앞에서 말했듯이 겨자나무처럼 확장되고 가루 서 말에 넣은 누룩처럼 팽창될 것을 그림으로 보여주셨다. 하나님 나라는 결국 "물이 바다를 덮음 같이 온 땅에 펼쳐질" 것인데 이것은 선교를 통해 이루어진다. 하나님은 교회를 통해서 일하신다. 오직 교회만이 이 땅에 하나님의 나라를 표현하고 확장하는 유일한 기관이다.

사도 바울이 교회를 정의할 때도 마찬가지다. 에베소서에서 교회를 건물로 비유하는데 사도와 선지자들의 터 위에 예수님이 모퉁이 돌이 되어 그리스도 안에서 건물마다 서로 연결되어 성전이 되어가는 모습이다. 이것을 너무 개교회적으로만 보지 말고 거시적으로 보라. 이것은 보이지 않는 우주적인 교회를 말하는데 하나님의 통치가 교회를 통해 점점 확장되는 그림이다. 어떻게 성전이 되어가는가? 엡 1:10 "하늘에 있는 것이나 땅에 있는 것이 다 그리스도 안에서 통일되게 하려 하심이라."

원래 온 세계가 다 왕이신 그리스도께 속했는데 마귀가 아담을 속여서 이 땅을 빼앗았다. 지금은 사탄이 인간을 통해 다스린다. 그러나 예수님을 믿고 중생한 그리스도인들은 왕의 통치 안으로 돌아왔다. 두 세계가 충돌한다. 영적 전쟁이다. 교회를 통해 온 세상을 재통일하는 과정이 바로 세상의 역사다. 언제까지? 다시 충만함에 이를 때까지! 엡 1:23 "교회는 그의 몸이니 만물안에서 만물을 충만하게 하시는 이의 충만함이니라."

영적 전쟁은 원래 하늘에 있는 것이나 땅에 있는 것이 다 그리스도 안에서 재통일 되는 싸움이다. 교회를 통해 지옥의 문들을 공격하는 싸움이다. 십자가 복음을 전해서 영혼들을 빼앗아 오고 그리스도의 통치가 확장되는 싸움이다. 선교가 바로 이 싸움의 실체이다. 이 싸움은 우주적 교회가 충만함에 이를 때까지 이어진다. 예수님은 이 사역을 우리에게 맡기셨다. 그래서 예수님께서 모든 그리스도인들을 이 세상에 선교사로 보내신 것이다.

교회와 선교는 붙어 있다. 하나님 나라 혹은 교회의 그림은 정체된 화면이 아니고 움직이는 동영상이다. 온 세상의 모든 민족들 가운데 택한 백성들을 불러내는 동영상이다. 교회는 역동적이고 공격적이다. 교회는 전투함이다. 교회(헬: 에클레시아)라는 단어 속에 선교가 들어가 있는 것을 인식하는가? 선교를 떼어내어 교회를 결코 생각할 수 없다. 왕의 선교는 교회의 본질을 선교로 본다.

초대 교회는 '왕의 선교'를 실천했다. 행 1:8 "오직 성령이 너희에게 임하시면 너희가 권능을 받고 예루살렘과 온 유대와 사마리아와 땅끝까지 이르러 내 증인이 되리라"는 예언적 선포를 자신의 교회를 향하여 하신 명령으로 받아드렸다. 초대 교회는 선교하는 교회였다. 랄프 윈터(Ralph Winter) 박사가 말한 E0, E1 선교를 누가 했는가? 예루살렘 교회다. 예루살렘 교회가 E0, E1에서 멈추고 더이상 안 나가니까 주님께서 예루살렘 교회에 큰 핍박을 허용하셨다. 결국 흩어졌다. 그래서 누가 E2 선교를 했는가? 예루살렘 교회 빌립 집사가 선두에 섰다. E3 선교는? 안디옥 교회 바울과 바나바가 앞장섰다. 안디옥 교회는 주님의 지상명령에 철저하게 순종했다.

그런데 오늘날 교회는 어떤가? 안타깝게도 '철저하게' 순종하는 교회가 매우 드물다. 교회의 가장 중요한 목표는 모든 성도들을 선교사로 훈련시키는 것이고, 교회가 '하나님의 군대'가 되어야 하는데 그러지 못하고 있다. 많은 교회들이 교회의 본질을 상실했다. 재림을 방해하는 마귀의 전략에 다 말려든 거다. IMB 총재였던 Jerry Rankin은 '지옥의 모든 복도와 방들에는 성경 구절이 붙어있는데 바로 마 24:14이다'라는 말을 했다.[6]

무슨 뜻인가? "천국 복음이 모든 민족에게 증거되기 위해서 온 세상에 전파되어야" 예수님이 다시 오시는데, 이것을 막기 위한 마귀의 전략은 단순하다. 목숨 걸고 한 민족이라도 끝까지 붙잡고 복음이 전해지지 못하게 막으면 된다. 지금도 북인도에 가서 선교해 보면 이 의미가 뭔지 몸으로 경험할 수 있다. 악령의 세계에는 지금 비상사태가 선포되어 있다. 마지막 때가 가까와 온줄 안다. 그런데 교회는 어떤가? 아직도 깊은 잠에 빠져 있다. 온 성도들이 목숨 걸고 선교가 교회의 본질인 줄 알고 선교하는 교회가 너무 희귀하다.

그러나 하늘에서 이루어진 하나님의 뜻은 반드시 이루어질 것이다. 온 땅을 심판하시기로 작정하신 때가 있다. 지금은 마지막 때다. 마지막 때에 "만물이 회복되어질"(행 3:21) 것이다. "만물 위에"(엡 1:22) 교회가 먼저 회복될 것이다. 초대 교회로 돌아가야 한다. 교회의 본질이 회복되어야 한다. 앞으로 '선교가 교회의 본질이라'는 진리가 확산될 것이다. 주님께서 교회가 선교의 주체임을 깨우치실 것이다. 모든 성도들이 선교사라는 진리에 깨어나서 우후죽순처럼 열방을 향해 달려갈 것이다. '왕의 선교'가 확산될 것이다. 아직도 복음화율이 0.1% 미만인 4,800 종족들 18억 명에게 천국 복음이 급속도로 전해질 것이다. 아직도 남아 있는 약 7,000개의 45억 명 미전도 종족들에게 십자가 복음이 화살처럼 날아가 그들의 심장에 박힐 날이 다가오고 있다.

---

6 Jim Hayney, 세계 미전도 종족 개척 선교의 현황, 미전도 종족 개척 선교 컨설테이션 강의안, Cannyon Creek Korean Church, 2012. 6.

종교개혁 시대에는 '믿음으로 의롭게 된다'는 너무나 자명한 진리가 계시되어 확산되면서, 1,000년간 덮고 있던 수건이 벗어지면서 교회가 깨어났다. 오늘날 이 시대는 선교의 새 패러다임인 '왕의 선교'로 깨어나야 한다. 선교가 교회의 본질이고, 모든 성도들이 선교사라는 너무나도 자명한 진리가 계시되어져서 온 교회가 깨어나게 될 것이다. 이것이 성경에서 말하는 진리이다. 이 길 밖에 없다. 만약 한국의 50,000 교회들 중에 10%인 5,000 교회들이라도 깨어나서 미전도 종족들을 개척하고 제자화하는 사역에 뛰어든다면 어떻게 될까? 전 세계에 복음적인 교회의 10%만 깨어난다면 어떻게 될까? 이 세대가 가기 전에 주님께서 남겨두신 남은 과업이 모두 성취될 것이다. 모든 민족에게 천국 복음이 전해지고 예수님께서 재림하실 날이 앞당겨질 것이다.

지금은 종말 모드(mode)이다. 베드로 사도의 권고대로 "하나님의 날이 임하기를 바라보고 간절히 사모하는(헬: 앞당겨야)" 삶의 자세가 요구된다(벧후 3:12). 마지막 때 주님께서 교회들을 깨워서 이 사역을 반드시 이루실 것을 믿는다. 교회가 유일한 답이다. 이미 주님께서 이 일을 시작하셨다. 세계협력선교회(GAP)를 중심으로 협력하는 여러 교회들과 함께 지금도 '왕의 선교 운동'이 확산되고 있다. 한국 교회와 디아스포라 한인교회가 4,800 종족을 복음화하는 이 영광스러운 왕의 선교 사역에 다 함께 쓰임 받도록 기도한다.

끝으로 이 책은 마라나타 비전교회의 모든 성도들이 주님의 명령에 순종한 열매라고 할 수 있다. 이 자리를 빌어서 성도들 한 사람 한 사람에게 감사를 표한다. 무엇보다도 선교가 뭔지 몰랐던 필자에게 '왕의 선교'를 가르쳐 주고, 이끌어 주신 안강희 선교사에게 감사한다. 안 선교사는 우리 교회의 동역 선교사이고 필자에게는 귀중한 선교의 멘토이다.

미천한 저와 연약한 우리 교회를 사용하시는 만왕의 왕 예수 그리스도께 모든 영광을 돌린다.

2019년 8월 21일
미국 캘리포니어 리버모어에서

01
출발

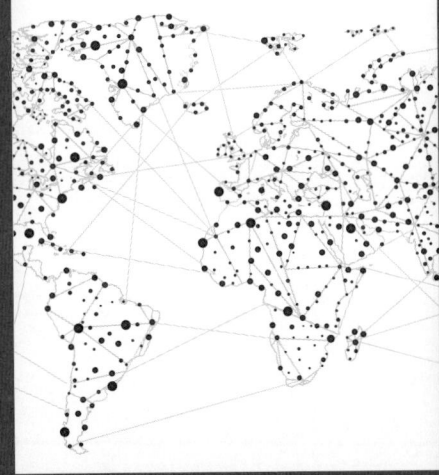

Prepare
the way of
our King

01

출발

교회 개척으로 인도하심

사실 나는 아주 늦게 목회를 시작했다. 2006년에 교회를 개척했는데, 당시 나이는 55세였다. 게다가 목회 경험도 전혀 없었고 아직 목사 안수도 받지 못한 상태였다. 교회를 개척하고 나서 그해 10월에 미국 PCA 서북노회에서 목사 안수를 받았다. 지금도 생생하게 기억하는 것이 하나 있다. 어느 날 모 한국신문의 종교면을 보는데(당시 미주에는 일반 신문에도 종교면이 있었다) 내 눈에 띄는 기사가 있었다.

지금 대충 기억하기로는 '목사의 나이가 55세가 되면 새로운 일을 시도하려고 하지 말라. 특히 새로운 교회를 개척하는 일은 실패할 위험이 크므로 절대 권장하지 않는다'는 내용이었다. 그러면서 몇 가지 이유를 제시했다. 나는 눈이 둥그레져서 상세하게 읽었다. 혹시 하나님께서 간접적으로 내게 말씀하시는 것이 아닌가 싶어 주의 깊게 읽었다. 그때 내가 바로 55세였고 막 교회를 개척하기 시작했기 때문이었다.

처음에는 별로 기분이 좋지 않았지만 그렇다고 상심하거나 거슬리지는 않았다. 왜냐하면 처음부터 나는 목회에 성공한다거나 혹은 뭔가를 성취하려는 의도가 전혀 없었기 때문이다. 당시 나는 그저 교회를 개척하도록 나의 환경을 인도하시는 예수님께 순종한다는 생각 외에 다른 생각을 전혀 하지 않았다.

나의 선친은 목사님이었다. 내가 태어났을 때 아버지는 첫 아들을 하나님께 드리겠다는 서원을 하셨다. 그래서 내 이름을 김궁헌(金宮獻; 금으로 만든 궁전을 하나님께 드린다는 뜻)으로 지으셨다. 나는 오랫동안 아버지의 헌신한 흔적을 이름에 담고 살아야 했다. 나중에 목사가 되고 나서는 농담으로 'I am a born pastor'고 하면 사람들이 웃곤 했다. 초등학교까지는 목사가 되기를 원했지만 철이 들고 나서부터는 거부했다. 대학을 선택할 때에는 돈을 벌어서 평범하게 사는 전공이 뭘까 생각하다가 경영학을 선택했다. 지금도 생각할 때마다 주님께 부끄러운 것은 내가 젊었을 때 나에게는 전혀 비전도 없었고 하나님 나라에 대한 개념조차 없는 전형적인 타락한 '모태 신앙인'이었다.

대학을 졸업하고 ROTC로 군복무를 마치고 제대한 후에 소위 '대기업'에 들어가서 회사 생활을 시작했다. 그러나 첫해가 지나자 이것이 내 길이 아님을 깨달았다. 그래서 대학 다닐 때는 별로 공부에 관심이 없었는데 뒤늦게 공부하겠다고 유학 준비에 들어갔다. 회사를 다니면서 정말 열심히 공부했다. 주경야독이랄까? TOEFL, GMAT를 치르고, 하나님의 은혜로 장학금을 받게 되고, 1978년 7월에 처음으로 미국 유학 길에 올랐다.

미국에서 대학원 공부와 공인회계사(CPA)로 잠시 일하다가 1983년에 귀국해서 그때부터 경희대학교에서 회계학 교수 생활을 시작했다. 그리고 21년간 교수 생활을 하다가 2004년에(53세) 조기 은퇴를 하고 선교사로 파송받아 부모와 형제들이 있는 미국으로 돌아왔다. 당시 나의 선친은 한국에서 신촌중앙교회를 개척하신 후에, 창신교회를 마지막으로 30년간의 목회를 정리하시고 미국 San Francisco Bay 지역으로 이민을 가서서 목회를 하고 계셨다.

지금 생각해도 내가 목사가 되어 교회를 개척하게 된 것은 정말이지 기적이라고 밖에 표현할 수 없다. 나는 미국에 tent maker 선교사로 와서 Bay 지역에 있는 많은 무슬림들에게 선교하기를 원했다. 그러나 그것은 나의 계획이었고, 주님의 계획은 전혀 달랐다. 주님께서는 나를 교회 개척으로 인도하셨다. 그런데 그것은 내게 전혀 '상상할 수도 없는(?)' 일이었다. 나는 아버지께서 한국에서 30년간 목회하는 모습을 보면서 'PK'로 상처받았고, 이민교회를 힘겹게 목회하시는 모습도 20년을 지켜보았다. 담임목사와 장로들과의 갈등, 미국에서 철새처럼 옮겨다니는 성도들, 말썽부리는 권사들, 어느 날 교인 20명을 몰고(?) 들어왔다가 몇 년 후에 30명을 몰고(?) 나가는 장로도 보았다.

미국의 이민교회가 어떤지 직접 보아왔는데, 이런 이민교회 속에서 내가 목회를 하면서 나의 제2의 인생을 보낸다고? 인생의 낭비가 아니고 무엇인가? 그것을 위해 조기 은퇴를 한 것이 결코 아니었다. 아내도 내가 목사가 되는 것까지는 허용(?)했지만 목회를 하는 것만은 한사코 반대했다. 그런데 그러던 어느 날 내가 교회를 개척하고 있었다. 내게는 기적이 일어난 것이다.

아직도 잘 모르겠다. 나에게 교회를 개척하고 싶은 소원이 일어난 것은 지금도 미스터리다. 주님께서 나도 모르게 내 마음을 바꾸셨다고 밖에 설명할 수 없다. 아내도 처음에는 반대하다가 결국 하나님의 뜻으로 받아드렸다. 2006년에 드디어 주님께서 마련해 주신 여섯 가정과 함께 교회를 개척하기 시작했다.

개척한 지 얼마 안 되어서 주님께서 왜 그렇게 인도하셨는지 이유를 깨닫게 해 주셨다. 만약 나 혼자서 선교사로 일한다면 주님을 위해 어느 정도의 사역은 할 것이다. 그러나 그것이 전부이다. 나이가 들어 은퇴하고 죽으면 그것으로 나의 모든 선교 사역도 끝날 것이다. 업적이 잊혀진다는 뜻이 아니라 하던 선교 사역이 중단된다는 말이다.

그러나 만약 내가 교회를 개척해서 '선교적 교회'로 만든다면? 모든 성도들을 '선교사'로 세워서 온 교회가 함께 선교하는 '선교사 교회'가 된다면? 비록 내가 은퇴하고 죽더라도 교회는 남는다. 주님의 교회는 주님 오실 때까지 남아서 선교 사역을 계속할 것이다. 교회는 영원하다. 주님께서 '그런 생각'을 주셨다. 그 생각이 내 가슴을 뛰게 만들었다. 그 후로 나는 하루도 빠짐없이 우리 교회를 '선교적 교회'로 만든다는 생각으로 가득차서 기도하면서 지금까지 달려왔다. 나는 교회의 본질이 선교임을 믿는다. 오직 교회만이 하나님의 뜻을 이 땅 위에 성취하는 유일한 기관임을 굳게 믿는다.

'선교적 교회'의 비전

처음 개척할 때부터 우리 교회의 목표는 분명했다. 행 13장에 나오는 안디옥 교회를 모델로 해서 '선교적 교회'를 세우는 것이었다. 당시에 나는 '선교적 교회'라는 용어 자체를 몰랐다. 나중에 알고 보니까 내가 가졌던 그 생각이 '선교적 교회'의 비전이었다. 안디옥 교회는 자신의 담임목사 두 분(바나바와 바울)을 해외 선교사로 파송했다. 행 11장, 13장을 보면 모든 성도들이 기도와 금식에 전념하는 교회였고 성령의 음성에 민감한 교회였다. 모든 성도들이 그리스도의 제자로서 '선교적 삶'을 살았다. 그들의 삶을 통해서 십자가 복음을 선포했다. 그 결과 처음으로 세상으로부터 '그리스도인'이라는 칭호를 얻게 되었다.

우리 교회는 시작하면서부터 초대 교회를 회복하는 것에 목표를 두었다. 성경에서 사도행전의 초대 교회를 매우 자세하게 묘사하는 것은 처음에 신약 교회가 생길 때 그런 모습이었다는 것을 단순히 보여주기 위한 것만은 아니다. 오고 오는 세대에 주님의 교회는 이런 모습이 되어야 한다는 것을 모델로 보여주기 위해서라고 믿었다. 모델은 규범인데 따라오라고 존재한다. 초대 교회의 특징은 행 2장에 나와 있듯이 4가지로 요약할 수 있다. 첫째, 사도의 말씀. 둘째, 오로지 기도에 힘씀. 셋째, 성찬(애찬)을 통한 교제. 넷째, 매일마다 모였다.

> 행 2:42 "그들이 사도의 가르침을 받아 서로 교제하고 떡을 떼며 오로지 기도하기를 힘쓰니라."
>
> 행 2:46-47 "날마다 마음을 같이하여 성전에 모이기를 힘쓰고 집에서 떡을 떼며 기쁨과 순전한 마음으로 음식을 먹고 하나님을 찬미하며 또 온 백성에게 칭송을 받으니 주께서 구원받는 사람을 날마다 더하게 하시니라."

필자는 거의 평생을 평신도로 섬기면서, '교회가 이래서는 안 된다'라는 모습을 너무 많이 보았다. 평신도로 있을 때 '왜 교회가 이렇게 밖에 될 수 없을까' 고민한 적도 무수히 많았다. 이제는 내가 목회자가 되어 막상 교회를 개척하게 되었는데, 교회의 본질이 무엇이며, 도대체 어떤 교회를 개척해야 하는지에 대한 질문을 수도없이 많이 주님께 했다. 과거 내가 겪었던 부정적인 교회에 대한 이미지를 완전히 뒤집고 싶은 강한 소원도 있었다. '주님, 미주에만 약 5,000개의 한인교회가 있고, 샌프란시스코 베이 지역을 중심으로 북가주에만 약 300여 개 한인교회가 있는데 왜 또 다른 교회가 필요합니까? 주님이 원하시는 교회는 구체적으로 어떤 모습입니까?'

오랫동안 기도하는데 주님께서 아래 3가지를 구체적으로 우리 교회의 비전으로(목표로)주셨다. 이것이 지금까지 우리 교회가 추구해 온 비전이다.

① 모든 성도들을 '예수님의 제자'로 세우기
② 서로 사랑하고 섬기는 '예수가족 공동체' 만들기
③ 모든 삶속에서 땅끝까지 하나님 나라를 위해 헌신하기

첫째 비전은 모든 성도들을 예수님의 제자로 세우는 것이다. 교회는 제자들의 공동체이다. 교회는 예수님을 믿는다고 주장하는 사람들이 모인 곳이 아니다. 정말 회개하고 가치관과 세계관이 180도로 변한 예수님의 제자들이 모인 공동체다. 누가 제자인가? 단순히 믿는다 혹은 예수님을 영접했다는 것으로는 부족하다. 삶에서 예수님의 명령에 순종하는 증거가 있어야 한다. 순종의 삶이 없는 믿음은 가짜다.

제자는 예수님을 믿을 뿐 아니라 예수님을 따르는 사람이다. 예수님을 닮는 사람이다. 매일 자신을 부인하고 자기 십자가를 지고 죽는 데까지 순종하는 사람이다. 동시에 제자는 예수님 안에 거하는 사람이다. 24시간 365일 계속해서 거해야 한다. 어떻게 거할 수 있는가? 쉬지 않고 기도

함으로 거한다. 모든 성도들을 이러한 제자로 세우는 것이 첫째 비전이었다. 나는 여기에 내 인생을 다 걸겠다고 결심했다.

둘째 비전은 개척한지 3년차에 가정교회(목장교회)를 시작함으로 구체화되었다. 처음에는 셀교회로 출발했는데 주님께서 가장 알맞은 시기에 목장교회로 이끄셨다. 교회는 모두가 한 가족, 확대된 가족이다. 가족의 가장 중요한 특징은 매일 만나는 것이다. 초대 교회는 매일 모였다. 성전에서 모이고 집에서도 날마다 모이기를 힘썼다.

우리 교회도 매일 모임이 있다. 월요일에서 금요일까지 새벽 기도회와 매일 저녁 기도회가 있다. 토요일에는 목장 모임이 있다. 주일에는 주일 예배로 모인다. 물론 주중에 화요일과 목요일 아침에는 중보 기도 모임이 있고, 주로 화요일 목요일 저녁에는 삶 공부(성경 공부) 반이 열린다. 지금도 모든 성도들에게 매일 교회에 나오기를 격려한다.

셋째 비전은 그 당시에 문구를 어떻게 써야할까 생각을 많이 했던 부분이다. '모든 삶 속에서 땅끝까지 하나님 나라를 위해 헌신하기'이다. 어떻게 보면 좀 추상적으로 보이는데, 내가 전달하고 싶은 내용은 '모든 성도들을 선교사로 만드는' 것이다. 그런데 만약 교회 비전에 '모든 성도가 다 선교사가 되자'고 하면 초신자들이나 선교에 대해 잘 모르는 사람들이 들으면 오해할 수도 있고 과도한 부담을 느낄 것 같아서 약간 추상적으로 썼다. 그러나 나중에는 본색을 드러내서 '모든 삶 속에서 땅끝까지 하나님 나라를 위해 복음 전하기'로 바꾸었다.

요 20:21 "… 아버지께서 나를 보내신 것 같이 나도 너희를 보내노라." 주님이 이 땅에 선교사로 보냄을 받아서 오셨고, 우리도 이 땅에 선교사로 보냄을 받아서 왔다. 우리의 정체성은 선교사이다. 그래서 우리의 모든 삶 속에서 하나님 나라를 위해 헌신해야 한다. 중생한 신자라면 '선교적 삶'을 사는 것은 지극히 당연하다. 지금 내가 있는 곳이(직장이던 가정이던) 예루살렘이라는 인식을 가져야 한다. 그래서 우리 교회는 지금 서 있는 곳에서 온 유대로 사마리아로 땅끝까지 선교사의 삶을 살도록 항상 강조한다.

앞에서 말한 우리 교회의 세 가지 비전은 각 독립된 것이 아니고 한 가지다. 첫째와 둘째 비전은 셋째 비전으로 향한다. 즉 모두가 예수님을 닮아 가되 인격과 사역 두 가지 면에서 모두 닮아서 예수님처럼 선교사로서 선교 사역을 하고 선교적인 삶을 살자는 것이다. 개척 초기에 이 세 가지 비전을 어떻게 구체적으로 성취할 것인가에 대해서 개척 멤버들끼리 서로 나눈 적이 있었다. 대충 아래와 같이 여섯 가지였다.

첫째, 우리 교회는 앞으로 최대 교인수 50명을 목표로 한다. 처음부터 작은 교회를 추구했다. 모든 성도들을 예수님의 제자로, 그리고 선교사로 만들기 위해서 내가 감당할 수 있는 인원이 약 50명이라는 생각이 들었다.

둘째, 담임목사인 나는 자비량으로(tent maker) 사역한다. 교회에서 사례금을 받지 않고 스스로 일해서 생활비를 충당한다. 당시 조기 은퇴를 하고 미국에 와서 작은 비즈니스를 하면서 목회했다.

셋째, 모든 성도들이 선교에 헌신해야 하므로 여름에는 교회문을 닫고 모두 선교지에 가서 열방을 섬기자. 적어도 일 년에 한 번씩은 해외 선교지를 나가야 하지 않겠는가?

넷째, 교회 건물은 구입하지 않는다. 물론 당시에 능력도 없었지만 설령 능력이 있다고 해도 모든 재정을 선교지로 보내기 위해서는 건물을 갖지 않기로 했다.

다섯째, 모든 교회의 예산은 아껴서 사용하고 년말에 결산해서 남는 재정은 남기지 않고 모두 선교지로 보낸다.

여섯째, 매년 한 사람씩 해외 선교사를 파송하자.

물론 돌이켜 보면 다섯째 목표만 빼고 하나도 생각대로 된 것이 없었다. 그러나 적어도 하나님 앞에 우리의 마음은 그랬다. 주님은 우리의 마음을 아시고 지금까지 우리가 생각하는 것이나 기도하는 것 이상으로 언제나 공급하시고 축복하셨다.

한계와 시행착오

하나님께서 우리 교회를 크게 축복하셨다. 처음에는 미국 교회 건물을 빌려서 개척했는데 교회를 개척하고 나서 성도들의 숫자가 급격히 증가하였다. 첫해 말에 300명으로(아이들까지) 증가했고, 둘째 해 말에는 500명이나 되었다. 물론 좋은 일이지만 솔직히 나는 좋지만은 않았다. 처음 세웠던 계획이 다 깨졌다. 나는 끝까지 자비량으로 섬기고 싶었는데 할 수 없이 전임목회를 위해서 비즈니스를 접고 교회에서 사례비를 받아야만 했다. 무엇보다도 갑자기 불어난 500명(어른들은 약 300여 명)은 3가지 비전을 이루기 위해서는 너무 큰 숫자였다. 이들을 어떻게 예수님의 제자로 선교사로 모두 키울 수 있겠는가? 불가능했다. 내게는 거대한 도전이었다.

그러나 하나님께서 말

▶ 둘째 해 때의 예배 모습

겨 주신 사람들인데 어떻게 하나? 고민하고 기도하면서 제자 훈련 사역을 위해 안간힘을 다 썼다. 이들을 선교사로 세우기 위해 혼신의 힘을 기울였다. 셀교회에서 목장교회로 만들고, 목장명을 미개척 미전도 종족(UUPG) 이름으로 바꾸고, 각종 선교 세미나를 열어서 성도들을 훈련하고, 특히 당시에 함께 사역했던 선교 단체를 통해서 비전 스쿨(Vision School)을 열어 선교 훈련도 시키고, 무슬림 선교에 관심을 가졌기 때문에 단기 선교로 이라크, 이란, 터키, 요르단 지역으로 많이 보내고, 리더들에게는 의무적으로 선교 훈련 코스를 이수하도록 요구하고, 무엇보다도 '선교적 교회'를 만들기 위해서 중보 기도를 강조했다.

돌아보면 첫 3년 가까이는 선교에 있어서 시행착오의 기간이었다. 담임목사인 내가 선교에 대해 별로 경험이 없었다. 신학교에서 배운 선교학 몇 과목과 승동교회 장로로 재직하면서 대학부를 맡아서 학생들을 데리고 대만에 단기 선교를 다녀온 것이 전부였다. 당시에는 '선교적 교회'(missional church)라는 용어도 몰랐다. 또 나중에 '선교적 교회'라는 용어의 기원은 전혀 성경적이지 않다는 것도 알았다. 해외 선교가 필요 없다는 식으로 선교를 정의하는 것이 오늘날의 선교의 잘못된 흐름이다. 여하튼 그렇게 교회를 시작했고 선교를 시작했다. 그러면서 시행착오를 많이 겪었다.

특히 선교사 파송에 있어서 그랬다. 개척해서 첫해 말에 제1호 선교사를 터키에 파송했다. 앞에서 말했지만 '일 년에 한 사람씩 선교사를 파송하자'는 결의가 정말로 이루어진 것이다. 함께 교회를 개척했던 임ㅇㅇ/임ㅇㅇㅇ 선교사님 부부가 헌신하셨다. 하나님께서 우리 교회를 '선교적 교회'로 이끄신 중요한 사건이었다. 그 뒤 약 1년반 후에 제2호 선교사를 이스라엘로 파송했다. 모든 생활비와 선교 사역비를 100% 지원했다.

물론 당시만 해도 소위 '전통적인 방식' 밖에 몰랐기에 '전통적 방식'으로 파송했다. 즉 교회는 선교사를 파송하고 선교 단체가 알아서 다 훈련하고 선교사를 지원하고 감독했다. 교회가 하는 일은 뒤에서 재정과 기도로 지원하는 일 뿐이었다. 그 이상은 더 알지도 못했고 더 할 능력도 없었다. 선교 전략이 뭔지도 몰랐다. 선교에 대한 모든 주도권은 선교사와 선교 단체가 가졌다. 전통적 방식에서 선교는 선교 단체와 선교사가 알아서 다 하는 것이다.

나중에 알았지만 그 선교 단체도 올바른 선교 전략이 부족했다. 기본적인 방향만 제시하고 모든 것을 선교사에게 일임하는 방식이었다. 우리는 파송 선교사가 있는 터키와 이스라엘로 몇 차례 단기 선교를 갔지만 파송 선교사들의 교회 개척 사역에 별로 기여를 하지 못하는 것을 발견했다. 단기 선교는 교회가 할 수 있는 가장 중요한 사역인데 파송 선교사들의 사역과 직접적으로 연결되지 못하는 것이 안타까웠다. 그래도 할 수 있는 일이 별로 없었다. 어쩔 수 없는 한계로 받아드렸다. 그런 한계 속에서 온 교회가 주님의 지상명령에 순종해서 정말 열심히 선교를 했다. 물론 선교에 대한 부정적인 시각을 가진 분들도 있었지만 리더(제직)들을 중심으로 대부분 성도들이 잘 따라왔다.

그러나 3년차 들어서 선교 때문에 교회에 문제가 생기기 시작했다. 정말이지 선교 때문에 교회에 문제가 생길 줄은 전혀 예상하지 못했다. 공동체의 하나됨에 작은 균열이 생기기 시작하는 것을 보았다. 이것은 우리가 함께 협력했던 선교 단체의 독특한 특성 때문이었다. 원래 선교 단체는 교회를 돕는다고 주장한다. 그러나 아닌 것을 보았다. 모든 선교 단체는 자신의 단체를 키우는 일이 항상 우선이라는 것을 실감했다. 물론 선교 단체의 생존을 위해 어쩔 수 없는 것으로 이해한다. 교회의 일꾼 중에서 가장 유능한 사람을 뽑아서 선교 단체 간사를 맡기는 것은 어쩔 수 없는 일이다.

나중에 안 사실이지만 우리 교회에서 선교에 열심이 있는 리더들과

▶ 이스라엘 가정에서 유대 종교인에게 복음을 전한다.

성도들을 따로 불러 내어서 교회 밖에서 그들만의 정기적인 집회를 가졌다. 열방을 위해 기도하는 뜨거운 기도회였다. 단기 선교를 다녀온 성도들이 증가하면서 그 선교 단체가 주관하는 기도회나 집회에 점점 더 많은 사람들이 정기적으로 참여하였다. 어떤 분들은 그 단체의 스탭(staff)으로도 일했다. 결국 우리 교회 안에 그 선교 단체에 소속되어서 열심히 일하는 사람들과 그렇지 않은 사람들 두 개의 그룹이 생겨났다.

그 선교 단체에 속한 그룹은 응집력이 참으로 강했다. 참 어려웠다. 다른 대안이 필요했지만 담임목사인 내가 별로 선교에 대해 아는 것이 없었다. 그저 이런 문제점들을 안고 고민하면서 주님께 기도했다. '주님, 어떻게 해야 합니까? 선교적 교회를 만들기 위해서 지금까지 선교에 올인하다시피 했는데 결과가 이렇게 되었습니다. 제가 잘못한 부분이 있으면 알려주세요. 돌파구를 열어주세요.' 주님께 밤낮 부르짖었다.

02

전환점
(Turning Point)

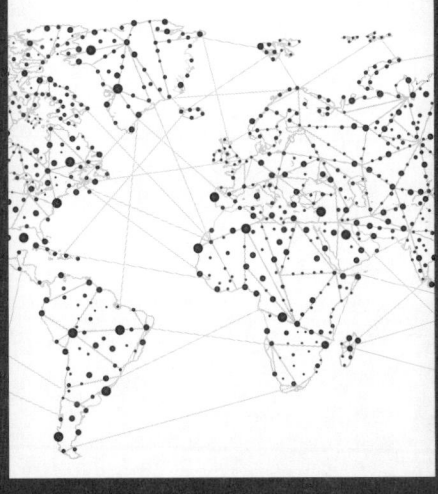

Prepare
the way of
our King

02

전환점
(Turning Point)

GAP와의 만남!

그렇게 기도하기 시작한 지 몇 달이 지났을까. 2009년 여름에 예수님께서 우리의 기도에 응답하셨다. 새로운 선교의 동역자 '세계협력선교회'(GAP: Global Assistance Partners)를 만나게 하셨다. 안강희 목사님을 비롯한 세계협력선교회(GAP)의 귀한 여러 목사님들을 동역자로 만난 것은 획기적인 사건이었다. 지교회가 예수님의 대위임령에 순종하기 위해서 어떻게 세계 선교를 해야 하는가에 대해서 새롭게 배우기 시작했다. 진정한 성경적인 선교가 무엇인지에 대해서 눈을 뜨게 하셨다.

나는 그때 '지교회가 주도하는 총체적 협력 선교'(Holistic Partnership Mission Initiated by Local Church) 라는 말을 처음 들었다. 선교의 패러다임이 바뀐 것도 처음 알았다. 옛날 내가 알았던 '전통적 선교'는 이미 폐기되었고, 새로운 시대에 새로운 선교가 필요하다는 것을 알았다. 나중에 안 사실이지만 세계협력 선교회(GAP)에서는 이미 1995년부터 중앙아시아 여러 나라들에서 이러한 새로운 방식의 선교로 수천 개의 교회를 개척했다.

그동안 내가 고민해 오던 묵은 체증이 한번에 확 내려가는 느낌이었다. 그렇다! 지교회가 주도해야 한다. 선교 단체가 아니라 교회가 답이다. 주님께서 하나님의 나라를 이 땅에 세우기 위해서 사용하시는 유일한 기관은 교회다. 지금까지 해오던 전통적 선교 방식으로는 남아 있는 미전도 종족(UPG)이나 미개척 미전도 종족(UUPG)들을 효과적으로 개척할 수 없다. 많은 선교 단체들은 이미 계층적이고 비효율적 구조로 변질되었다. 더 이상 새로운 것이 나올 수 없을지도 모른다. 반드시 새로운 방식이어야 한다.

지금까지는 어렴풋이 그럴 것이라 생각만 했는데 이제는 확신할 수 있었다. 바로 이것이로구나. 나는 너무 기뻤다. 마치 목회에 서광이 비치는 것 같은 느낌을 받았다. 벳세다의 맹인이 다시 또렷하게 보게되는 경험이랄까 … 전에는 나무 같은 것이 걸어가는 것이 희미하게 보였는데, 이제는 또렷하게 모든 것이 밝히 보였다. 선교에 대해 눈이 활짝 열린 것이다. 지평이 넓어졌다. 그래서 나는 즉시 낡은 부대를 버리고 새 부대를 취했다. '지교회가 주도하는 총체적 협력 선교(지.총.협 선교)'에 뛰어들었다. 이것이 바로 이 책에서 말하는 왕의 길을 예비하는 선교(왕의 선교)이다. '왕의 선교(지.총.협 선교)'가 무엇인지에 대해서는 뒤에 자세히 설명하겠다.

인생에서는 누구를 만나는가가 매우 중요하다. 선교에 있어서도 그렇다. 만약 누가 '주님이 원하시는 성공적인 선교를 하기 위한 열쇠가 뭔가'라고 묻는다면 나는 주저없이 대답한다. '바른 선교 단체'와 동역하는 것이다. 얼마전(2019년 5월초) 튀지니아 목회자 선교 훈련에서 강의할 때 필자가 '바른 선교 단체를 만나야 한다'고 말하니까 한 분이 '어떤 단체가 바른 선교 단체입니까?' 질문했다. 답은 간단하다. 바른 성경적인 원리에 따라, 바른 선교 패러다임을 가지고, 지교회가 미전도 종족 선교를 주도할 수 있도록 옆에서 돕고 함께 동역하는 선교 단체다.

오늘날 많은 선교 단체들이 있다. 그러나 여전히 낡은 부대가 많다. 아직도 '지교회가 주도하는 총체적 협력 선교'의 틀을 가지고 교회를 돕는 선교 단체는 드물다. 우리 교회가 세계협력선교회(GAP)를 만난 것은 하나님의 인도이고 거대한 축복이다. 지금도 나는 안 목사님과 함께 팀이 되어 세계의 여러 선교지를 다닌다. 현지 목회자들에게 왕의 선교를 가르치고 현지 교회들을 동원한다. 안 목사님을 만나서 함께 사역할 때마다 늘 든든하고 감사한 마음이다. 그분께 선교가 뭔지를 배웠고 배운대로 온 교회가 실천한 결과 지금 여기에 도달했다.

우리 교회의 선교는 초대 교회의 모델을 따라 '예수님의 명령대로' 철저히 순종하는 선교다. 선교 모델을 무엇으로 삼는가가 매우 중요하다. 언제나 신약성경에서 예수님과 사도들이 보여주신 선교 방식이 유일한 선교의 모델이 되어야 한다. 주님이 가르쳐주신 방식대로 순종해야 진정한 선교다. 이것이 '왕의 선교'이다. 성경에 나온 선교 모델은 단순하고 명료하다. 때로는 너무 단순해서 사람들이 순종하지 않는 것 같다. 사람들은 좀 더 멋있어 보이고 그럴싸한 선교 이론들을 만들어 내서 더 복잡하게 만든다. 선교를 배우고 가르치면서 성경과 거리가 있는 선교 이론들이 좀 있다는 것을 발견했다.

예를 들어, 유명한 선교 훈련 교재의 내용을 보면(우리 교회도 1권은 사용하는데 교재명을 밝힐 수는 없다.) 2권에서 '이머징 교회'(emerging church), 무슬림 선교를 위한 '내부자 운동'(Insider Movement)에 대한 이야기가 나온다. 나는 이 교재를 가지고 가르칠 때마다 '이것은 아니다. 성경대로 하라'고 말한다. 많은 신학자들이 경험을 기초로 자기 생각을 가지고 무슬림들을 효율적으로 선교하기 위한 접근 방법들을 제시한다. 물론 도움이 되는 것들도 있다. 그러나 '과감한 상황화 전략'으로 복음을 훼손하는 일이 벌어지면 안 된다. 선교지에서 '상황화(contextualization)'는 반드시 필요하지만 성경의 진리와 핵심 교리가 훼손되지 않는 범위에서 이루어져야 한다.

'내부자 운동'이 바로 그런 문제를 안고 있다. 이슬람의 핍박 속에서 복음을 전해야 한다는 상황을 이해한다. 예수를 믿는다고 하는 순간 공동체에서 분리될 뿐 아니라 죽음을 자초하기도 한다. 중동뿐 아니라 인도에서도 그런 일이 벌어진다. 그러나 생각해 보라 그것이 바로 예수를 믿는 것이다. 예수를 믿는다는 것은 과거의 세계관 인생관 가치관과의 철저한 결별을 의미한다. 심지어 자신의 자아도 부정해야 한다. 그것이 비록 실제적인 죽음을 초래한다고 해도 마찬가지다. 초대 교회 성도들이 실제로 그렇게 믿었다.

물론 지혜롭게 복음을 전할 필요는 있다. 무슬림들이 예수를 믿겠다면 철저히 그들을 보호해야 한다. 그러나 '내부자 운동'에서 말하는 주장을 받아드릴 수는 없다. 어떻게 예수님을 믿으면서 동시에 자기 정체성을 무슬림으로 인식할 수 있는가? 어떻게 그런 혼합된 종교인들을 소위 '그리스도 중심 공동체'라고 말할 수 있는가? 물론 처음 믿을 때 잠시 그런 혼미한(?) 과정을 지나갈 수는 있겠지만 그런 상태에 오래 머물게 할 수는 없다. 내부자 운동을 주장하는 선교사들은 Emerging Church Movement에서 사용하는 용어들을 선교에 받아드려서 '예수를 따른다'는 의미를 왜곡시켰다. 이야기가 좀 지엽으로 길어졌는데 세상에는 별의별 선교사가 다 있고 별의별 선교 단체가 다 있다. 바른 선교 단체를 만나서 함께 협력하는 것이 매우 중요하다.

선교는 아주 단순하다. 성경에 다 써 있다. 왕이신 예수님과 왕의 사도들이 하라는 대로 하면 된다. 가서 모든 족속으로 제자 삼으면 된다. 그러기 위해서 예수님이 말씀하신 대로 가서 귀신을 내어쫓고, 병자를 고치고, 복음을 전하면 된다. 예수님을 따르느냐 아니냐의 기준은 '나는 예수님을 믿고 따른다'는 자기 생각이나 확신이 기준이 될 수 없다. 내가 예수 그리스도 십자가 복음의 중심 교리를 받아드렸나 아닌가의 문제이다. 예수 그리스도의 대속교리, 예수 그리스도의 유일성을 믿느냐 아니냐, 철저하게 다른 신을 버렸냐 아니냐, 삼위일체 신앙과 신구약 성경의 절대 권위를 믿느냐 아니냐의 문제다. 우리는 모두 선교사이기 때문에 복음을 전할 때는 언제나 이 기본적인 진리에 목숨을 걸어야 한다.

다시 강조한다. 교회가 성경적으로 바른 선교를 하려면 '바른 선교 단체'를 만나는 일보다 더 중요한 것은 없다. 오늘날은 혼합주의적 성향을 가진 선교사들과 선교 단체들이 많은 것은 불행한 일이다. 필자는 늘 성도들에게 자유주의와 혼합주의는 기독교가 아니라고 말한다. 주님께서 우리 교회의 기도를 들으시고 '바른 선교 단체'를 만나게 해주신 것이 최고의 축복이었다.

나는 인생을 돌아보면서 주님께 가장 감사하는 것이 3가지이다.

첫째는 가장 좋은 아내를 만나게 해주신 것이다. 이제는 결혼 42년째로 접어들었다. 늘 그런 마음을 가졌던 것은 아니었지만 세월이 갈수록 최고의 아내를 주신 주님께 감사한다. 아내는 목회 생활 내내 나의 취약점을 보완해 주었다. 목회는 21년간의 교수 생활과는 전혀 달랐다. 지난 14년간 목회가 내 인생에서 가장 바쁘고 힘든 시간이었다. 아내에게 미안한 마음 뿐이다. 아내는 나와 정반대 성격이라서 언제나 보는 눈이 정반대였다. 그 덕분에 내부에서 충돌도 있었지만 나는 사람들의 마음을 더 깊이 이해하는 법을 배웠다. 아내 때문에 대인 관계에서 실수를 덜 했다. 아내에게 목회를 배운 셈이다.

둘째는 완고한 나를 인도하셔서 교수직을 버리고 목사가 되게 하신 것이다. 당시(2004년) 조기 은퇴를 결심할 때 항상 진주 장사 비유가 내 생각 속에 맴돌았다. 나는 두손에 멋지게 생긴 돌들을 여러 개 들고 만족스러워 하면서 내 인생을 잘 살았다고 생각하고 있었다. 그런데 갑자기 주님께서 내 앞에 나타나셨다. 나에게 매우 값진 큰 진주를 하나를 내미신다. 보는 순간 매혹되었다. 너무 아름다운 진주였다. 세상에서 구할 수 없는 최고의 가치다. 당연히 내가 들고 있는 돌들을 버리고 두손으로 그 진주를 받았다. 당시 65세까지 정년이 보장된 교수직이 전혀 아깝지도 않았고 미련도 없었다. 오히려 정년까지 12년 정도 더 남은 인생을 대학에서 회계학을 가르치고 연구하면서 다 소진한다는 것이 매우 초라하게 느껴졌다.

나는 지금도 그리스도인에게 목사가 되는 것은 인간으로서 누릴 수 있는 최고의 위치라는 사실을 확신한다. 비천한 인간으로 태어나 영광스런 하나님의 교회를 맡아서 목회하는 사역을 하다니! 이보다 더 신나고 멋진 일이 어디 있는가. 과거 14년간 이것을 실감했다. 내가 만일 목사가 안 되었더라면 어떻게 할뻔 했는가? 인생에서 가장 최고의 귀중한 것을 놓치고 그것도 모르고 내가 움켜쥐고 있는 돌덩어리들이 좋다고 만족했을 것이다. 목회자로서 겪는 기쁨과 보람은 너무 크다. 성도들 한 사람 한 사람이 우리 교회에서 예수님의 제자로 커가는 모습을 보는 것은 정말 흥분된다.

물론 목회의 길은 어렵다. 바울도 에베소 목회를 회상하면서 행 20장에서 "… 모든 겸손과 눈물이며 유대인의 간계로 말미암아 당한 시험을 참고 주를 섬긴 것…"이라고 하지 않았는가. 그러나 내가 겪었던 모든 고난이 하나님의 영광을 더 크게 누리게 하였다. 이 땅의 인생을 살면서 목회자 위치보다 더 큰 특권이 어디에 있을까?

셋째는 주님께서 나에게 세계협력선교회(GAP) 안강희 목사님을 만나게 하신 것이다. 예수님이 가르쳐 주신 '왕의 선교'가 뭔지 철저하게 배웠다. 사실 그동안 나는 여러 선교사들을 만났지만 대부분 실망스러웠다. 그러나 안 목사님을 만나고 나서부터 선교사에 대한 생각이 완전히 변했다. 하나님의 비전을 전수 받았다. 예수님의 선교 전략도 배웠다. 오늘날 시대에서 사도 바울처럼 산다는 것이 어떤 것임을 보았다. 왜 대부분 선교사들이 실패하는 지도 알게 되었다.

안 목사님과 사역하면서 세계 선교의 최첨단에 서서 선교의 역사를 바꾸는 기쁨도 누렸다. 우리의 사역이 세계 선교 통계를 바꾸고, 인도의 선교 지도를 바꾸는 것도 경험했다. 몇 년 전부터는 안 목사님과 함께 인도 뿐 아니라 중국 미얀마 일본 튀니지아 등지를 다니면서 현지 목회자들을 깨워서 제자화하고 미전도 종족을 개척하는 사역을 하고 있다. 왕의 선교(지.총.협 선교)를 확산시킨다. 모두 안 목사님의 지도 덕분이다. 그는 지금도 선교에 있어서 나의 동역자이고, 멘토이고, 상담자이시다.

'왕의 선교' 모델 - '지교회가 주도하는 총체적 협력 선교'

우리 교회가 채택한 선교의 새로운 패러다임을 소개하겠다. '왕의 선교(지교회가 주도하는 총체적 협력 선교: 지.총.협 선교)' 모델이다. 지.총.협 선교는 그림 <2-1>과 같이 4개의 축이 있다. ① 지교회 ② 선교 단체 ③ 현지 교회 ④ 장기 선교사이다. 이들이 서로 협력해서 온 세계의 미전도 종족들을 개척하는 모델이다.

(1) 지교회(Local Church)

이 모델에서 가장 중요한 첫째 축이다. 반드시 지교회가(Local Church) 주도해야 한다. 모든 선교의 주도권은 지교회에 있다. 과거 전통적 선교 모델에서는 지교회가 수동적인 역할밖에 하지 못했다. 지교회가 선교사를 파송하지만 일단 파송한 다음에는 선교사와 선교 단체가 수행하는 선교를 그냥 뒤에서 재정과 기도로 돕는 일이 거의 전부였다. 그러나 '왕의 선교'에서는 지교회가 리더의 역할을 한다. 지교회의 담임목사가 미전도 종족을 개척하는 선교의 리더가 된다. 담임목사가 교회의 전략적 선교 목표를 설정하고, 미전도 종족을 개척하고, 현지 사역자를 세우는 사역에 앞장선다. 지속적으로 재정과 인력 등 선교 자원을 지원하고, 중보 기도로 지원하고, 파송한 선교사가 전략적 목표를 잘 달성하는지 확인한다. 지교회가 미전도 종족 개척 사역에 주도적인 역할을 감당한다.

(2) 선교 단체(Mission Organization)

둘째 축은 선교 단체이다. 담임목사는 선교 전문가가 아니다. 물론 과거에 선교사로 섬기다가 목회를 하시는 분들도 있지만 대부분은 선교에 대한 전문적인 지식과 경험이 부족하다. 선교적인 네트워크도 없다. 그래서 두 번째 축인 선교 단체와 동역해야 한다. 선교 단체는 지교회를 지원하기 위해서 기꺼이 모든 선교 정보와 훈련, 연결된 network를 공유하고, 각종 선교 도구들을 제공한다. 그리고 담임목사가 선교 전략을 수립

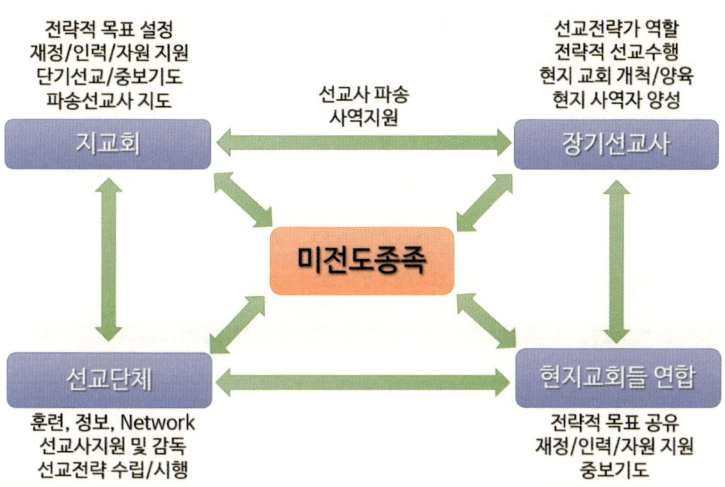

그림 2-1 지교회가 주도하는 총체적 협력 선교 모델

하는 것을 돕고, 지교회가 파송한 선교사를 감독하고, 함께 선교 목표를 달성하기 위해서 협력한다. 우리 교회는 앞에서 말한 세계협력선교회와 (GAP:Global Assistance Partners) 동역하면서 이런 모든 지원을 받는다.

(3) 현지 교회들(Indigenous Churches)

세 번째 축인 '현지 교회들'은 말 그대로 개척 선교할 현지에 있는 교회들이다. 지교회는 반드시 현지에 있는 교회들과 연합해서 교회를 개척하고 현지 사역자들을 양성해야 한다. 우리 교회는 인도 현지에 GAP이 조직한 '새생명선교총회(Assembly of New Life Mission Church)'와 함께 사역한다. 현재 인도 총회 산하에 약 45,000개가 넘는 가정교회들이 소속해 있다. 그중에는 세례 교인 수가 10명이 넘고 공식 교회 조직이 있는 지교회들이 약 2,500여 개가 있다. 더 큰 규모인 센터 교회로(자체 건물을 가진 경우도 있다) 모이는 교회가 117개가 있다. 모두 안강희 선교사를 중심으로 지난 10여 년 동안 개척한 인도 현지 교회들의 모임이다.

새생명선교총회는 2011년에 조직되었다. 이제는 현지 사역자들에게 목사 안수도 준다. 처음부터 인도 현지 목사들이 스스로 총회 임원들을 선출하고 스스로 운영할 수 있도록 자치권을 부여해 주었다. 인도에서 핍박 수위가 올라가서 선교사들이 다 추방된다 하더라도 총회는 아무런 영향을 받지 않고 교회 개척 사역을 할 수 있도록 하기 위함이다. 우리는 국제이사회를 조직해서 이사회를 통해서 인도 총회를 감독한다. 2017년부터는 필자가 국제이사 회장직을 맡고 있다. 우리 교회의 개척 선교 팀이 나갈 때는 이들 교회의 현지 사역자들이 우리의 통역자가 되고, 가이드가 된다. 그들은 미리 '평안의 사람'들을 준비해서 우리와 함께 팀을 이루어 미개척 미전도 종족을 개척한다. 우리 교회의 선교 목표가 동일하게 그들의 선교 목표가 된다.

(4) 장기 선교사(Long-Term Missionary)

마지막 네번 째 축인 '장기 선교사'는 지교회에서 파송한 선교사이다. 아예 처음부터 장기 선교사를 파송할 수도 있고 형편에 따라 1-2년 정도로 사역할 단기 선교사를 파송할 수도 있다. 그런데 반드시 선교사는 '미전도 종족 개척 선교 전략가'(Strategy Coordinator Training) 훈련을 받아야 한다. 지총협 모델하에서 장기 선교사의 역할은 과거 전통적인 방식에서 한 역할과는 판이하게 다르다. 파송선교사는 반드시 '개척 선교 전략가(Strategic Coordinator)' 역할을 수행해야 한다. 즉 미전도 종족 개척을 위해 현지에서 사역자들을 발굴하고 훈련시키는 일을 해야 하고, 지교회의 선교 팀들이 들어와 효과적으로 개척 사역을 할 수 있도록 사전에 현지 사역자들과 함께 평안의 사람들을 물색하고 모든 준비를 갖추어야 한다. 그뿐 아니라 선교 팀이 떠난 뒤에도 현지의 개척된 교회를 돌보면서 교인들과 사역자들이 계속 성장할 수 있도록 양육해야 한다. 그리고 지교회의 다음 선교 목표를 향해서 개척 선교를 할 수 있도록 사역을 계속 확장해 나가야 한다.

뒤에서 '왕의 선교(지.총.협 선교)' 모델에 대해서 더 자세한 설명을 하겠다. 왕의 선교에 대한 중요한 특성은 〈부록 1〉을 참조하라.

전환 단계 – 즉시 순종

세계협력선교회(GAP)를 만나서 가장 기뻤던 것은 드디어 우리 교회의 3가지 비전을 제대로 펼칠 수 있겠구나 하는 기대감 때문이었다. 당시 선교가 뭔지 잘 몰랐지만 '내가 어렴풋이 생각했던 이상적인 선교가 바로 이것이었구나'라는 것을 느꼈다. '이제야 비로소 이상적인 선교가 우리 교회를 통해서 실현될 수 있겠구나'라고 생각했다. 그래서 즉시 순종했다. '왕의 선교(지.총.협 선교)' 모델을 가지고 선교적 교회를 세우기 위한 첫 발걸음을 디뎠다. 우리의 목표는 초대 교회 안디옥 교회를 21세기에 미국에서 실현하는 것이다.

우리 교회의 3가지 비전을 실천하기 위해서 즉시 아래 5가지를 행동에 옮겼다.

첫째, 기존의 선교 센터 사역을 강화시키기 위해서 선교 센터 간사를 임명했다. 2010년 1월 일이다. 당시 싱글 목장의 목자였던 백ㅅㄱ 자매를 간사로 임명해서 선교 센터가 본격적으로 지총협 선교 방식으로 미전도 종족 개척 사역을 할 수 있도록 했다. 이를 위하여 백 간사에게 앞에서 말한 '미전도 종족 개척 선교 전략가'(Strategy Coordinator Training) 훈련을 받도록 했다. 인도에서 시행되는 한 달간의 훈련이다. 백 간사는 기꺼이 힘든 훈련을 잘 소화했다. 이제는 선교 센터를 중심으로 미전도 종족 개척을 위한 협력 선교를 할 수 있는 준비를 끝냈다.

둘째, 단기 교회 개척 선교 팀을 북인도에 파송했다. 2010년 가을부터 첫 북인도 교회 개척에 앞장 설 선교 팀원들을 모집했다. 그리고 16주간 동안 이들을 훈련해서 12월 크리스마스 연휴 기간에 첫 교회 개척 팀을 파송했다. 북인도에서 13일간의 단기 사역 팀이었다. 처음으로 갔기 때문에 시행착오를 통해 엄청나게 많은 것을 배울 수 있는 귀중한 단기 선교였다. 여기에 대해서는 뒤에 다시 이야기하겠다.

셋째, 북인도에 장기 선교사를 파송했다. 주님께서 선교 센터 간사를 맡았던 백 간사에게 장기 선교사로 나갈 마음을 주셨다. 오랫동안 다니던 회사도 사직하고, 살던 집도 정리하고, 2011년 2월에 우리 교회에서 제3호 선교사로 북인도에 파송했다. 비록 평신도였지만 파송되기 전에 충분한 현지 선교 훈련과 현장 경험을 쌓았다. 앞에서 말한 북인도에서 열린 한달간의 '미전도 종족 개척 선교 전략가 훈련'을 마쳤다. 그리고 파송 전인데도 미리 혼자 인도에 가서 첫 교회 개척을 위한 단기팀을 맞을 준비를 다 끝냈다. 동시에 현지 사역자를 리드하면서 훌륭하게 팀들을 섬겼다. 백 선교사는 그 뒤로 우리 교회의 미전도 종족 개척 선교를 정착시키고 인도 현지에서 안강희 선교사님을 도와서 교회 개척 선교를 일으키는 중요한 역할을 감당하였다.

넷째, 모든 교인들에게 새로운 선교 모델을 훈련시켰다. '왕의 선교(지.총.협 선교)'를 성공적으로 정착시키기 위해서는 교회 전체가 동원되어야 한다. 아무리 소수의 인원이 단기 선교를 나간다 해도 그들 팀원들만이 선교를 하는 것은 결코 아니다. 언제나 선교는 전체 교회가 가는 것이다. 이들이 교회를 대표해서 나가는 것이므로 교회 전체가 나가는 것이다. 교회는 그리스도의 몸으로 하나이다. 그래서 성도들 모두가 선교사가 되어야 하고 모두가 선교 훈련을 받아야 한다.

첫 선교 학교를 2011년 4월에서 6월까지 3개월간 열었다. 매주 1회씩 12주 모임으로 한번 모일 때마다 2시간 30분 class였다. 우리 교회 성도들은 평소에 이런 방식으로 모이는 제자 훈련 코스에 익숙하기 때문에 별 부담없이 받아드렸다. 60명의 성도들이 참여했다. 선교 훈련을 위해 세계협력선교회(GAP)의 여러 목사님들이 도와주셨다. 시카고의 장춘원 목사님을 비롯한 여러 많은 목사님들이 오셔서 총체적인 협력 선교가 무엇인지 강의하고 자신의 경험도 나누어 주셨다. 물론 이 선교 학교뿐만 아니다. IMB 선교사님인 신기황 목사님을 비롯한 여러 침례교 목사님들이 오셔서 미전도 종족 선교와 입양에 대해서도 훈련을 시켜주셨다.

다섯째, 북인도 전체를 입양했다. 사실 이것은 말이 되지 않는다. 미전도 종족은 한 교회가 한 개나 혹은 몇 개를 입양하는 것이다. 북인도 전체가 너무 크기 때문에 한 교회가 전체를 입양할 수는 없다. 그러나 당시의 생각으로는 종족 입양이라기보다는 북인도 전체 지역을 우리 교회가 마음에 품고 기도하겠다는 의도였다. 지역을 입양하면 그 안에 종족들은 자연히 따라온다는 생각이었다.

2010년 당시 북인도는 전 세계에서 미개척 미전도 종족(UUPG)이 가장 많았다. (지금도 복음화 0.1% 이하 미전도 종족이 제일 많다.) 당시 전 세계에 3,341개 UUPG가 있었는데 이중에서 인구 100,000명 이상 UUPG가 639개였다. 그런데 310개가 인도에 있었다. 이것을 인구수로 보면 3억9천4

백만 명이다. 즉 전 세계 인구 10만 명이 넘는 UUPG의 약 50%가 인도에 있었고, 인구수로는 전 세계 UUPG의 75%가 인도에 있었다. 이런 UUPG가 북인도에 가장 많이 집중되어 있었다. 〈그림 2-2〉를 참조하라. 빨간색으로 칠해진 부분은 미개척된 종족이라는 뜻이다. 그 종족에는 교회도 없고 사역자도 없고 성경도 번역되지 않았고 선교사도 없다는 말이다.

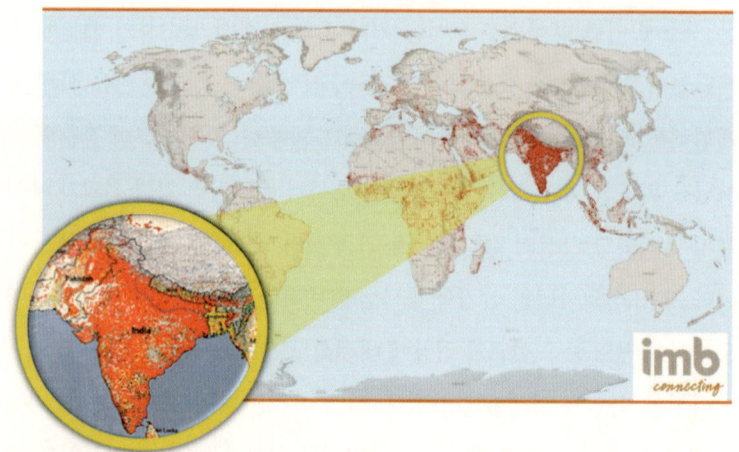

그림 2-2 인도의 미개척 미전도 종족 지도

이런 정보를 세계협력선교회(GAP)를 통해 듣고 우리는 하나님께서 우리 교회에 북인도를 주신 것으로 받아드렸다. 저렇게 붉게 칠해진 지역을 하루속히 지도상에서 지워야 할텐데 우리가 나서서 일하자. 마치 '이 산지를 네게 주겠다'는 음성이 들리는 것 같았다. 북인도에 모든 UUPG를 없애기 위해서 '지.총.협 선교'의 틀 안에서 온 교회가 함께 교회 개척 사역에 뛰어 들었다. 교회의 선교를 북인도에 집중시켰다. 이제 모든 준비가 다 끝났다. 2009년 8월에 처음으로 세계협력선교회(GAP)을 만난 뒤로 약 1년 반 만에 '지교회가 주도하는 미전도 종족 개척 선교'의 준비가 다 끝난 셈이다. 이제부터 본격적으로 출발이다.

앞에서 설명한 '왕의 선교(지.총.협 선교)' 모델의 4개 축을 떠올려 보라. ① 지교회 - 우리 교회 전체 성도들의 마음이 모아졌다. 리더들을 포함한 많은 성도들이 '지총협 선교' 훈련을 받았다. ② 선교 단체 - 든든한 세계협력선교회(GAP)와 동역한다. 안강희 목사님이 지도하신다. ③ 장기 선교사 - 우리 교회에서 백ㅅㄱ선교사를 전략적 개척 선교사로 인도에 이미 파송했다. ④ 현지 교회들 - 안 목사님이 2010년부터 인도에 가서 현지 제자를 훈련시켜서 이미 여러 사역자들을 키워 놓으셨다. 이제는 본격적으로 미전도 종족에 교회 개척 사역을 위한 모든 준비가 완료된 것이다.

03

교회 개척 선교의 진행 과정

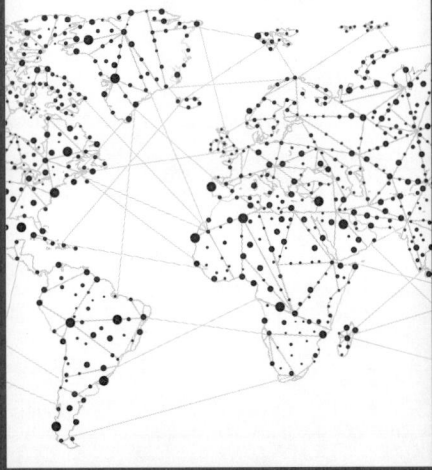

Prepare
the way of
our King

03

교회 개척 선교의
진행 과정

2010년부터 새로운 선교 패러다임으로 '왕의 선교' 즉 '지교회가 주도하는 미전도 종족 개척 사역'이 시작되었다. 이렇게 새로운 방식으로 선교하는 것은 처음이라 담임목사인 내가 모든 일에 앞장섰다. 준비에서부터 팀원 모집, 16주간의 선교 훈련, 그리고 실제 선교 사역에까지 앞장섰다.

여기서 한 가지 충고를 드린다. 혹시 여러분 교회에서 처음으로 교회 개척 선교를 시작하는가? 그렇다면 최소한 첫 몇 년간 만이라도 반드시 '담임목사'가 앞장서야 한다. 마치 소대장처럼 담임목사가 제일 선두에 서서 '돌격 앞으로' 명령을 내리고 지휘해야 한다. 그래야 전체 교회가 움직인다. 물론 수천 명 이상의 대형 교회는 이것이 불가능할지도 모른다. 이런 경우에는 선교 담당 목사를 임명해서 시작할 수도 있다. 그러나 담임목사가 교회 전체의 최고의 우선순위를 선교에 두고 이끄는 것이 가장 중요하다.

준비 과정

먼저 준비 과정부터 소개하면, 2010년 7월에 백숙경 간사를 북인도 데라둔에 보내서 위에서 말한 '전략적 개척 선교사' 훈련을 한 달간 받게 했다. 훈련이 끝나고 8월에는 첫 선교지로 정한 북인도 비하르(Bihar)주 파트나(Patna)시에 보내서 첫 단기 개척 선교를 준비하게 했다. 직접 가서 현지 상황도 보고, 현지 북인도 사역자들을 만나서 현지 교회 개척 사역이 어떻게 진행되는지도 보았다. 우리 팀이 가서는 어떤 지역을 어떻게 커버(cover)해서 사역할지 협의하고, 개척할 종족에 대한 정보도 얻었다. 그리고 우리팀들이 오면 묶게될 호텔도 알아보고, 주변의 마을들로 이동해야 하는데 차량들도 알아보았다. 백 간사가 이런 모든 사역을 훌륭하게 수행했다.

한편 우리 교회에서는 제1차 북인도 교회 개척 선교를 교인들에게 알리고 참가자들을 모집하였다. 첫 선교에 17명이 지원했다. 그래서 8월 말부터 이들을 대상으로 16주간의 선교 훈련에 들어갔다. (나중에는 선교 훈련이 13주 혹은 12주로 바뀌었지만 처음에는 16주간 동안 훈련했다.) 매주일 예배 후에 약 3시간씩 훈련했다. 주로 찬양과 기도 훈련, 인도의 문화와 언어 훈련, 간증 및 복음 제시 실습 등을 훈련했다.

아래 <표3-1>은 당시 훈련생들에게 나누어 주었던 Handout의 일부이다. 선교는 어느 일정 기간의 행사가 아니라 삶이기 때문에 평소에 말씀과 기도로 무장하는 것을 강조했다. 평소에 주님과 동행하면서 선교적 삶을 사는 사람이 일 년에 한 번 해외로 나가서 교회 개척 선교를 할 수 있기 때문이다.

교회 개척 선교 참가자 지침

1. 평소보다 기도 생활에 더 많은 시간을 할애한다. (수요 기도회 참석/ 새벽 기도회 참석 등)
2. 훈련 시간에 늦거나 결석하지 않도록 한다.
 (출장으로 인한 결석은 인정하나 훈련 내용을 숙지하도록 팀장이 도와준다.)
3. 훈련 과정과 내용을 겸손한 마음과 배우는 자세로 따른다.
4. 훈련 기간 중 자신의 단기 선교 경험이나 지식을 강요하거나 주장하지 않는다.
5. 16주간 선교 훈련에 집중할 수 있도록 일상 계획을 간소화하고 몸을 피곤하지 않게 한다.
6. 선교 훈련 중 배운 것을 삶의 현장에서 적용하고 실습한다.
7. 선교 훈련 기간 동안 친교 담당 순서를 맡게 되면 목장에게 알리고 목원들에게 양해를 구하고 훈련에 참석한다. 평소에 다른 것으로 목장을 더욱 섬긴다.
8. 지속적인 체력과 건강 관리를 한다.
9. 매주 훈련을 위한 준비물과 과제물을 잘 챙겨오며 배운 것을 복습하고 연습한다.
10. 철저하게 성령님께 의지하고 성령님의 지시를 따르며 안 된다고 포기하지 않는다.

- 팀장에게 무조건 복종! 요청 없으면 제안도 하지 않는다.
- 주님의 일은 내가 주를 위해 일하는 것이 아니고, 나를 주님께 드려서 주님이 주님의 일을 친히 하는 것이다.

〈표 3-1〉 당시 선교 훈련 Handout의 일부

제1차 북인도 교회 개척 선교

드디어 2010년 12월 10일 주일 저녁에 우리 교회 첫 개척 팀이 북인도로 향했다. 우리 중에 어느 누구도 인도에 가본 경험이 없었다. 담임목사인 내가 인솔해서 가지만, 솔직히 다른 곳은 몰라도 인도는 정말 피하고 싶은 선교지였다. 주님은 가끔 내가 가장 하기 싫어하는 것을 하라고 하시는 분으로 다가 오신다. 아직 주님의 테스트가 안 끝난 것인가? 그러나 무조건 순종했다.

나는 특히 냄새에 민감해서 북인도의 더러운 환경이 정말 견딜 수가 없을 것 같았다. 어렸을 때, 재래식 화장실, 비가오면 골목 길에 진흙탕에 빠지면서 걸어가는데 사람의 대변을 피해가려고 신경을 썼던 당시 기억이 생생하게 떠오르는 것이 아닌가. 소똥으로 연료를 만들고 오물 속에서 소, 돼지, 개와 함께 엉켜서 사는 그곳 … 상상만 해도 힘들었다. 냄새가 나지 않게 해달라 기도했다. 그런데 정말 주님은 그런 기도까지 들어주셨다. 이상하게 사역 기간 내내 전혀 냄새가 나지 않았다. 일시적으로 코가 마비되었던 것이다. 모두가 미지의 세계를 향하여 그리스도의 사랑의 마음을 품고 출발했다. 크리스마스 휴가를 포기하고 선교지에서 영혼 구원을 위해서 보내기 위해서다.

우리 17명의 선교 팀들은 현지 사역자들 12명과 함께 5팀으로 나누어 사역했다. 비하르(Bihar)주는 인도에서도 가장 못 사는 주

▶ 아침 예배 때마다 현지 사역자를 위해 기도한다.

에 속하기 때문에 그들의 삶은 정말 열악했다. 아니 열악하다 못해 비참했다. 겨울인데도 수많은 모기의 공격을 받으면서 흙먼지와 오염된 공기를 마셔가면서 마을마다 다니면서 복음을 전했다. 불가촉천민들이 사는 마을에 가서도 전도했다.

어느 마을은 모든 주민들이 다 흙으로 된 토굴 속에 살고 있었다. 아프리카 난민의 모습이었다. 표정이 모두 어두웠다. 태어난지 몇 달도 안 되어 보이는 간난아이를 먹이기 위해 주는 죽을 보고 충격을 받았다. 저건 사람이 먹는 음식이 아닌데 어린아이가 저런 것을 먹어야 한다니! 이렇게 인간을 비참하게 타락시킨 사탄에 대한 분노가 치밀었다. 왜 그렇게도 병자들은 많은지! 하나 하나 기도해 주면서 보았다. 천으로 감겨진 여인들의 몸에는 상상할 수 없는 질병들로 가득 차 있었다.

지금 돌이켜 보면 시행착오가 참 많았다. 복음을 전하는데 불필요한 준비물들도 많이 가져갔다. 아이들에게 나눠줄 사탕과 풍선, 태권도 시범, 부채춤 등 아무 것도 모르고 시작한 첫 번째 선교였다. 그냥 이론으로 배운 것을 하나하나 현장에서 몸으로 부딪치면서 배웠다. 나중에 보니까 안 목사님께서 이렇게 하신 이유가 있었다. 사전에 하나하나 일일히 지시해서 가르쳐주기보다 우리가 시행착오를 겪으면서 배우기를 원했던 것 같다. 시행착오를 겪으면서 성경적인 선교가 뭔가를 더 생각하고 돌아보게 되었다.

여하튼 우리 모두가 열정적으로 복음을 전했다. 아침에 일찍 일어나 팀별로 QT와 기도회를 하고, 아침 식사를 하고, 현지 사역자들이 오면 함께 예배를 드렸다. 그들에게 성령의 능력이 임하도록 매일 간절히 기도했다. 그리고 사역을 떠났다. 때로는 점심 먹을만한 장소도 없어서 굶던가 아니면 가져간 비상식량으로 때우면서 해가 질때까지 사역했다. 주로 마을 사역이었다.

당시는 인도에 핍박이 거의 없었을 때였다. 그래서 동네에 들어가서 공공장소에서 마음껏 사람들을 불러모아서 사역할 수가 있었다.(물론 지금은 모디 정부가 들어선 이후로 핍박이 심해져서 은밀히 가정 집에서 소규모로 사역한다.) 인도는 가는 곳마다 사람들밖에 없다. 기본이 100여명이고 때로는 동네 광장에 수백 명씩 모이기도 한다. 무슬림 마을을 들어가도 마찬가지였다. 거침없이 마음껏 예수 그리스도의 십자가 복음을 전했다.

▶ 마을 사역을 하는 장면

12월 19일부터 31일까지 13일간이지만 비행기 이동 시간(기다리는 시간까지 약 80시간)을 빼고 약 9일이 남는데 그중 4일은 크리스마스 행사 등 기존 가정교회를 격려하고 돌아보는 시간으로 사용했다. 실제로 마을을 방문해서 하루종일 사역할 수 있는 날은 5일밖에 없었다. 이 5일 동안 엄청난 역사가 일어났다. 힌두와 이슬람의 영에 눌려 소망없이 지내던 땅에 복음의 큰 빛이 비추었다. 우리 팀은 약 10,000여 명에게 복음을 전했고 이중에서 약 3,800명이 예수님을 처음으로 영접했다.

혹시 이들이 예수님을 힌두교의 다른 잡신들과 같이 생각해서 또 다른 신의 하나로 영접하지나 않을까 염려해서 다시 확인했다. 복음 제시를 하고 예수님 영접하기 원하면 손들라고 하는데 너무 많은 사람들이 들어서 손을 내리라고 했다. 그리고 다시 복음을 재차 설명하고 유일신 하나님과 유일한 구원의 길 십자가를 지신 예수 그리스도를 전했다. 손을 드는 것 대신에 앞으로 나오라고 할 때도 많았다. 영접하는 사람들에게는 안수 기도까지 해주었다. 나중에 안 사실이지만 안수 기도를 세례를 베푸는 것으로 생각해서 나오지 않은 사람들도 많았다고 한다.

마을 사역을 마치면 팀장은 반드시 어느 동네에 갔는지, 그 동네에는 어떤 종족이 살고 있는지, 그 동네에 가정교회가 있는지 없는지, 있다면 현재 몇 명의 교인이 있는지, 가서 몇 명에게 복음을 전했는지, 몇 명이 예수님을 영접했는지에 대한 데이터를 수집해서 매일 담임 목사에게 보고하도록 했다. 내가 받은 팀 보고서 중에 하나를 소개하면 다음 〈표3-2〉와 같다.

▶ 우리의 간증을 열심히 듣고 있다.

우리는 첫번 교회 개척 선교를 통해서 '왕의 선교' 즉 '지교회가 주도하는 총체적 협력 선교 모델'이 정말 효과적으로 작동한다는 것을 몸소 체험했다. 지교회와 선교 단체, 그리고 현지 교회의 사역자들이 하나의 팀이 되어 사역했다. 백 간사는 아직 선교사로 파송하기 전이었지만 간사의 위치에서 선교사가 할 수 있는 코디(Coordinator) 역할을 아주 훌륭하게 감당했다. 세계협력선교회(GAP) 목사님들의 지도와 훈련을 통해 우리 선교 팀들은 잘 훈련된 정예 부대였다. 모든 것이 성공적이었다.

첫 개척 선교를 통해 얻은 가장 큰 수확은 우리 교회의 '개척 선교 훈련 매뉴얼' 초안을 만들 수 있었다. 이 매뉴얼을 기초로 계속 보완해서 그 해

Daily Team Report

Leader Name: 노병용 Team Member: 김영수/신제니 Team No.: 1
Local Worker Name: Umesh Kaushik(Patna)/Muhna Kumar(Arah)

Date	Village Name	People Group Name UPG/UUPG	Population	Current Believers No.	Current H.C. No.	Evangelism # of Peoples	# of Believers
12/23/2010	Taraura	Santhwar(UUPG)	3500	17		80	35
	Khapura	Santhwar(UUPG)	1800	5		50	30
	Shekhpura	Chamar	5000	25		70	50
	Pirbadhauna	Santhwar(UUPG)	8000	35		80	45
12/24/2010	Fathpur	Chamar	4500	15		33	22
	Sumkura	Chamar	1200	3		120	10
	Kura Banglapar	Santhwar	1000	0		45	1
	Kura Banglapar	Santhwar	1000	0		45	1
12/26/2010	Tulsi	Kurmi	1100	20		50	10
	Ekauna	주일예배 Chamar	3000	15			
	Kaurga	Mushar	1000	15		35	3
	Bhushula	Chamar	1200	10		55	11
12/27/2010	Ratanpur	Shekh	1000	15		160	16
	Chakardah	Mushar	5000	35		120	24
	chela	Dushad	3000	25		25	5
12/28/2010	Kazitola	Chamar	1000	20		50	14
	Bapali	Mushar	1200	7		60	4
	Chaukipur	Mushar	750	15		50	6
	Asani	Dushad	1300	3		62	5
Total			45550	280		1190	292

〈표3-2〉 매일 팀 보고서

말 3차 선교를 다녀 온 뒤에는 상당히 완성된 '개척 선교 훈련 매뉴얼'을 만들 수 있었다. 우리는 선교 현장을 직접 경험하면서 배웠다. 미전도 종족을 개척하기 위하여 어떻게 교회가 준비하고, 어떻게 동네에 들어가서, 어떻게 간증하고 복음을 전하고, 어떻게 가정교회를 개척하고, 어떻게 현지 사역자들과 함께 팀 사역을 하는지 하나하나 배웠다.

직접 경험한 내용을 노트에 기록했다. 다음 번에는 더 효과적으로 선교하기 위해서 '최상의 실천과 절차'(best practice and procedures)를 만들어 가려고 애썼다. 그래서 '마을 사역 Guideline'과 '12주 선교 훈련 프로그램' 초안을 수립할 수 있었다. 물론 그 후에도 계속 update시켰다. '북인도 마을 사역 Guideline'은 〈부록 5〉를 참조하라. 12주 선교 훈련 프로그램에 대해서는 나중에 다시 말하겠다. 그리고 필자가 1차 선교를 마치고 와서 쓴 글은 <부록 2> '제1차 북인도 개척 선교를 마치고'를 참조하라.

▶ 파트나시 동네 광장에서 복음 선포를 한다.

제2차 북인도 교회 개척 선교

제2차 북인도 교회 개척 선교는 다음해 2011년 여름에 갔다. 7명의 중고등부(Youth) 학생들과 중고등부 전도사(Youth Pastor)인 Daniel Kim(김세환), 그리고 담임목사인 나 이렇게 9명이 갔다. 7월 25일부터 8월 5일까지 비하르(Bihar)주 파트나(Patna)시와 근교에서 사역했다. 우리 학생 팀(Youth team)은 학교 사역과 마을 사역 두 가지를 했고, 나는 인도에 파송한 백 선교사와 함께 무교회 지역의 마을 사역에 집중했다.

다행히 그 기간이 인도에서는 방학이 아니었기 때문에 우리 학생 팀들은 20개의 공립학교를 방문해서 학생들에게 복음을 전했다. 당시만 해도 공립학교는 우리를 환영하는 분위기였다. 현지 사역자들이 사전에 학교 교장이나 선생님들과 교섭해서 준비를 잘 해놓았다. 어떤 학교는 전체 학생들을 강당에 다 모아서 우리가 복음을 전할 수 있게 해 주었다. 우리는 준비해 간 간증과 더불어 예수님의 십자가와 부활을 전하는 소연극(skit)을 하고 정확하게 십자가 복음을 전했다. 어떤 학교는 우리 학생팀들이 각 교실마다 돌아다니면서 복음을 전하도록 배려해 주었다.

수많은 북인도의 중고등 학생들이 복음을 듣고 예수님을 영접했다. 이들 대부분은 예수님의 이름을 한 번도 들어보지 못했다. 물론 학교라서 그곳에서 가정교회를 개척할 수는 없었다. 그러나 십자가 복음을 전해서 감수성이 예민한 학생들이 예수님을 영접한 것은 그들의 일생에 있어서 잊을 수 없는 중요한 영적 사건이 되었을 것이다. 학교 사역뿐 아니라 마을 사역도 활발하게 전개하였다.

그 결과 짧은 기간이지만 약 9,500명에게 복음을 전해서 약 8,400명이 예수님을 영접하는 성과를 내었다. 엄청난 역사였다. 보다 자세한 사항은 제2차 선교를 마치고 필자가 쓴 글 〈부록 3〉 '특별한 선교지 비하르'를 참조하라.

교회 개척 선교의 중간 평가

1차 2차 단기 개척 선교는 한마디로 우리가 배운 이론을 현장에서 하나씩 실습하는 선교였다. 우리는 시행착오를 통하여 '최상의 실천'(best practice)이 무엇인가를 재확인하고 수정했다. 1차 2차 선교를 통해 새롭게 배우고 새롭게 확립한 것은 아래와 같다.

첫째, '단기 교회 개척 선교의 목표'가 무엇이 되어야 하는 것을 확실히 알게 되었다. 우리는 선교 훈련을 통해 평안의 사람을 사역자로 키우는 것이 가장 중요하다는 것을 배웠다. 그러나 그것이 실제로 선교 현장에서 잘 연결되지 못했다는 것을 깨달았다. 뒤돌아 보면, 1차 2차 개척 선교는 주로 많은 사람들에게 씨를 뿌리는(seeding) 수준의 선교였다. 우리는 불과 5일 남짓한 짧은 기간에 3,800명과 8,400명이 예수님을 영접했다는 사실에 흥분하고 기뻐했다. 그러나 나중에 그렇게 많은 사람들에게 전도를 하는 것이 핵심은 아닌 것을 깨닫게 되었다.

▶ 교실에서 학생들에게 복음전도지를 나눠주고 앞에서 복음을 전한다.

▶ 강당에 모든 학생들을 다 모아주었다.

만약 아기를 낳기만 하고 뒤에 돌보지 않는다면 어떻게 되겠는가? 결국 아기는 죽고 말것이다. 많은 결신자들을 낳았지만 현지에 사역자들이 부족해서 이들을 제대로 양육하지 못하면 전도의 열매를 맺지 못할 것이다. 많은 사람들이 예수님을 영접했지만 가정교회도 개척되지 못하고 사라지는 것을 보게 되었다. 가슴아픈 일이다. 우리의 선교 방식이 효과적이 아니었다는 것을 시행착오를 통해 깨달았다.

그렇다. 예수님이 가르쳐 주신 방식대로 해야 한다. 예수님은 '가서 모든 족속으로 제자 삼으라'고 했다. 여기서 '제자 삼는다'는 말이 중요하다.

▶ 복음을 듣고 예수님을 영접한다.

▶ 예수님을 영접하는 기도를 진지하게 따라하는 학생들

전도할 마을에 들어가서 먼저 제자가 될 가능성이 큰 사람을 찾아야 한다. 다른 말로 '평안의 사람(POP: Person of Peace)'이라고 부른다(눅 10:6). '평안의 사람'은 우리 팀을 자기 집으로 영접하는 사람이다. 단순히 영접할 뿐 아니라 식구들과 친척들을 기꺼이 모아서 우리가 복음을 전할 수 있게 돕는 사람이다. 그래서 예수님은 마을에 들어가기 전에 먼저 '추수할 일꾼을 보내달라'고 기도하라고 하셨다(눅 10:2).

추수할 일꾼 즉 현지 사역자는 현지 마을에서 나온다. 평안의 사람이 나중에 현지 사역자(worker)로 양육된다. 이를 위해 사전에 충분한 기도가 필요하다. 되도록 많은 사람들에게 복음을 전해서 예수님을 믿게 하는 것이 능사가 아닌 것을 직접 체험했다. 앞으로 우리의 목표는 그저 씨를 많이 뿌리는 것으로 그치지 않고, 그 씨가 자라서 열매를 맺어서 재생산에까지 이를 수 있어야 한다. 이를 위해서 되도록 많은 평안의 사람들과 사역자들을 양육하는데 맞추어져야 하는 것을 배우게 되었다. 단기 교회 개척 선교의 목표를 재정립했다.

둘째, 앞으로는 각종 사역 물품을 준비해 가지 않기로 했다. 1차 2차 모두 마을에 복음을 전하기 전에 그들의 마음을 사기 위해서 정수기와 태양광 Lamp 등 물품들을 준비해서 가져갔다. 마을에서 아이들에게 주기 위한 사탕, 고무풍선, 작은 선물꾸러미 등도 가져갔다. 복음 집회를 위해서 태권도, 부채춤 등 여러 가지 공연(?)도 준비했다. 그런데 앞으로는 '그렇게 하면 안 된다'는 것을 깨달았다. 예수님은 눅 10:4에는 심지어 "전대나 배낭이나 신발도 가지지 말라"고 하셨다. 오직 복음만 가져가라는 뜻이다.

풍선이나 사탕 때문에 오히려 복음 전파에 방해를 주는 것도 경험했다. 부채춤이나 태권도 시범을 준비하는 시간에 차라리 더 많이 기도해야 한다는 것도 깨달았다. 그래서 3차 북인도 개척 선교부터는 아무런 사역 물품도 가져가지 않았다. 오직 복음만을 가지고 갔다. 어둠 속에 쌓인 영혼들에게 복음의 빛이 비치도록 복음 제시와 간증을 위한 준비를 더 많이 했다. 오직 기도에 더 많은 시간을 투입하기로 결정했다.

셋째, 선교를 가기 전에 12주 선교 훈련 프로그램을 수립할 수 있었다. 선교를 가기 전에 훈련이 가장 중요하다. 선교 훈련에서 우리가 가장 중점을 두는 것은 찬양과 기도 훈련이다. 수천 년간 한 번도 예수님의 이름을 들어보지 못하고 어둠에 싸인 흑암의 땅을 먼저 기도로 뚫어야 한다. 모든 팀원들이 어느 마을을 들어가든지 함께 손잡고 찬양하고 통성 기도할 때 흑암의 영들이 결박되어야 한다. 우리가 가서 기도할 때 음부(지옥)의 문들이 무너져야 한다. 그리고 모든 팀원들이 성령 안에서 하나가 되어야 한다. 따라서 중보 기도 훈련이 가장 중요하다.

그래서 교회 개척 선교를 가기 전에는 반드시 12주 선교 훈련을 받도록 한다. (물론 그전에 선교 학교를 이수해야 하는 규정도 있다.) 기도 훈련 다음으로 중요한 것은 눅 10장에 나오는 예수님의 선교 전략을 숙지하는 것이다. 그리고 각자가 해야 할 간증과 복음 제시 훈련을 시킨다. 철저하게 자신의 것이 되도록 영어로 외워서 자신의 복음에 대한 열정이 그 간증과 복음 제시 속에 묻어나도록 훈련시킨다. 물론 문화적인 것과 힌디 찬양도 배운다.

넷째, 선교지에서 해

▶ 아이들도 복음을 열심히 듣는다.

야 할 행동 강령(Code of Conduct) 및 마을 사역 Guideline을 만들었다. 복음을 전하는 메시지 내용도 확정했다. 선교지에 도착해서 어떻게 행동해야 하는가를 미리 훈련한다. 예를 들면 매일 아침 사역지로 출발하기 전에 현지 사역자와 함께 모여서 어떻게 예배드리고 그날 사역을 위해 기도하고 회의하는가? 그날 사역지로 향하는 자동차 안에서 어떻게 행동해야 하는가? 마을에 들어가서 평안의 사람에게 어떻게 대해야 하는가?(우리 팀이 가서 평안의 사람을 발견하면 시간이 촉박하므로 현지 사역자들이 미리 개척할 마을을 선정하고 그 마을의 평안의 사람을 확보한다.) 어떻게 마을을 빠져나가고 어떻게 하루의 사역을 정리해야 하는가? 이에 대한 훈련 자료들을 만들었다. 구체적인 '마을 사역 Guideline'은 <부록 5>를 참조하라.

우리 교회에서 가장 엄격하게 적용하는 선교지에서 행해야 할 행동 강령이 있다. 두 가지다. 첫째, 선교 기간 동안 San Francisco 공항을 출발해서 다시 San Francisco 공항에 도착할 때까지 모든 사적인 이야기는 금지되며 오로지 예배(찬양과 기도)와 QT 나눔과 간증만 허용된다. 둘째, 팀장의 지시에는 무조건 복종해야 한다.

어떨 때에는 선교지로 가기 위해서 자동차로 3시간 이상 간다. 델리에서 펀잡(Punjab)주로 이동할 때에는 8시간을 타고 가야 한다. 이때도 개인적인 이야기는 절대 할 수 없다. 차 안에서는 팀장의 인도로 오직 통성 기도와 찬양만 한다. 주변의 모습을 보면서 그 지역을 축복하고 중보 기도한다. 지금 향해 가는 그 마을의 영혼들을 품고 축복하며, 사역을 위해 기도하면서 이동한다. 물론 개인적인 간증은 허용된다. 이것이 우리 교회가 정한 선교지에서 해야 할 행동 강령이다.

선교 기간 내내 엄격한 예배 훈련을 받는 셈이다. 선교지로 출발하는 비행기에서부터 돌아오는 순간까지 오직 예배와 간증과 복음전하는 것뿐이다. 모두가 성령의 임재에 흠뻑 젖어서 10일 혹은 12일을 선교지에서 보내고 돌아온다. 모든 팀원들이 하나가 되어 오직 기도로 성령님께 집중하고 성령님의 지시에 따라 사역하는 훈련이다. 선교지에서 가장 중요한 것은 성령님의 음성을 듣는 일이다. 생각이 달라도 무조건 팀장의 명령에 복종하는 훈련이다. 자신의 자아를 죽이는 훈련이다.

감사한 것은 우리 교회 모든 성도들이 이런 선교지에서 해야 할 행동 강령에 잘 순종한다. 처음에는 느슨한 팀들도 있었는데 이제는 잘 훈련되어져서 자연스럽게 지켜진다. 이렇게 하는 이유는 단순하다. 선교는 우리가 하는 것이 아니라 하나님이 하시는 것이기 때문이다. "해 뜨는 곳에서부터 해 지는 곳까지의 이방 민족 중에서 내 이름이 크게 될 것이라"(말 1:11)고 이미 선포하셨다. 선교는 이미 끝난 일이다. 선교가 완성된 모습이 계 7장에 나와 있다. 우리는 그저 순종하면서 그리스도께 집중하면 주님께서 직접 놀라운 일을 행하신다. 예수 이름의 권세로 귀신이 떠나가고 병자들이 치유되고 복음이 전파되는 하나님의 기적들이 일어나는 것을 항상 경험한다.

다섯째, 우리 교회가 앞으로 집중할 사역지를 선정하였다. 앞에서 우리 교회가 북인도 전체를 입양했다는 말을 했는데 이것은 처음부터 불가능한 일이었다. 2차 개척 선교가 끝나고 인도의 상황을 더 잘 알고나서 우리 교회는 델리를 중심으로 반경 300Km안에 있는 Level One District들을 입양해서 집중하기로 정했다. Level 1 District라는 말은 복음화율이 0.1% 미만이라는 뜻이다. 말이 그렇지 실제는 대부분 0.0001% 정도이다. 아니 복음의 불모지다. 대부분 수천 년 동안 한 번도 복음이 전해지지 않은 곳이다. 인도에서 북인도가 가장 복음이 전해지지 않은 곳인데 이

중에서도 가장 복음의 불모지가 Level 1 District이다.

인도 전체에 171개의 Level 1 District가 있는데 이중 85개가 북인도에 있다. 그런데 이들 대부분이 Delhi를 중심으로 300Km 반경에 있다. 여기에는 <그림3-2>처럼 6개의 주가 놓여 있다. 델리(Delhi), UP(Uttar Pradesh)의 서부 지역, 라자스탄(Rajasthan), 우타락칸드(Uttarakhand), 히마찰 프라데시(Himachal Pradesh), 펀잡(Punjab), 하리아나(Haryana) 지역이다. 우리 교회가 앞으로 이곳을 복음화하기로 목표를 정했다.

제3차 교회 개척 선교

1차 2차 북인도 개척 선교가 준비의 성격을 가졌다면, 이제 3차부터 본격적인 교회 개척 선교가 시작된 셈이다. 22명의 복음의 용사들이 12주 선교 훈련을 다 마치고 2011년 12월 18일부터 29일까지 12일간 5개 팀으로 나뉘어 앞에서 말한 Level 1 Districts(복음화율이 0.1% 미만)를 공략했다. 3-4명이 한 팀이 되어 사역한다. 선교지에 도착하면 오리엔테이션을 마친 후 각 팀이 할당받은 지역으로 흩어진다. 이번에는 델리, 하리아나주, 펀잡주, UP주, 라자스탄주로 각각 한 팀씩 흩어졌다. 델리에 집결해서 흩어졌다가 다시 델리에 모여서 함께 마무리 평가 모임을 가지고 돌아온다.

각 팀에게 주어진 과제는 현지 사역자들과 함께 동역하면서 그곳에 복음을 전해서 영혼을 구원하고 평안의 사람들을 찾고 그들을 통해 교회가 없는 마을에 가정교회를 세우는 것이다. 우리의 임무는 거기까지다. 그 이후에는 백 선교사(우리가 파송한 장기 선교사)와 현지 사역자들의 몫이

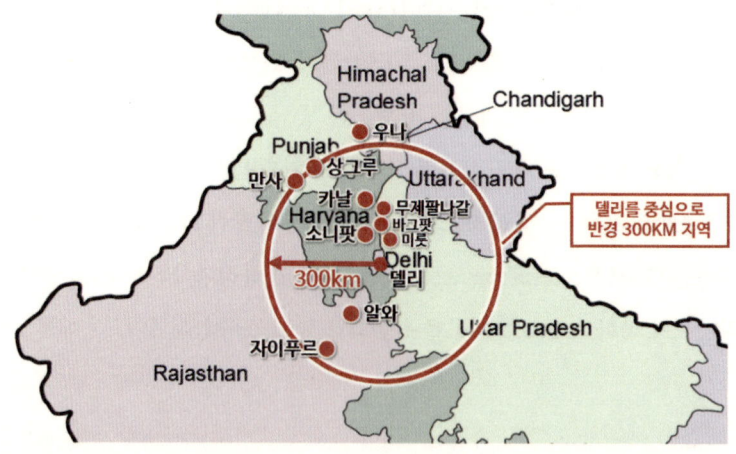

〈그림 3-2〉 우리 교회가 입양한 지역

다. 그들이 세워진 평안의 사람들을 양육하고 가정교회 지도자로 세워나간다.

　각 팀이 이런 임무를 띄고 북인도의 여러 마을들을 다니게 되는데 어떤 위험을 당할지 모른다. 이번에 가는 곳들은 지난 1차 2차 때 갔던 비하르주와는 많이 다르다. 비하르주는 보즈뿌리 종족들이 많이 사는데 그 종족에겐 과거에 기독교 부흥이 일어나 복음이 전해졌기 때문에 그 영향을 받아서인지 비하르주 수도인 파트나(Patna)시와 근교들은 비교적 복음에 대한 저항이 적은 편이다. 그러나 이번에 우리가 가는 지역은 모두 Level 1 District들이다. 한 번도 복음이 전해진 적이 없는 지역이다. 무슬림 동네들도 많다. 준비 단계부터 이점을 특별히 강조하고 기도로 더 많이 준비했다.

　그러나 막상 도착해서 그들에게 복음을 전할 때에는 1차 2차 때와는 달리 엄청난 저항과 방해를 경험했다. 마을에 들어가기 전에 먼저 현지 사역자들이 평안의 사람들을 꼭 확보하도록 미리 백 선교사를 통해서 지시했다. 평안의 사람들을 통해 들어갔지만 몇 번이나 위험했던 순간들도 있었다.

한 동네에서는 복음을 전하고 나서 마을을 떠나려는데 두 청년들이 나와서 말했다. '저 마을 안에도 복음을 듣기 원하는 사람들이 있으니 와서 복음을 전해달라'고 부탁을 했다. 다음 일정 때문에 잠시 망설이다가 따라가기로 했다. 그런데 알고 보니 우리를 속인 것이었다. 인도의 시골 마을들은 좁은 길을 통해 마을 안으로 들어가는 길이 하나밖에 없기 때문에, 일단 마을 안으로 들어가면 위험하다. 마을 사람들이 우리 뒤를 둘러싸면 우리 팀이 빠져나오지 못하고 그안에 갇히게 된다. 무슨 일을 당할지 모르는 위험한 상황이 될 수 있다.

나는 마을 안으로 들어가면서 순간 거대한 위험을 감지했

▶ 델리 빈민촌에서 복음을 전하고 있다.

다. 청년들에게 속았다는 것을 느꼈다. 이제는 돌이킬 수도 없다. 속으로는 하나님께 '우리 팀을 보호해 달라'고 간절히 부르짖으면서, 밖으로는 그 청년에게 태연하게 대하면서 빠져나올 전략을 찾았다. 내가 시계를 보면서 시간이 없어서 중간에 돌아가겠다는데도 더 강하게 마을 안으로 들어가야 한다고 밀어부친다. 우리 팀은 몇 명이 안 되는데 마을로 들어갈 수록 우리 팀을 둘러싸는 청년들의 숫자는 점점 더 크게 늘어났다.

이들은 마을 한복판에 있는 힌두교 신전으로 우리 팀을 몰아갔다. 작은 마을에서는 보기드문 큰 신전이었다. 자기들도 이런 위대한 신이 있다는 것을 보여주기 원했던 것 같다. 우리는 그 신전 안으로 들어갔다. 나는 팀원들에게 강하게 기도할 것을 주문했다. 모두들 겉으로는 축복하듯이 손을 들어 기도했는데 실제로는 사악한 영들이 무너지도록 기도했다.

나는 그들에게 UP주에서 본 가장 큰 힌두교 신전이라고 칭찬해 주면서 팀들을 다시 이끌어 빠져나오기 시작했다. 동네의 아줌마 한 분이 지나가는 길목에 서서 우리 팀들의 머리에 하나씩 손을 댄다. 축복의 표시인지 저주의 표시인지 몰라도 사악한 기운을 느꼈다. 물론 우리도 대적 기도를 했다. 지금 생각해 보면 정말 위험한 순간들이었는데 하나님께서 끝까지 잘 지켜주셨다. 매순간 철저하게 성령께 의지하고 음성을 들었어야 했었는데 그러지 못한 것을 회개했다.

라자스탄에서는 우리 팀들이 사역하는데 현지 사역자들이 주변에서 이상한 낌새를 느꼈다. 그래서 계획했던 팀 사역이 끝나기도 전에 모두들 서둘러 짐을 싸서 호텔을 빠져나왔다. 원래 일정보다 더 빨리 차를 타고 델리로 향했다. 나중에 들려오는 소식에 놀랐다. 우리 팀이 빠져나오자 마자 경찰들이 호텔로 들이 닥쳤다고 한다. 만약 조금이라도 지체되었다면 큰 일을 당할 뻔 했다.

전에 한국의 어느 교회에서 온 단기 팀들이 경찰에 잡혀서 한 달씩이나 인도에서 나가지 못하고 억류되어 고생하다가 겨우 한국으로 돌아간 사건이 있었다. 팀원들은 회사에 휴가를 내고 왔는데 회사도 못가고, 자매들은 아이들이 개학했는데도 못 들어가고 어려움을 겪었다. 그 때문에 교회가 시험에 들어서 그 이후로 다시는 인도에 단기 팀을 보내지 않게 되었다는 이야기도 들었다.

그러나 주님께서 우리 팀들을 언제나 보호하셨다. 우리는 이것은 모두 중보 기도의 응답이라고 확신한다. 교회에서는 우리를 선교지에 보내고 나서 모두들 매

▶ 하리아나의 한 무슬림 마을에서 복음을 전하고 있다.

일 새벽과 저녁에 모여서 중보 기도를 한다. 선교지의 기도 제목을 즉시 SNS로 보내서 기도 요청을 한다. 기도 팀들이 막강하다. 그래서 우리 교회는 지금까지 10년 동안 한 번의 사고도 없이 Level 1 District에서 교회 개척 사역을 감당할 수 있었다. 전적으로 하나님의 은혜이고 또 중보 기도의 위력이다.

여하튼 3차 교회 개척 선교에서 처음으로 복음에 대한 핍박이 뭔지 경험했다. 그러나 핍박과 동시에 각 팀마다 수많은 기적도 경험했다. UP주의 어느 마을에서는 모인 사람들 전체에 성령의 치유가 임했다. 우리가 기도할 때 귀신들이 떠나갔다. 늘상 있는 일이다. 무엇보다도 수많은 영혼들이 예수님을 영접하고 새로운 삶을 살기 시작하였다. 그 짧은 사역 기간 동안 총 100여 개 마을에 가정교회가 세워졌다. 평안의 사람들을 가정교회 지도자로 세운 곳이 80마을이다. 이것이 가장 큰 기적이다. 제3차 교회 개척 선교 결과는 아래 〈표 3-3〉을 참조하라.

	방문 마을 (개)	복음 증거 (명)	결신자 (명)	가정교회 지도자(명)
1팀(Delhi)	26	1,400	900	16
2팀(Haryana)	20	1,280	800	19
3팀(Punjab)	22	1,224	418	6
4팀(UP)	36	2,232	1,892	25
5팀(Rajasthan)	28	1,180	829	14
합계	132	7,316	4,839	80

〈표 3-3〉 제3차 교회 개척 선교 결과

　3차 교회 개척 선교를 마치고 모두가 느낀 점은 단기 교회 개척 선교팀의 역할이 엄청나게 크다는 것이다. 비록 짧은 기간이지만 우리가 가면 현지 사역자들이 큰 용기를 얻는다. 평소에 현지 사역자들은 대부분 낮은 카스트 신분을 유지하고 있기 때문에 감히 위의 카스트들에게 복음을 전할 용기를 내지 못한다. (물론 지금은 브라만 계층 사역자도 있지만, 그래도 대부분은 낮은 계층 출신 사역자들이 많다.) 그들이 엄두를 낼 수 없는 것도 우리와 함께 사역할 때 가능하다.
　우리는 외국인이고 그들은 통역자로 따라 다니기 때문에 어느 카스트나 상대할 수 있다. 인도 카스트의 거대한 벽을 우리와 함께 뚫을 수 있다. 그리고 단기 선교를 앞두고 현지 사역자들에게 미리 동네들을 다니면서 평안의 사람들을 찾으라는 과제를 준다. 그런 과정에서 사역자들이 더 공격적이고 담대한 전도자로 훈련받게 된다. 우리가 그들의 막힌 사역을 뚫어주면 우리가 떠난 뒤에 그들은 뚫린 길로 계속 달려가면서 복음의 열매를 딴다. 말그대로 총체적 협력 선교이다. 필자가 제3차 북인도 선교를 다녀와서 쓴 글은 〈부록 4〉를 참조하라.

3차 선교를 마치고 나서 비로소 현지에서 일하시는 안 목사님과 백 선교사의 고통을 이해하게 되었다. 북인도 선교의 가장 큰 문제점은 현지 사역자들을 키우

▶ 가정교회를 개척하고 나서 평안의 사람 가족과 함께

기가 매우 어렵다는 것이다. 사역자가 가장 중요한데 사역자들을 키울 수 있는 토양이 척박하다. 남인도에는 복음이 일찍부터 전해졌기 때문에 비교적 사역자들을 키우기가 용이하다. 기독교 가정에서 자라난 사역자들은 토양이 다르다. 고아(Goa)주의 복음화율은 25%이고 케렐라주도 약 18%다. (북동부 주들도 복음화율이 70% 되는 주도 3개나 있다.)

그러나 북인도는 다르다. 우리가 개척하려는 주들은 대부분 복음화율이 매우 낮다. 하리아나는 0.2%, 라자스탄은 0.14%다. 히마찰프레디쉬나 UP도 0.18%다. 델리도 0.87%다. 펀잡만이 유일하게 1.26%다. 그러나 우리가 들어가는 마을들은 다 0.1%미만 지역이다. 그래서 현지 사역자들을 키우기가 아주 어렵다.

어쩔 수 없이 남부에서 사역자들을 데려다가 이들 지역에 파송한다. 그런데 문제는 언어가 다르고 피부색깔 얼굴 모양도 다르기 때문에 북부에서 이들을 잘 받아드리지 않는다. 남부 사역자들은 대체로 힌디어를 못한다. (인도에는 22개 공식 언어가 있다. 상당한 인구들이 사용하는 언어도 150개나 된다. 모든 종족들 언어를 합하면 약 1,600개다.)

차별 때문에 어려움도 많이 겪는다. 같은 인도인이지만 북인도에서는

남인도 사람들을 이방인 취급하기에 때로는 쫓겨나기도 하고 구타를 당하기도 한다. 복음에 대한 핍박과 동시에 차별도 겪는 셈이다. 북인도 사역자들은 복음의 뿌리가 없기 때문에 어느 기간 동안 열심히 양육해도 제대로 견고하게 서지 못하는 것을 많이 보았다. 아직까지 큰 기도 제목이다. 북부 지역에 신실한 사역자들이 하루속히 설 수 있도록 기도하고 있다.

지금까지 10년간 사역하면서 북부 지역에 성공적으로 사역자를 키운 곳은 델리와 라자스탄이다. 델리에는 Rooo 목사가 있고 라자스탄에는 Pooo 목사가 있다. 이들은 초창기부터 안 목사님의 제자로 잘 훈련받은 유능한 사역자들이다. 우트라칸트와 히마찰프레데시에도 남부에서 올라온 사역자들이다. 오직 펀잡주와 하리아나주만 우리가 직접 전도해서 키운 사역자이다. Mooo과 Sooo이다. 그런데 두 사역자 모두 영어를 제대로 하지 못해서 의사소통에 어려움을 겪고 있다. 북인도 지역에 자신의 마을에서 예수 믿고 세워진 유능한 사역자들을 키우는 것이 큰 기도 제목이다. 어쩌면 한 세대가 지나가야 해결될 수 있는 과제일 수도 있다.

04
성숙되어감

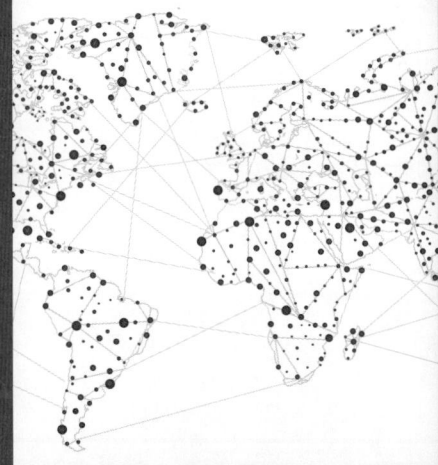

Prepare
the way of
our King

04

성숙되어감

교회 개척 선교의 진행

지나간 10년 동안 '왕의 선교' 즉 '지교회가 주도하는 총체적 협력 선교'가 어떻게 진행되었는가? 돌이켜 보면, 지금까지 총 23번의 인도 선교(현지 사역자 훈련 4번 포함), 5번의 미얀마 선교, 5번의 네팔 선교, 7번의 중동 선교(이스라엘 터키, 이집트), 5번의 일본 선교(목회자 훈련 3번 포함), 5번의 중국 선교(3번의 사역자 훈련 포함), 1번의 튜니지아 선교(목회자 훈련)를 다녀왔다.

온 교회가 매년 사시사철 할 것 없이 선교를 다니도록 권장한다. 인도, 네팔, 미얀마, 터키, 이스라엘 등 선교지에 선교사와 현지 사역자, 그리고 현지 교회가 늘 준비되어 있다. 그래서 한 팀 규모인 3명만 모아지면 스스로 훈련해서 언제든지 교회 개척 선교를 떠날 수 있다. 교회 전체적인 대규모(?) 단기 교회 개척 선교는 봄과 가을에 있다. 요즈음은 추수감사절(Thanksgiving) 연휴 기간에 가장 큰 규모로 간다.

처음에는 담임목사인 내가 직접 훈련하고 인솔해서 모든 개척 선교를 다녔다. 그러나 규모와 횟수가 늘어나면서 점차로 교회 리더들에게 이양했다. 이제는 12주 선교 훈련과 선교 팀 인솔까지도 평신도 지도자들에게 이양했다. 나는 평신도들이 할 수 없는 분야 즉 현지 목회자 및 현지 사역자 훈련에 집중하고 있다. 여러 나라를 다니면서 현지 목회자들을 훈련해서 이들로 하여금 미전도 종족에 교회 개척 사역을 일으키도록 지도한다.

우리 교회의 목표는 각 가정에서 적어도 매년 한 번 이상씩 해외 선교를 다녀오는 것이다. 이것을 위하여 휴가도 적립하고 재정도 모으고 기도로 준비하도록 권고한다. 최근에 봄과 가을 선교에 등록해서 12주 선교 훈련을 받고 선교지로 향하는 사람들은 매년 약 80-90여 명 수준이다. 이를 뒷받침하기 위해서 지난 10년간 5번의 선교 학교(Mission School)를 개최했다.

선교 학교는 단기 교회 개척 선교를 가려는 사람에게 필수코스다. 초기에는 우리 교회에서 '퍼스펙티브(Perspectve) 코스'를 열어서 모두 듣도록 했다. 그러나 최근에는 우리 교회 자체 선교 학교 프로그램을 운영한다. 선교 학교 내용은 퍼스펙티브(Perspective) 1권 교재를 사용해서 성경적 관점과 역사적 관점에 대해서 강의한다. 선교 전략적 관점은 인도의 실제적인 현장 경험을 위주로 강의한다. 이 지역에서 우리와 함께 협력하는 형제교회의 담임목사님들과 선교사님들이 강의를 해 주신다. 문화적 관점은 선교 학교에서는 다루지 않고 12주 선교 훈련을 할 때 선교가야 할 나라의 문화와 관습들을 가르친다.

성숙 단계

지난 10년간을 되돌아 본다. 처음에 아무런 경험도 없이 '지.총.협 개척 선교'가 성경적인 옳은 방법이라고 확신해서 출발했는데 주님께서 한 걸음씩 인도하셨다. 주님께서 이끄시는 길을 따라가다 보니 아래의 6단계의 성숙 과정을 거쳤음을 알 수 있었다. 이런 과정을 통해서 이제는 온 교회가 '지.총.협 선교'가 왕의 길을 예비하는 선교임을 확신한다. 금년부터는 '2020 세계 교회지도자 미전도 종족 개척 선교 대회'를 준비하면서 우리 교회가 하는 '왕의 선교' 운동을 온 세계 교회를 향하여 확대시키는 단계에까지 이르렀다.

(1) '씨뿌림' 단계

2009년부터 온 교회가 개척 선교를 준비해서 시작한 첫 3년간의 사역은 '씨뿌림' 단계였다. 되도록 많은 사람들에게 복음을 전하는 사역이다. 앞에서 말했듯이 북인도로 장기 선교사를 파송하고, '왕의 선교(지.총.협 선교)'의 틀 안에서 제1차 및 2차 개척 선교를 수행했다. 많은 미개척 종족들에게 '복음의 씨'를 뿌렸다. 막 16:15 "너희는 온 천하에 다니며 만민에게 복음을 전파하라"는 명령에 순종했다. 그러나 점차로 이러한 '씨뿌림' 사역만으로는 충분치 못한 것을 경험했다. 막 16:15 사역은 독립적으로 존재하는 것이 아니라 언제나 마 28:19-20의 대위임령 즉 '모든 족속으로 제자삼는' 사역과 함께 병행해서 수행해야 하는 사역임을 깨달았다. 즉시 다음 단계로 전환하였다.

(2) '가정교회를 개척'하는 단계

2012년 제3차 개척 선교부터 제8차 개척 선교까지다. 북인도에 파송한 선교사를 중심으로 현지 사역자들과 긴밀하게 협력해서 UUPG 마을에 새로운 가정교회를 개척하는 데 초점을 두었다. 이를 위해서 현지 사역자들에게 우리가 침투하려는 마을을 미리 계획하고 그 마을에 '평안의 사람'(POP)을 미리 확보하게 하였다. 우리가 가서 그 '평안의 사람' 집에서 전도 모임(seekers' meeting)을 가지면서, 복음을 전하고, 귀신을 내쫓고, 병을 고치는 사역을 했다. 그곳에 하나님 나라가 임했음을 선포했다.

'평안의 사람'이 예수님을 영접해서 가정교회 지도자가 되기를 원하면, 그 자리에서 바로 그를 '가정교회 지도자'(House Church Leader)로 임명했다. 그날 예수님을 영접한 모든 마을 사람들에게 매주일마다 '이 집에' 모이라고 알렸다. 드디어 새로운 가정교회가 개척된 것이다. 그리고 그곳을 관장하는 현지 사역자에게 새로 세워진 '가정교회 지도자'를 양육하도록 인계했다.

이전과는 강조점이 좀 달라졌다. 전에는 길거리 등 공공장소에서 되도록 많은 사람들을 불러 모아서 복음을 전하는 것에 주력했다. 그러나 이제는 '신실한 일꾼들'을 찾는 데에 집중한다. 복음을 전할 때 복음을 받아드리는 청중들의 눈을 보면 대충 알 수 있다. 마치 우리가 전하는 복음을 모조리 빨아드리겠다는 식으로 진지하게 받아드리는 사람들이 있다. 이들을 잘 발굴해야 한다. 이들 중에 앞으로 사역자가 될 사람을 찾아 세운다. 각 동네에서 한 사람의 신실한 사역자를 세우는 것이 수많은 사람들을 전도하는 것보다 더 중요한 것을 실감했다.

지금 생각해 보면 주님께서 자연스럽게 그렇게 사역자를 발굴하고 제자삼는 방향으로 이끌어 가신 것 같다. 점차로 인도의 환경이 바뀐 것이다. Level 1 District(복음화율이 0.1% 미만) 동네들을 골라서 공략했기 때문에 이들 마을은 오랫동안 어둠의 세력에 묶여 있었다. 대부분 복음에 강하게 저항하는 분위기였다.

그리고 2014년 모디 정권이 들어서면서부터 기독교에 대한 공개적인 핍박이 노골화되었다. 그 결과 더 이상은 공개된 장소에서 백여 명 이상씩을 모아서 일반 대중들에게 복음을 전하는 일이 불가능하게 되었다. 과격 힌두교 요원(RSS)들의 표적이 되므로 너무 위험스런 일이다. 그래서 자연스럽게 우리 팀들의 모임이 미리 준비한 '평안의 사람' 집에서 은밀히 모이는 작은 모임으로 바뀌었다. 주님께서 우리에게 더 성경적인 방식으로 변화하라고 환경을 바꾸신 것으로 받아드렸다.

(3) 평가 단계

2013년 후반기부터 2014년 상반기까지 약 1년간은 지금까지 수행해 온 교회 개척 선교에 대해서 평가하는 시간을 가졌다. 당시 우리가 가졌던 질문은 이것이었다. '이제는 인도에 많은 사역자들이 세워졌다. 그들이 어떤 면에서 우리보다 훨씬 더 잘 가정교회를 개척할 수 있다. 그런데 왜 우리가 그들이 할 수 있는 일을 멀리까지 가서 힘들게 반복해야 하는가?' 정말 인도의 사역자들은 그동안 잘 훈련되었다. 그들 스스로 마을들을 다니면서 전도하고 사역자를 발굴한다. 우리는 가면 언어가 안 통해서 통역을 세워야 한다. 일 년에 기껏해야 7일에서 10일 정도 밖에 머물지 못한다. 그들은 일 년 내내 그곳에 살면서 복음 전도 사역을 한다. 그런데도 우리 교회가 단기 선교로 그곳을 꼭 가야 하는가? 우리가 내린 대답은 '그렇다'였다. 계속 지금처럼 교회 개척 선교를 이어가도록 결정했다.

당시 우리가 발견한 이유는 세 가지였다.

첫째, 현지 사역자들이 우리와 함께 '불가능한 곳'을 돌파할 수 있기 때문이다. 인도는 카스트 제도에 의해 묶여 있다. 현지 사역자들은 낮은 카스트에서 온 사람들이 많기 때문에 더 높은 카스트에게 접촉해서 복음을 전할 수 없다. 감히 엄두를 못 낸다. 그러나 우리는 외국인들이다. 어느 카스트나 접촉할 수 있다. 현지 사역자는 우리의 통역자로 따라다니므로 우리가 가는 곳에는 어디나 갈 수 있다. 가서 복음을 전한다. 우리가 떠난 다음에도 비록 카스트는 달라도 복음의 끈으로 인간적인 연결이 유지될 수 있다. 인도인들이 목사가 되면 일단 카스트가 상승한다. 카스트의 장벽뿐 아니다. 평소에 현지 사역자들이 돌파하기 힘든 지역도 있다. 심리적으로 혹은 영적으로 감히 엄두를 못내는 지역도 있다. 그러나 우리가 그곳에 가면 그들이 우리 때문에 힘을 내서 함께 돌파하는 사역을 감당한다.

둘째, 현지 사역자들이 우리를 통해 구비되고 훈련되기 때문이다. 우리 팀과 하나가 되어 사역하면서 자연스럽게 우리가 하는 것을 보고 배운다. 늘 이야기하지만 '교회가 교회를 낳는다'. 우리 교회의 DNA가 자연스레 그들에게 심어진다. 우리 팀은 비록 3-4명의 작은 숫자이지만 교회다. 주님은 "두세 사람이 내 이름으로 모인 곳에는 나도 그들 중에 있느니라" 약속하셨다.

현지 사역자들은 우리 팀을 보면서 교회를 배운다. 매일 아침마다 교회가 어떻게 서로 모여서 QT나눔을 하고 통성 기도를 하는지, 어떻게 서로 섬기는지, 어떻게 열정적으로 찬양하고 예배하는지, 어떻게 성도들끼리 서로 사랑으로 교제하는지 등등 우리와 한 팀이 되어 사역하면서 현지 사역자들은 교회가 뭔지, 어떻게 헌신하는지, 어떻게 사역하는지 보고 배운다. 짧은 일주일 혹은 열흘이지만 그들에게 너무 중요한 훈련 기간이다. 이 때문에 우리 교회가 개척한 인도 교회의 영적 색깔은 우리 교회와 매우 닮았다. 우리 교회의 DNA가 그대로 전달된다. 예를 들면 모이기만 하면 "주여" 소리치면서 통성 기도하는 것까지도 그대로 닮았다.

셋째, 현지 사역자들이 우리를 통해 격려받기 때문이다. 현지 사역자들이 일 년에 한두 차례라도 우리 팀이 오는 것을 기다린다. 우리와 함께 사역하는 것이 그들에게는 큰 격려가 되기 때문이다. 나는 선교 훈련할 때 우리 팀들에게 언제나 상기시킨다. 현지 사역자들을 깍듯하게 목회자로 혹은 사역자고 대우하라고 말이다. 절대로 우월감을 가지거나 우리가 그들에게 뭔가 준다는 듯한 생각을 버리라고 말한다. 그들도 주안에서 한 가족이 된 형제자매이다. 나 자신보다 인도인들을 더 낫게 여겨야 한다. 그들의 하는 사역을 존중하고 그들보다 낮은 자리에서 그들과 함께 사역할 것을 강조한다. 이렇게 할 때 우리의 마음과 태도를 통해 그들이 진정한 교회를 배우고 힘을 얻고 격려받는 것을 본다.

우리는 이러한 평가 단계를 통해서 다시 한 번 우리가 행하는 단기 교회 개척 사역에 대해 확신을 가질 수 있었다. 우리 팀을 통하여 그들에게 불가능하게 보이는 것들이 가능한 일로 바뀐다. 그들이 구비되고 훈련된다. 그들이 격려받는다. 우리의 단기 선교는 단순한 단기 선교가 아니다. 장기 선교사나 현지 사역자들이 하는 사역을 함께 동역함으로써 교회 개척 선교의 중요한 한 부분을 감당하기 때문이다.

(4) 가정교회 개척 및 현지 사역자 양육 단계

2014년 하반기 개척 선교부터는 사역이 좀 더 확장되었다. 새로운 사역자들을 발굴해서 가정교회를 개척하는 일 뿐만 아니라, 기존 현지 사역자들을 격려하고 새로 세워진 사역자들과 교회를 양육하는 일까지 시작했다. 물론 짧은 기간에 매우 제한된 양육이다. 즉 '평안의 사람'을 통해 가정교회를 개척하면 그것으로 끝나지 않고, 새신자들과 가정교회 지도자에게 기초 양육을 시작했다. 인도에서 개발한 교재인 '예수님의 10가지 명령(10 Commands)"을 가지고 몇 가지 내용을 가르쳤다. 물론 우리가 방문하는 짧은 기간에 기껏해야 몇 시간 정도밖에 주어진 시간이 없다. 그러나 중요한 의미를 갖는다. 우리가 전도해서 예수님을 영접한 새신자들을 한번 더 대면하면서 그들을 돌보았다. 그렇게 함으로 개척된 가정교회를 더 견고하게 만들 수 있었다. 지금도 그렇게 하고 있다.

그리고 각 팀마다 '일일 부흥회'도 시도했다. 사역 마지막 날에 그 지역의 기존 현지 사역자들을 모아 놓고 우리 팀장이 예배를 인도하면서 통성기도하는 법도 가르치고, 현지 사역자들을 격려하기 위해서 세족식도 행한다. 우리 팀원들이 사랑으로 현지 사역자들의 발을 씻긴다. 그들은 생전 처음 다른 사람이(그것도 외국인이) 자신의 발을 씻어주는 섬김을 받는다. 우리는 그들을 껴안아 주고 격려한다. 그리스도의 십자가 사랑에 감격해서 다 함께 눈물을 흘린다. 그들에게 이보다 더 큰 위로가 없다. 하나님의 은혜에 함께 젖는 귀한 시간이다.

(5) 개척 선교의 확장과 다른 교회들을 제자화하는 단계

2016년 초부터 우리의 교회 개척 사역이 기존의 북인도와 중동(터키, 이스라엘)에서 다른 지역으로 확장되었다. 인도의 안 목사님께서 '인도에서 땅끝까지'라는 슬로건을 내걸고 인도 사역자들을 인도 주변국들과 전세계로 파송하는 사역을 시작했기 때문이다. 이제는 인도가 선교받는 나라에서 선교하는 나라로 바뀌었다. 이에 따라 우리 교회 단기 교회 개척

선교 팀들도 네팔, 미얀마 등지로 개척 선교를 확장하였다.

네팔에는 2015년 2월부터 미전도 종족 개척 훈련이 시작되었다. 그해 4월에 사역자를 훈련해서 총회에서 파송한 다니엘 목사를 중심으로 아직도 남아 있는 32개의 미개척 미전도 종족(UUPG) 개척 사역이 본격적으로 시작되었다. 그 뒤 2016년부터 우리 교회는 단기 교회 개척 팀을 매년 보내서 개척 사역을 수행하고 있다. 지금은 모든 미개척 미전도 종족들이 다 개척되었다. 다시 말하지만 우리 교회 단기 교회 개척 팀들은 단순한 단기 팀이 아니다. 가장 복음화되지 않은 0.1% 미만의 지역을 찾아서 제자를 세우고 교회를 개척하는 일을 수행하는 최전방의 개척 선교 팀이다.

미얀마에는 2016년에 인도의 라즈ooo 목사를 파송해서 보즈뿌리 종족(UUPG)를 개척하기 시작했다. 궁극적 목표는 이들을 통해서 미얀마 전체를 복음화하는 것이다. 그 후에는 미얀마 출생의 스티븐 사역자를 양

▶ 네팔 사역자들과 함께

▶ 미얀마에서 한 가족에게 복음을 전하고 있다.

성해서 이 사역을 펼치고 있다. 우리 교회에서는 2017년에 김ㄱㅎ 선교사를 파송해서 보즈뿌리 종족뿐 아니라 버미 종족 등을 개척하고 있다. 우리 교회 단기 교회 개척 팀도 매년 가서 이들의 사역을 돕는다.

이와 동시에 필자는 점차로 주변의 다른 교회들을 제자화해서 우리가 수행하는 인도 개척 사역에 동참시키는 사역에 뛰어 들었다. 우리 교회가 주변의 다른 교회들을 동원해서 제자화하는 사역은 2012년에 처음 시작했다. 우리 교회에서 San Francisco Bay 지역에 있는 다른 교회들을 초청해서 '미전도 종족 개척 Consultation'을 개최하면서부터다. 주변에 다른 교회들을 선교에 동원하고 제자화하는 사역을 그때부터 시작했다. San Jose에 있는 두 교회가 우리의 선교 동역자가 되어서 지금까지 함께 인도 개척 사역을 수행하고 있다.

2016년에도 우리 교회에서 미주 서부 지역을 대상으로 '미전도 종족 선교 대회'를 개최하였다. 이때도 많은 교회들에게 '왕의 선교(지.총.협 선교)'를 가르쳤다. 그리고 그동안 주님께서 우리 교회와 동역자 교회들을 통해 행하신 놀라운 일들을 나누었다. 이때 San Francisco에 있는 한 교회가 더 동역자로 참여해서 지금까지 함께 사역하고 있다. 다른 교회들을 제자화하는 사역에 대해서는 뒤에서 다시 자세히 언급하겠다.

⑹ 세계 교회를 제자화하는 단계

2016년부터 우리 교회가 주변 한인교회들뿐 아니라 세계 교회를 제자화하는 단계로 들어갔다. 이것은 앞에서 말했듯이 필자가 12주 선교 훈련과 단기 팀들을 직접 이끄는 선교 사역을 장로들에게 이양했기 때문에 가능했다. 그대신 나는 목회자로서 할 수 있는 더 중요한 사역을 시작했다. 아시아와 북아프리카 교회를 다니면서 현지 목회자들을 제자화하는 사역이다. 여러 나라의 현지 목회자들을 동원하고 훈련해서 그들로 하여금 주변에 있는 미전도 종족을 개척하도록 하는 사역이다.

안 목사님과 함께 여러 나라를 다니면서 현지 교회들과 연합해서 사역한다. 현지 교회가 현지 목회자들을 모아 주면, 우리가 교회 개척 훈련 사역을 한다. 필자의 역할은 그들에게 우리 교회의 사례를 강의하면서 지교회 담임목사가 주도해서 '왕의 선교(지.총.협 선교)'를 할 것을 독려한다. 이렇게 해서 우리 교회의 선교 사역의 영역은 중국, 일본, 튀니지아 등지로 점차로 확장되었다.

중국에는 2016년부터 광시성에 아직도 남은 16개의 '미개척 미전도 종족(UUPG)'을 개척하는 사역을 시작했다. 광시성 난닝에 있는 Nooo 교회의 Pooo 목사를 앞장 세워서(전에 안 목사님이 개척 훈련을 시킨 목사임) 1차로 5개 종족(홍야오족, 바우누오족, E족, 차오미요족, 짜이슈족) 개척을 시작했다. 그 다음해에는 팔위족, 누누족, 흰바지요족 등으로 개척을 확산했다.

2018년에는 원난성의 한인 선교사들을 통해 13개 UUPG를 개척하기 시작했다.

그러나 작년 2월부터 중국의 본격적인 기독교 핍박 때문에 이 개척 사역은 2018년 말에 중단되었다. 중국 공산당 정부는 모든 가정교회를 삼자교회로 등록하도록 압박했다. 규모가 있는 가정교회들이 모일 수 없도록 가정교회에게 건물을 임대하는 임대주에게 상당한 벌금을 부과하는 법을 통과시켰다. 산시성 린펀시에서는 어느날 갑자기 교회 건물을 기습적으로 폭파시켜서 철거했다. (폭파 영상은 유투브에서 쉽게 찾아서 볼 수 있다.) 그리고 교회들이 사용하는 기존의 성경책을 강제로 회수하고 중국 공산당에서 새로 번역한 공산당 사상이 들어있는 새 성경을 배포하였다.

텐왕(하늘의 그물망) 프로젝트를 통해 안면감시 시스템과 AI가 달린 CCTV 카메라와 빅데이터로 중국 14억 전체 인구를 감시한다. 이제는 도시뿐 아니라 시골까지 AI CCTV가 설치되어 선교사들의 동선을 추적한다. 외국인들의 행적도 하나하나 감시한다. 빠져나갈 길이 없다. 중국은 이미 더 죠지 오웰(George Orwell)이 말한 거대한 빅브라더(Big Brother) 사회로 급속도로 바뀌어 간다. 그 결과 수많은 선교사들이 대거 추방되었다. 아직도 중국에 남아 있는 139개 UUPG를 어떻게 개척해야 하는가가 큰 기도 제목이다. 그러나 하나님은 지금도 중국에 있는 중국인들의 교회들을 통해 보이지 않게 은밀하게 이 사역을 끊임없이 진행시켜 나가고 계시는 줄 믿는다.

일본에서는 2017년부터 일본 목회자를 대상으로 교회 개척 훈련을 시작했다. 일본 교회가 주님의 지상명령에 담대하게 순종할 수 있도록 돕기 위함이다. 먼저 일본 내부에 있는 무교회 지역을 개척하고 점차로 세계 선교로 나아갈 수 있도록 일본 목회자들을 훈련하기 위해서다. 2017년 11월에는 오다떼(Odate)에서 토호꾸(Tohoku) 지역 목회자들 약 50여 명을 모아서 안 목사님과 함께 훈련했다. 2018년 11월에는 삿뽀로(Sapporo)에서 홋카이도(Hokkaido) 목회자들 약 60여 명을 대상으로 훈련했다.

2019년 6월에는 이타미(Itami)에서 간사이(Kansai) 지방 목회자들 약 100여 명을 대상으로, 그리고 고지(Kochi)에서 시코크 지역 목회자들 12명을 대상으로 훈련했다. 일본의 여러 젊은 목회자들이 인도로 와서 안 목사님에게 직접 일주일간 현지 훈련을 받았다. 그 결과 지금은 일본 목회자들 간에 복음 전도에 대한 큰 변화가 일어나고 있다. 일본 목회자들이 연합하여 일본 내 무교회 지역 지도를 만들고 체계적으로 무교회 지역에 교회를 개척을 하는 운동이 서서히 일어나고 있다.

우리 교회는 금년 6월에 중고등부 학생들(Youth)과 어른들이 한 팀이 되어 일본으로 단기 교회 개척 선교를 떠났다. 우리에게 목회자 교회 개척 훈련을 받은 두 교회(오다떼 푸른초장 교회와 아오모리 침례교회)와 함께 오다떼(Odate), 아오모리(Aomori), 무츠(Mutsu) 세 지역으로 교회 개척 사역을 나갔다. 우리 팀 15명이(이중 7명은 Youth) 4팀으로 나누어 일주일간 오다떼 푸른초장 교회와 아오무리 침례교회와 함께 사역했다. 우리의 사역은 어디를 가나 동일하다. 오직 복음만 전한다. 거리에서도 복음을 전하고 교회 주변의 가정집을 가가호호 방문하면서 간증을 나누고 복음을 전한다. 그들을 위해 축복하고 질병을 치유하는 기도를 한다.

아오모리(Aomori) ▶ 일본 오다떼 푸른초장 교회에서 목회자 훈련 중이다.

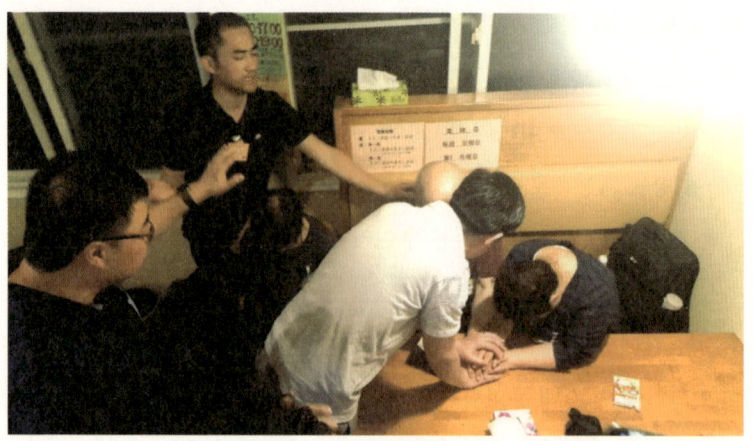

▶ 무츠의 한 식당에서 예수님을 영접한 일본인들에게 안수 기도하는 모습

와 무츠(Mutsu)에서는 가꾸모토(Kakumoto) 목사님이 미리 평안의 사람들을 준비해 놓으셨다. 인도에 가서 훈련을 받았기 때문에 우리 팀이 오기 전에 훈련받은 그대로 잘 준비하였다. 그러나 오다떼(Odate)에서는 평안의 사람이 준비되지 않았기 때문에 교회 주변에 전혀 모르는 집의 문을 두드렸다. 주님께서 엄청난 역사를 일으키셨다. 오다떼(Odate)에서는 3명이 예수님을 영접했고, 아오모리(Aomori)에서 5명, 그리고 놀랍게도 무츠(Mutsu)에서는 12명이나 되는 사람들이 예수님을 영접했다. 엄청난 기적이 일어난 것이다. 일본에서 일주일간에 단기 선교에서 20명이 예수님을 영접했다. 여기에는 Kakumoto 목사님의 부모님도 포함되어 있다. 일본에서도 성경대로 순종해서 사역하면 똑같은 열매가 생긴다는 것이 증명된 셈이다. 앞으로 계속 일본에도 단기 교회 개척 팀을 보낼 예정이다.

북아프리카 마그렙 지역 선교는 금년 5월부터 시작했다. 튀니지아(Tunisia)에서 튀니지아를 비롯해서 주변에 있는 리비아(Libya), 알제리아(Algeria) 등지의 사역자들 15명을 모아서 교회 개척 훈련을 했다. 북아프리카 무슬림들에게도 동일한 방법을 사용한다. 우리 교회는 이때 Y 목사로부터 요청을 받고 알제리아의 4명의 무슬림 사역자들을 지원하기로 했다. 앞으로 이들을 통해 북아프리카 마그렙 지역에도 교회 개척 선교의 교두보를 마련할 것이다.

(7) 한국 교회를 동원해서 미전도 종족을 개척하고 세계 교회를 제자화하는 단계

세계협력선교회(GAP)에서 '2020 세계 교회 지도자 미전도 종족 개척 선교 대회'를 개최하기로 결정했다. 내년 10월 13부터 15일까지다. 한국 교회와 한인디아스포라 교회를 통해 온 세계 교회를 깨워서 주님께서 남겨두신 과업을 성취하기 위한 목적이다. 앞에서 말했듯이 미전도 종족 선교는 지교회가 주도해야 한다. 온 세계의 교회가 깨어서 아직도 남아 있는 미전도 종족들을 개척하는 운동을 전 세계적으로 벌이기 위함이다. 우리 교회는 2019년 여름부터 이 대회를 준비하면서 우리 교회가 한국 교회를 깨워서 온 세계 교회를 제자화해서 이들로 하여금 미전도 종족을 개척할 수 있도록 하기 위한 사역을 시작하였다.

지난 20년간 세계 교회의 우선 과제는 미개척 미전도 종족(Unengaged Unreached People Group) 개척이었다. 이제는 UUPG 개척이 어느 정도 마무리 되었다. FTT 자료에 의하면 2019년 8월 현재 인구 500명 이상 UUPG가 265개 남았다.[7] 머지않아 곧 끝날 것이다. 이제 세계 교회에 주어진 다음 과제는 복음화율 0.1% 미만의 약 4,800개 미전도 종족이다. 영어로는 똑같이 UUPG(Under-engaed Unreached People Group)이지만

---

[7] Finishing The Task, The UUPG List, https://www.finishingthetask.com/about/people-group-list/

Unengaed가 Under-engaged로 바뀌었다. 이들은 약 140개국에 걸쳐 있는데 인구수로는 약 18억이나 된다.[8]

2020 선교 대회를 통해서 이러한 세계 선교의 다음 과제를 한국 교회와 디아스포라 한인교회에게 제시할 것이다. 그리고 한국 교회와 디아스포라 한인교회가 중심이 되어 온 세계 교회를 동원해서 미전도 종족을 본격적으로 개척하는 일을 시작할 것이다. 그래서 2020 선교 대회 기간에 가장 큰 개척의 필요가 있는 약 90개국에서 약 500명의 현지 목회자들과 현지 사역자들을 한국에 초청할 예정이다. 이들을 초청해서 '왕의 선교' 즉 '지.총.협 선교'에 대해 훈련할 것이다.

그들은 훈련을 받고 돌아가서 자기 나라와 인근의 복음화율 0.1% 미만의 미전도 종족을 개척하게 된다. 그들의 사역을 지원하기 위해서 이번 선교 대회를 통해서 한국과 디아스포라 한인교회 약 500 교회를 동원할 계획을 세웠다. 이렇게 동원한 500 교회들을 세계 90개국의 현지 목회자들과(500 종족을 개척하기 위한) 서로 일대일로 연결시킬 계획이다. 한국 교회와 디아스포라 한인교회들이 연결된 미전도 종족(4,800개 남아 있는 UUPG)을 입양하고 앞으로 최소 10년간 지속적으로 이들을 개척할 수 있도록 하는 '왕의 선교 운동'을 일으키고 있다. 물론 '왕의 선교 운동'은 이미 세계협력선교회(GAP)를 통하여 한국과 미국의 여러 교회들이 참여해서 진행되고 있다. 이번 2020 세계 교회 지도자 미전도 종족 선교 대회를 통해 폭발적으로 확산될 것이다. 2020 선교 대회에 관한 내용은 뒤에서 다시 설명하겠다. 〈부록 13〉의 '2020 선교 대회의 취지문'을 참조하라.

---

8 Joshua Project에서는 Under-engaged People Group을 Frontier People Group라고도 부른다. Joshua Project, The Frontier People Group List, https://joshuaproject.net/frontier

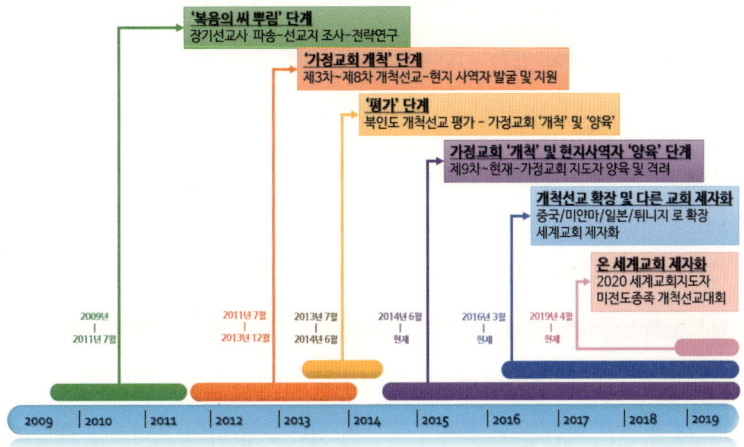

〈그림 4-1〉 교회 개척 선교의 성숙 과정

우리 교회가 왜 미전도 종족 개척 선교를 하는가?

이 물음에 대한 대답은 간단하다. 예수님께서 모든 민족(종족)을 제자 삼으라고 했기 때문이다. 지구상에 복음이 전해지지 않은 불모지가 다 사라져야 하는데 아무도 가지 않기 때문에 우리가 간다. 누구나 가야 한다는 것은 다 알지만 막상 그곳에 가려는 사람이 별로 없는 것이 현실이다. 목회하면서 늘 느끼는 것인데, 정말 자신이 죄인인 것을 알고 구원받은 감격이 있다면 복음을 전해야 정상이다. 나를 살린 복음, 얼마나 기쁜 소식인데, 입만 열면 예수를 증거해야 마땅하다. 그런데 실제로 그렇게 하는 사람은 극소수다. 진정한 그리스도인이 적다는 뜻이다.

해외 선교도 마찬가지다. 개척 선교사로 보낼 사람이 없다. 랄프 윈터 박사가 말했듯이 하나님께서는 이미 미완성 과업을 완수할 모든 자원을 교회에 다 주셨다. 지구상에 교회가 얼마나 많고 그리스도인이라는 사람들이 얼마나 많은가? 지금이라도 대위임령에 순종해서 가면 다 끝난다. 그런데도 지금 남아 있는 7,000여 개의 미전도 종족(UPG)을 개척할 교회가 없다. 이 중에는 복음화율 0.1% 미만의 4,800여 개 미전도 종족이 있다. 잃어버린 종족들이다. 이들 인구만도 18억이나 된다. 그런데 선교에 미쳐서 자신의 몸을 완전히 헌신할 선교사들이 부족하다.

그런 상황에서 이미 파송된 선교사들도 효과적이지 못하다. 교회를 개척하고 제자를 삼는 핵심적인 사역을 하지 않고 주변적인 사역을 하는 사람도 많다. 인도 D시에서 비즈니스 선교를 한다고 와서 아시안 식품점을 하면서 수년간 시간을 보내면서 아무런 열매도 없이 비즈니스에 매달리다가 결국 가게마저 접고 철수하는 것도 보았다. 얼마나 큰 선교 자원의 낭비인가? 설령 교회를 개척하는 사역을 하고 있는 사람들이라 할지라도 비효율적인 사역을 하는 경우도 많다. 현지 사역자를 세워서 하면 더 잘할 수 있는 사역들을 혼자서 짊어지고 하려고 한다. 선교사 파송 분포도를 보면 지역에 대한 불균형도 심각하다. 선교사로 파송된 사람들 중에 미전도 종족에서(복음화율 2%미만) 사역하는 비율은 극소수인 약 3%에 불과하다. 나머지 97%의 선교사들은 이미 복음화된 지역이나 복음을 들을 수 있는 지역(reached area)에서 사역한다. 선교 예산으로 보면 더 편중이 심하다. 선교헌금 중에서 약 1%만이 미전도 종족 선교를 위해서 쓰여지는 것으로 추산한다.[9]

미국 선교 단체의 예를 들어 보자. 한 사람의 선교사를 보내서 언어를 학습하고, 5년간 사역하고, 1년간 안식년인데 실제로 그 기간 동안 한 선

---

9 Joshua Project, State of the World-The Remaining Task Video, https://joshuaproject.net/resources/videos

▶ 사역지 이동 중 기차 안에서 복음을 전하는 모습

교사가 교회 개척을 하는 것은 거의 불가능하다.[10] 파송한 선교 팀들도 효과적이지 않다. 바울 팀처럼 목숨 내걸고 담대하게 복음을 전하지 못한다. 현지 선교사들이 사랑으로 서로 하나 되지 못한다. 선교사들이 개척한 교회들을 성경적인 잣대로 보면 죄송하지만 수준 미달이다. 초대 교회와 같은 재생산적인 교회를 개척하지 못한다. 성령 충만해서 함께 떡을 떼고, 사랑으로 하나되어 코이노니아가 있고, 오로지 기도에 힘쓰는 그런 교회를 개척하지 못한다. 제자삼는 사역에 실패했다는 뜻이다. 이것은 함부로 판단하거나 비하하려는 의도가 결코 아니다. 선교 전문가들이 하는 이야기다.

다시, 왜 우리가 '미전도 종족 개척 선교'를 해야 하는가? 주님 명령에 순종하려면 해야 하는데 남들이 안 하기 때문에 우리가 한다. 필요를 보고 느끼는 우리가 해야 한다. 예수님이 오신지 2,000년이 지났는데 아직도 미개척 종족으로 남아 있는 것에는 이유가 있다. 진입 장벽이 엄청 높다는 뜻이다. 그러기 때문에 열정만 가지고 가서는 안 되고, 예수님의 마음을 가지고 가야 한다. 마 9:36-38에 "무리를 보시고 불쌍히 여기시니 이는 그들이 목자 없는 양과 같이 고생하며 기진함이라 이에 제자들에게 이

---

10 Jim Hayney, 세계 미전도 종족 개척 선교의 현황, 미전도 종족 개척 선교 컨설테이션 강의안, Canyon Creek Korean Church, 2012. 6.

르시되 추수할 것은 많되 일꾼이 적으니 그러므로 추수하는 주인에게 청하여 추수할 일꾼들을 보내 주소서 하라 하시니라." 예수님처럼 불쌍히 여기는 마음(compassion)을 가지고 가야 한다. 예수님의 마음이 부어지는 것이 가장 중요하다.

눅 11장에 친구를 위해 떡 세 덩이를 빌리러 한밤중에 찾아간 비유가 나온다. 여기에 핵심은 '간청하는 기도'다. 물론 자기를 위한 기도가 아니라 다른 사람을 섬기기 위한, 곧 사역을 위한 기도이다. 사탄에게 눌려 있는 영혼들을 불쌍히 여겨서 그들을 해방시키기 위해서 체면을 불구하고 응답 받을 때까지 두르리면서 매달려야 한다. 아직도 남아 있는 미전도 종족들은 모두 힘든 곳이다. 지금까지 복음화 되지 못하고 남겨진 이유가 있다. 여기에 가려면 필사적인 각오가 필요하다. 다른 사람을 섬기는 사역을 위한 '간청하는 기도'가 생활화 된 사람이어야 한다. 미전도 종족 개척 선교를 위해서는 기도 훈련이 기본이다. 기도로 개척된 교회는 기도하는 교회가 된다.

우리 인도 총회의 슬로건은 커버리지 비전(Coverage Vision)이다. 온 세상의 미전도 종족을 다 개척해서 점령하자는 비전으로 현지 사역자들을 훈련시킨다(합 2:14 "이는 물이 바다를 덮음 같이 여호와의 영광을 인정하는 것이 세상에 가득함이니라"). 우리가 전도해서 믿은 신자들을 훈련시켜서 미전도 종족에 가서 복음을 전해서 교회를 개척하도록 하고 그들로 하여금 온 땅을 복음으로 점령하게 하는 것이 목표다. 미전도 종족에 가서 교회를 개척해서 다른 사람을 제자 삼을 수 있는 제자를 훈련하는 것이다. 이것을 위하여 철저히 예수님의 전략과 방식을 따른다. 눅 10장에 나오는 동일한 파송 전략과 방식이다. 여기에 대해서는 뒤에 나오는 '예수님의 선교 전술'에서 자세히 설명하겠다. 이것이 성경에서 우리에게 주신 하나님의 복음화 비전을 가장 빨리 수행할 수 있는 해답이라 믿는다. 바울도 이 방식에 따라 제자 삼았고 제자들과 함께 성령의 능력으로 예루살렘에서 일루리곤까지 복음을 편만하게 전하였다고 고백한다(롬 15:19). 이것이 우리가 따라 가야할 길이다.

05

교회 개척 선교의 원리와 실제

-목회적 관점에서

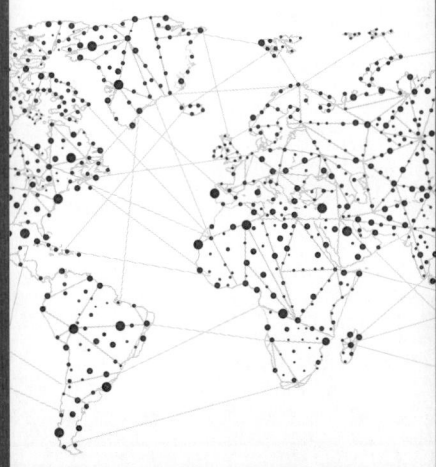

05

교회 개척 선교의 원리와 실제
– 목회적 관점에서

교회 개척 선교의 원리

지금까지 우리 교회 교회 개척 선교 사역에 대해서 진행되어 온 과정을 중심으로 단계별로 설명했다. 여기서는 개척 선교의 원리와 실제에 대해서 목회적 관점에서 기술하겠다. 먼저 교회 개척 선교의 원리가 무엇인가? 답은 아주 간단하다. 성경대로 하면 된다. 선교는 예수님의 선교이기 때문에 다른 방법을 사용하면 안 된다. 예수님이 가르쳐 주신대로 해야 한다. 이것이 미전도 종족 개척 선교 전체를 특징짓는 중요한 원리다.

오늘날 교회에 가장 위험한 적은 목적론적 사고다. 효용성을 강조하는 목적론적인 사고는 성경의 원리와 위배된다. 교회 성장론이 그것이고 선교에도 많이 들어와 있다. 우리 교회는 철저히 이런 세속적 가치관에 저항한다. 그동안 우리 교회가 '왕의 선교(지.총.협 선교)'를 실천하면서 몸으로 체득한 교회 개척 선교의 원리를 목회적 관점에서 아래의 5가지로 정리해 보았다.

(1) 예수님이 가르쳐 주신 대로 하라

예수님은 교회가 무엇인지, 어떤 일을 해야 하는지, 그리스도인의 정체성이 뭔지, 어떻게 살아야 하는지, 어떤 방식으로 선교해야 하는지 다 알려주셨다. 사도들은 예수님의 원리 그대로 사역했다. 그들의 행적이 성경에 다 기록되어 있다. 초대 교회의 모델도 있다. 우리는 그대로 따라 하면 된다. 대표적인 것이 눅 10장, 마 10장을 비롯한 복음서, 그리고 사도행전이다. 어떻게 선교 사역을 준비하고, 조직하고, 어떤 기도 제목으로 기도하고, 선교지에서는 어떤 전략을 사용하고, 어디서 머물고, 무슨 사역을 하고, 복음을 받아드릴 때 혹은 거부할 때 어떻게 말하고 어떻게 행동해야 하는지 구체적으로 나와 있다. 거기에 나온 원칙대로 선교하면 된다.

선교는 너무 단순하다. 그런데 사람들이 선교학이라고 하면서 인간의 경험을 덧붙여서 복잡하게 만들었다. 앞에서도 언급했지만 다시 강조한다. 전 7:29 "… 하나님은 사람을 정직하게(원: straight 똑바르게 좋게) 지으셨으나 사람들이 많은 꾀들을(복잡한 schemes) 낸 것이니라." 예를 들면 앞에서 말한 이머징 교회, 내부자 운동이 대표적이다. 물론 이런 것들은 잘못된 신학의 산물이다.

거기까지는 가지 않더라도, 선교를 사회봉사(학교, 병원, 지역 개발 등)로 정의하는 흐름도 있다. 전문인 선교, 비즈니스 선교(BAM)라고 하면서 마치 이런 것들이 독립된 선교인 것처럼 선교의 본질을 희석시키는 흐름도 있다. 잘못이다. 선교 방식은 오직 예수님께서 보여주신 방식밖에 없다. '가서 제자삼는' 것이 선교이다. 물론 세례주고 가르치고 교회를 개척하는 것이다. 그리고 선교 방식은 눅 10장에 예수님이 가르쳐 준 방식밖에 없다. 가르쳐 주신 대로 순종해야 한다. 여기에 대한 구체적인 실천은 나중에 다루겠다.

오해하지 말라. 학교를 세우고 병원을 세우는 것, 우물을 파는 것 혹은 전문인 선교, 비지니스 선교(BAM)가 필요없다고 말하는 것이 아니다. 얼마든지 선교의 유용한 도구가 될 수 있다. 그러나 그 자체를 선교라고 정의할 수는 없다는 말이다. 선교의 유용한 도구로써 그런 선교를 하는 것과 그 자체를 선교로 보고 전문인 선교사나 BAM 선교사를 파송하는 것에는 큰 차이가 있다.

만약 BAM 자체가 독립적인 선교가 될 수 있으려면 반드시 성경에 나와 있어야 한다. 사도들이 그렇게 실천한 흔적이 있어야 한다. 그러나 성경에는 없다. 바울은 비즈니스 선교를 한 것이 아니다. 예수님이 가르쳐 주신 방식대로 가서 제자삼는 선교 사역을 했다. 브리스가와 아굴라도 독립적인 비즈니스 선교를 한 것이 아니었다. 바울의 선교를 철저히 보조했을 뿐이다. 팀 사역이다. 오늘날도 BAM이 선교의 유용한 도구로 사용되려면 반드시 교회 개척 선교사와 함께 팀 사역을 해야 한다. 선교지에 가서 먼저 제자삼는 교회를 세워야 한다.[11]

일단 교회가 세워지면 현지 교회를 통해서 지역 주민들을 위한 병원 사역, 학교 사역, 사회봉사 사역을 펼칠 수 있다. 그렇게 함으로 세워진 지교회를 더욱 견고하게 만들수 있다. 이것이 성경에서 말하는 올바른 선교이다. 우리도 인도 델리에서 그런 방식으로 사역한다. 투글라카바드에서 개척한 교회를 중심으로 지역 주민들을 위한 학교와 직업훈련 등 사회봉사 사역을 펼치고 있다. 중요한 것은 모든 선교 사역은 제자삼는 교회를 개척하는 목적을 중심으로 수행되어져야 한다.

11　안강희, '선교의 전제는 언제나 성경이 되어야 한다', 선교세미나 강의안, (Canyon Creek KoreanChurch, 2013. 5.)

우리 교회는 눅 10장을 비롯한 성경 말씀의 원리에 따라 예수님이 가르쳐 주시고 사도들이 실천한 방식대로만 선교한다. 지금 우리가 하고 있는 것이 성경에 있는가를 늘 확인한다. 철저하게 성경대로 하려고 애쓰기 때문에 온 교회가 선교로 하나될 수 있다. 선교 원리와 실천에 있어서도 최종 권위는 언제나 말씀이다. 성도들은 자신이 하는 사역이 성경 말씀에 근거한 올바른 사역이라는 것을 스스로 확인할 수 있다. 그래서 우리가 선교하는 목표도 같고, 선교 방식도 같고, 선교의 동기도 같다. 예수님이 성경에 가르쳐 주신 대로 하는 것이 개척 선교의 가장 중요한 원리이다.

(2) 중보 기도 훈련에 집중하라

선교는 기도이다. '기도-부흥-선교'의 공식은 이미 교회의 역사에서 증명되었다. '선교는 주님의 명령이니까 다 함께 합시다' 였사 였사. 그렇게 하는 것이 아니다. 성도들을 많이 동원해서 어떤 특별한 선교 프로젝트나 사역을 하는 것이 아니다. 어떤 교회는 선교를 교회 부흥을 위한 수단으로 사용하기도 한다. 또 어떤 교회는 성도들이 해외에 나가는 단기 선교를 좋아하므로 협력 선교사들을 후원한다. 마치 해외 여행을 하듯 단기 선교를 나가는 교회도 보았다. 이런 것들은 엄밀한 의미에서 선교라고 하기는 어렵다.

설령 앞에서 말한 바른 방식으로 선교를 한다손 치더라도 만약 성도들이 선교 사역 자체에만 집중한다면 '자기 의'로 쌓일 위험이 있다. 그렇게 되면 선교 사역이 오히려 교회가 건강하게 성장하는 데에 해가 될 수도 있다. 성도들이 예수님의 인격과 사역을 균형있게 닮아야 하는데 그렇지 못하고 불균형을 가져올 수도 있다. (물론 오늘날 대부분의 교회는 정반대다.

예수님을 닮는다는 것을 인격을 닮는 것으로만 생각해서 사역을 무시하기도 한다. 그것도 잘못이다. 예수님의 인격과 사역을 닮는 균형이 중요하다. 그러나 언제나 인격이 우선이다.)

필자가 강조하려는 것은 이것이다. 선교는 반드시 기도를 통한 부흥운동의 산물이어야 한다. 여기서 말하는 부흥은 각 성도가 예수님을 정통으로 만나서 심령이 각성하고 영적으로 깨어나는 것이다. 그래서 살아계신 그리스도와 인격적이고 개인적인 교제가 항상 이루어지는 '개인적인 부흥'을 말한다. 물론 교회의 상황에 따라 처음부터 이렇게 되기는 어려울 수도 있다. 처음에는 목회자가 성도들을 동원하기 위해서 교회 분위기를 선교로 몰아가야 할 때도 있다. 그러나 성도들 각자의 개인적인 부흥이 없이 사역을 강조하는 방식으로 너무 길게 가면 건강하지 못한 교회가 된다. 반드시 말씀과 기도를 통하여 부흥이 일어나서 뜨거운 열정이 일어나서 자연적으로 선교를 향해 달려가도록 이끌어야 한다.

언제나 명심하라. 목표는 선교 사역 자체가 아니다. 성도들이 예수님을 만나서 변화된 가치관과 삶의 결과로서의 선교가 되어야 한다. 즉 성도들이 예수님의 명령에 자발적으로 순종하고, 예수님이 너무 좋아서 자신의 삶을 주님께 다 드리는 예배로서의 선교가 되어야 한다. 선교는 예배이기 때문에(예배가 없는 곳에 예배를 있게 하는 것) 각자가 먼저 진정한 예배자가 되어야 한다. 선교하기 이전에 각자가 진정한 기도의 사람과 성령의 사람이 되는 것이 우선이다.

그래서 우리 교회의 교회 개척 선교는 처음부터 끝까지 기도로 일관한다. 성령의 음성을 듣는 것이 매우 중요하다. 올해에 내가 선교를 가느냐 아니냐를 결정할 때도 성도들에게 기도하면서 성령의 음성을 듣고 순종할 것을 권유한다. 선교 훈련 12주 기간도 상당한 부분이 찬양과 기도 훈련이다. 선교지에 가면 약 3-4명씩 한 팀이 되어 흩어진다. 이때 우리가 가진 무기는 중보 기도이다. 수천 년간 예수 이름이 한 번도 선포된 적이 없는 인도 마을에 들어가면 흑암의 영이 짓누르는 것을 감지한다. 이때 팀원들이 손잡고 함께 큰 소리로 통성으로 기도할 때 흑암의 권세가 무너지고 택한 영혼들에게 십자가 복음이 전파될 수 있도록 영적 기류가 바뀌는 것을 체험한다. 이런 수준의 중보 기도자가 될 수 있도록 각 성도들에게 기도를 훈련해야 한다.

그래서 선교지에서 우리 교회는 언제나 어디서나 예배한다. 아침에 일찍 일어나 팀원들끼리 예배로 준비하고, QT나눔을 하고, 현지 사역자들과 만나서 다시 하루 사역을 계획하고 예배한다. 자동차를 타고 이동할 때도 예배하고, 복음을 전할 때도 예배한다. 나중에 설명하겠지만 우리가 복음 전하는 형태까지도 예배다. 하루 일과를 마치고 숙소에 돌아와서도 예배하고, 하루를 평가하고 잠자리에 들 때에도 예배로 하루를 마감한다.

앞에서도 잠시 말했지만 우리 교회가 선교지에서 엄격하게 시행하는 규칙이 있다. 선교지로 출발하는 비행기에서부터 선교를 마치고 돌아올 때까지 모든 개인적인 사담이나 우스개 소리 등은 금지된다. 선교 기간 10일간 오직 기도와 찬양과 QT나눔 및 간증, 그리고 사역에 대한 이야기만 나눌 수 있다. 팀원이 모일 때마다 그 모임이 두세 사람이 예수의 이름으로 모인 교회임을 인식하도록 한다. 그래서 단기 교회 개척 선교는 10일간 철저하게 성령 안에 잠길 수 있는 좋은 기회다. 10일간 팀원들이 하나되어서 오직 예수 그리스도께만 집중하고 오직 복음만 전하고 오직 하나님만 예배한다. 철저하게 그리스도께 복종하는 훈련을 한다.

이렇게 하기 때문에 선교지에서 놀라운 성령의 역사가 일어난다. 팀들이 가는 곳마다 귀신들린 사람들을 많이 만나게 되는데 이들을 위해 예수 이름으로 기도할 때 귀신이 쫓겨난다. 병자들에게 손을 얹고 믿음으로 기도할 때 질병이 치유되는 역사가 일어난다. 하나님 나라가 임할 때 나타나는 자연적인 현상이다. 물론 각 팀마다 각 지역마다 차이가 있다.

신앙 수준이 낮은 성도들 중에는 이런 기적을 한번 경험하기 위해 선교를 가고 싶어하기도 한다. 그래서 그런 동기는 건강하지 못하다고 가르친다. 가장 큰 기적은 흑암에 붙잡혔던 영혼이 복음을 듣고 예수를 믿고 구원받는 일이라는 것을 강조한다. 파송된 단기 선교사들은(우리 교회는 단기 팀을 선교사로 부른다. 모든 성도가 선교사이다.) 지금도 초대 교회와 같은 성령의 역사가 중단되지 않고 나타나는 것을 현지에서 직접 경험하고 더 강한 그리스도의 군사로 변화되어 간다.

우리가 선교하는 지역은 모두 위험하다. 핍박이 있고 사탄의 강한 저항이 있다. 기도 없이는 복음이 전해지지 않고 사탄의 공격을 받아 팀원들이 위험에 처한다. 이 사실을 알기 때문에 선교 팀들을 선교지에 보내고 나서 남은 성도들은 기도에 집중한다. 단기 선교사들은 각자가 최소 5명의 기도후원자를 정해야 한다. 기도후원자들은 선교 기간 중에 매일 저녁 기도회에 나와서 기도해야 한다. 선교는 온 교회가 하는 것이다. 비록 매년 평균 약 80-90명 정도의 단기 교회 개척 팀들이 선교지에 나가지만 그들은 온 교회를 대표해서 나가는 것이다. 교회는 한 몸이기에 80-90명이 아니라 온 교회가 나가는 것이다.

중고등부(Youth) 학생들도 열악한 인도로 선교간다. 자녀들을 선교지에 보내고 부모들은 어김없이 저녁 기도회에 함께 모여서 기도한다. 모든 성도들이 하나가 되어 기도한다. 선교를 하면 가장 좋은 것은 모든 성도들에게 계속 기도하도록 격려(encourage) 할 수 있다는 것이다. 그것이 선교가 교회에 주는 좋은 유익 중에 하나다. 선교가 기도를 일으킨다. 기도하면 하나님께서 반드시 우리의 기도를 들으신다. 선교지에 복음이 힘차게 증거되고 교회에는 부흥을 주신다. 부흥은 죽었던 심령이 살아나고 잠자던 영혼들이 깨어나는 것이다.

우리 교회는 다른 행사들이 전혀 없다. 목장교회를 하기 때문에 남전도회, 여전도회 같은 조직도 없다. 체육대회나 다른 행사들도 없다. 일년 내내 오직 목장 사역과 선교뿐이다. 즉 섬김과 예배뿐이다. 선교는 주로 봄과 가을에 간다. 봄 선교는 주로 4-5월에 간다. 12주 선교 훈련을 해야 하므로 1-2월 중순부터 선교 훈련이 시작된다. 실제 선교하는 약 2주를 합하면 14주 동안 철저한 기도 훈련이 이어진다. 가을 선교는 주로 11월 중순에 간다. 8월 중순부터 기도 훈련이 시작된다. 여름에 선교갈 때도 있다. 그러니 일 년 내내 선교 준비하느라 시간이 다 지나간다. 다른 행사를 할 틈이 없다.

선교 훈련을 위한 기도뿐만이 아니다. 일 년 내내 새벽 기도회(자율)와 매일 저녁 기도회(월-금), 그리고 토요일 아침에 열방을 위한 선교 기도회가 끊임없이 돌아간다. '기도(훈련) 학교'도 모든 성도들에게 필수 과목이다. 모든 성도들이 기도와 선교로 일 년 내내 바쁘다. 다른 행사를 할 시간도 없고 할 필요도 못 느낀다. 매주 모이는 목장 모임과 일 년 내내 돌아가는 선교 두 가지 밖에 없다. 일 년에 한 번 전교인 수련회를 하는데 그때도 3박 4일 내내 예배(말씀과 기도)와 선교 훈련이다. 낮에 휴식하기 위한 자유 시간 잠시 외에는 하루종일 모여서 예배한다. 우리 교회에 처음 와서 전혀 기도에 대해 모르다가 시간이 지남에 따라 예수님을 인격적으로 만나고 성령 체험하고 성령 충만의 삶을 살면서 점차로 기도의 용사로 변화되는 모습을 본다. 이것이 목회자에게 가장 큰 기쁨이다.

⑶ 현지에 '선교 DNA'를 가진 '선교적 교회'를 개척하라

우리가 현지에서 개척하려는 교회는 각 종족 집단 안에서 ①자생적이고, ②토착적이며, ③선교적인 교회이다. 자생적이란 말은 자립적이고 재생산적이라는 뜻이다. 즉 현지 교회가 영적으로 재정적으로 독립해서, 스스로 주변 사람들에게 복음을 전해서 제자삼을 수 있는 능력을 갖춰야 한다. 그래서 처음 예수님을 영접할 때부터 교인들에게 헌금하는 법을 가르친다. 처음부터 복음을 전해서 제자를 재생산할 수 있도록 훈련한다. 처음부터 '배가할 수 있는 모델'을 사용하는 것이 중요하다. 현지 사역자들에게 진정한 십자가 복음을 기초로 제자삼는 것을 최우선적으로 강조한다. 그래서 제자삼는 모든 교재와 커리큘럼들이 마련되어 있다.

토착적이라는 말은 교회가 토착적이란 말이 아니다. 성경 말씀이나 성경의 진리나 교리는 변할 수 없다. 그러나 변할 수 있는 부분도 있다. 찬송곡 스타일이나, 악기, 예배 방식 등은 토착 문화에 따라 바뀔 수 있다. 토착적 교회로 개척해야 하는 것은 그래야 복음이 빨리 확산되기 때문이다. 그래야 그 종족 안에서 현지 사역자를 더 잘 제자화 할 수 있기 때문이다. 우리가 인도에 개척한 교회들은 모두 토착적이다. 힌디 찬양들은 기타나 다른 악기가 필요없다. 손으로 치는 북 하나면 족하다. 그들이 공감할 수 있는 토속적인 멜로디로 몇 시간이고 깊이 찬양에 들어가는 것을 본다.

선교적 교회란 말은 개척되는 교회가 처음부터 '선교적 DNA'를 가진 교회라는 뜻이다. 선교적 재생산이 가능한 교회다. 이것이 가장 중요하다. 어떻게 선교적 DNA를 가진 교회를 개척할 수 있는가? 쉽다. 그들이 우리가 하는 모든 것을 보고 배운다. 선교에 중요한 원리가 하나 있다. 즉 교회가 교회를 낳고, 선교 단체는 선교 단체를 낳는다는 것이다. 어쩔 수 없다. 현지 사역자들과 교인들이 우리가 가서 선교하고 예배하는 모습을 보고 배운다. 우리는 서너 사람으로 구성된 한 팀으로 가지만 개인들이 아니다. 교회다. "두세 사람이 내 이름으로 모인 곳에는 나도 그들 중에 있느니라."(마 18:20) 그리스도의 임재가 있는 교회다. 그들은 우리 팀이 하는 말과 행동과 삶의 모습을 통해 교회를 배운다. 어떻게 기도하고, 어떻게 찬양하고, 어떻게 서로 섬기고, 어떻게 복음을 전하는지 보고 배운다. 우리를 따라하면서 교회를 배운다.

우리 팀은 선교지에서 모일 때마다 가는 곳마다 함께 손잡고 통성 기도를 한다. "주여!" 외치면서 통성 기도를 시작한다. 인도 사역자들도 그대로 따라한다. 우리가 개척한 인도 교회는 한국 교회의 기도 모습을 그대로 닮았다. 열정적으로 성령 충만을 사모하고, 목숨걸고 복음을 전하는 모습도 그대로 닮았다. 우리 교회가 어떻게 예배하고 선교하는지 우리의 행동과 삶을 보고 배운다. 그래서 현지에 개척되는 교회는 우리 교회의 복사판이 된다. 비록 짧은 일주일 혹은 열흘이지만 우리 팀들의 평상시 삶이 그대로 전달된다. 그래서 같은 성향의 교회가 개척된다.

더 나아가서는 담임목사님이 어떤 삶을 살고, 어떤 모습으로 목회하며, 어떤 메세지를 전하며, 어떤 방향으로 나가는지… 선교지에 개척되는 교회에 그대로 반영된다고 해도 과언이 아니다. 감사하게도 우리가 개척한 인도 교회들은 말씀대로 순종하고, 기도에 열정이 있고, 성령 충만을 사모하며, 온 세계를 품고 선교하는 DNA를 가진 교회들이다. 아니 아직 충분하게 그런 교회는 못 되었지만 그런 성향을 가진 교회임에는 분명하다. 중요한 원리는 교회가 교회를 낳는다는 것이다. 그래서 주님께서는 선교를 다른 곳이 아닌 교회에 맡기셨다. 교회가 선교의 주체다.

만약 선교 단체가 선교하면 선교 단체를 낳는다. 인도에 약 4,000개에서 5,000개의 선교 단체가 있다. 이들은 돈을 주면 돈을 받은만큼만 일한다. 돈을 바라고 일한다. 인도의 많은 사역자들은 선교 단체를 그대로 닮았다. 불행한 사실이다. 서구권 선교사들이 와서 어떻게 하는지를 보고 배웠기 때문이다. 따라서 지금도 인도 사역자들 중에는 교회가 뭔지 제대로 배우지 못한 사람들이 많다. 선교를 프로젝트로 생각한다. 교인수를 채워서 선교 본부에 보고하면 돈이 나온다는 것을 안다. 사역자들은 예수님을 위해 인생을 드리고 희생해야 하는데 그런 십자가의 삶이 전혀 없다. 선교를 비즈니스로 생각한다. 처음에 선교 단체에서 배운 인도 사역자들을 진정한 교회 사역자로 바꾸는 것은 거의 불가능에 가깝다는 이야기를 자주 듣는다. 우리 인도 총회도 그런 사역자들 때문에 어려움을 당한 적이 여러 차례 있다.

초창기에 일어났던 일이다. 한국의 모 교회에서 북인도에 단기 선교를 와서 비하르주의 B 사역자와 함께 사역했다. 함께 오신 담임목사님이 현지 사역자의 열정에 감동을 받고 교회 개척을 위해서 가져온 미화 9,000불을 B 사역자에게 주었다. 우리가 총회의 규칙을 미리 알려주지 못했던 불찰도 있었다. 사역자에게 돈을 줄 때는 반드시 총회를 통해서 주어야 하는데 몰라서 직접 주었다. B 사역자는 그 돈을 받은 후에 자신을 훈련시키고 세워준 영적 아비와 같은 안 목사님과 우리 총회를 즉시 배신하고 떠났다. 9,000불을 기반으로 자신의 선교 단체를 만들어서 독립했다. 비단 B 사역자뿐이 아니다. 인도에 있는 모든 사역자들에게 그런 성향이 있다고 해도 과언이 아니다. 왜 그럴까? 보고 배운 것이다. 그 안에 선교 단체의 DNA가 있기 때문이다.

필자도 짧은 경험을 통해서 선교 단체가 예수님의 전략이 아닌 것을 실감했다. 선교 단체는 언제나 교회를 돕는다고 말한다. 그러나 반쪽만

진실이다. 선교 단체는 우선적으로 자신의 선교 단체를 위한다. 어쩔 수 없다. 그래야 생존할 수 있기 때문이다. 우선적으로 자기 생존에 필요한 가장 훌륭한 인원을 확보하고 나서 그 다음에 교회를 돕는다는 것을 부인할 선교 단체는 아무도 없을 것이다. 우리도 경험했다. 교회의 리더들까지 교회 밖으로 불러 내어서 따로 기도회를 가지고 훈련한다. 왜? 교회를 지원하기 위해서라기보다는 먼저 자신의 단체를 유지하기 위해서다. 35년 이상 선교 단체에 몸 담아 온 안 목사님이 늘 강조하는 말씀이 바로 '선교 단체는 예수님의 선교에 주체가 될 수 없다'이다. 맞다. 선교를 위한 예수님의 궁극적인 관심과 전략은 오직 교회이다. 오직 교회만이 선교적 DNA를 가진 '선교적 교회'를 개척할 수 있다.

(4) 평신도를 선교사로 무장시켜라

이것은 우리 교회의 세 번째 비전이기도 하다. 교회를 개척할 때 주님께서 제게 주신 부담은 '모든 성도들을 선교사로 무장시키라'였다. 그래서 세 번째 비전에 그렇게 쓰고 싶었는데 만약 그렇게 직설적으로 쓰면 거부하는 사람들이 너무 많을까봐 의도적으로 좀 돌려서 썼다. '모든 삶 속에서 땅끝까지 하나님 나라를 위해 복음전하자.' 그게 바로 선교사다. 물론 지금은 우리 교회에서 노골적으로 '모든 성도들이 선교사가 되어야 한다'고 강조한다. 대부분 성도들이 이것을 진리를 알고 받아드린다. 그러나 우리도 10년 전에 '지.총.협 선교'를 추진하면서 이 의미를 성도들에게 설명하고 인도 선교를 추진할 때에 그것이 싫어서 교회를 떠난 사람들도 있었다. 자신은 인도 선교를 가고 싶지 않는데 담임목사가 자꾸 가라고 하니까 부담이 되고 힘들어서 결국 교회를 떠났다. 충분히 이해한다.

아직도 평생 교회를 다니면서 자신의 정체성을 선교사로 인식하는 사람들은 그렇게 많지 않다. 그러나 성도들이 싫어한다고 이 진리를 말하지 않는다면 삯꾼 목자다. 다시 강조한다. 성경에는 신자와 제자를 구별하지 않는다. 정말 예수님을 믿은 그리스도인은 다 제자다. 모든 제자는 예수님이 이 세상에 보내신 선교사다. 오늘날 목회자들의 가장 중요한 사명중 하나는 모든 평신도들을 선교사로 무장시켜야 한다는 것을 알아야 한다. 그렇게 하기 위해서 주신 방법이 바로 왕의 선교 즉 '지.충.협 선교'이다. 담임목사님들이 먼저 이 진리에 각성해야 한다. 그리고 온 교회를 그 방향으로 이끌어야 할 것이다.

우리 교회에서는 모든 성도들에게 적어도 일 년에 한 차례씩은 해외 선교를 다녀 올 것을 권장한다. 많은 성도들이 그렇게 순종한다. 그러나 선교지에 나가서 사역하는 짧은 기간만 단기 선교사로 살아서는 부족하다. 1년 365일 내내 그들의 삶이 선교적이어야 한다. 늘 복음 전하고, 늘 주님과 교제하고, 늘 온 열방을 하나님 나라로 재통일시키려는 열정으로 불타 올라야 한다. 다른 말로 '선교적 삶'을 살아야 한다. 선교적 교회는 선교적 삶을 사는 사람들로 구성된 교회다. 이런 교회가 바로 예수님이 다시 오실 길을 예비하는 교회이다.

오늘날 많은 교회들이 신부 교회라는 명목으로 예쁘게 단장하고 주님과의 깊은 교제를 한다고 하면서 중보 기도에만 몰두하는 모습을 본다. 물론 기도를 안하는 교회보다는 훨씬 좋다. 그러나 그것만으로 부족하다. 진정한 신부 교회가 되려면 먼저 그리스도의 군사가 되어야 한다. 군화 신고 군복 입고 총칼로 무장한 신부가 되어야 한다. 흑암에 쌓여서 고통하는 저 열방에 나가서 목숨걸고 직접 복음을 전해야 한다. 담임목사는 온 교회를 이렇게 무장시켜야 한다. 교회가 군대가 되어야 한다. 교회에 치유가 필요하지만 병원이 되면 곤란하다. 후송 병원이 되어야 한다.

교회의 본질은 선교이고 성도들은 전투를 하는 군인들이 되어야 한다. 이것이 평신도를 선교사로 무장시킨다는 의미이다.

그러면 구체적으로 어떻게 모든 성도들을 선교사로 무장시키는가? 답은 간단하다. 모든 교회의 교육과 훈련, 그리고 사역의 초점을 여기에 맞추면 된다. 예배와 설교도 선교에 초점을 맞추어야 한다. 담임목사의 설교는 상위 20% - 30%를 겨냥해야 한다고 믿는다. 담임목사가 설교를 통해서 할 수 있는 일이 너무 많다. 성도들의 수준은 담임목사의 설교에 달려있다고 해도 과언이 아니다. 언제나 설교 수준을 초신자에 맞춘다면 그 교회는 결코 제자를 키울수 없다고 생각한다.

나는 대학교에서 21년간 가르쳤기 때문에 잘 알고 있다. 우수한 학생들을 길러내려면 좀 어려운 교재를 사용해서 상위 20% - 30%선에 맞추어야 한다. 높은 수준의 강의 질(quality)을 유지해야 한다. 이해하지 못하는 학생들은 도전을 받아서 머리를 싸매고 공부할 수 있도록 강한 자극을 주어야 한다. 물론 어려운 것을 가장 쉽게 이해할 수 있게 가르치는 것이 경험이고 기술이다.

설교도 똑같다. 쉽게 설교하되 내용은 모든 성도들을 예수님의 제자로 만들고, 선교사로 세우는 데 항상 강조점을 두어야 한다. 끊임없이 원색적인 예수 그리스도의 십자가 복음만을 선포할 때 가능하다. 우리 교회는 설교를 한번 듣고 이해하지 못하는 초신자들을 위해서 매주 토요일 저녁 목장 모임에서 그 주간 주일 설교를 다시 공부하게 한다. 매주 설교 원고를 바탕으로 목장 성경 공부 교안을 만들어서(문답 형식으로) 목자들에게 준다. 목자/목녀들이 목장 모임에서 이 성경 공부 교안을 가지고 목원들을 양육한다. 서로 질문하고 답하면서 다시 자신의 삶에 적용시킬 수 있도록 이끈다.

우리 교회에 제자 훈련 코스가 있는데 필수 과목은 5과목이다. 생명의 삶, 말씀의 삶, 제자의 삶, 기도(훈련) 학교, 선교 학교이다. 매학기 13주간씩인데 연속해서 들으면 약 3년이 걸린다. 목장은 제자의 삶을 실천할 수 있는 실제적인 현장이다. 매주 한번씩 모여서 예배하고, 교제하고, 말씀 공부하고, 전도한다. 목자들은 목원들을 섬기면서 사랑을 배운다.

우리 교회 모든 성도들은 매일 3R QT를 해야 한다. 단순한 말씀 묵상과 적용이 아니다. 3R QT는 매일 말씀과 기도로 예수님을 만나는 개인 예배이다. 즉 말씀을 묵상하면서 ①회개하고(Repentence) ②우리를 유혹하고 무너뜨리는 악한 영을 책망하고 끊어내고(Rebuke/Rescind) ③말씀으로 새로와 지는 기쁨을 누리도록(Rejoice) 하는 QT다. 복음적인 말씀 묵상(3R QT)에 대해서는 〈부록 11〉을 참조하라. 그리고 매일 새벽과 저녁 기도회를 통해 기도를 훈련한다. 매주 화요일 목요일 중보 기도회가 있다. 앞에서 말했듯이 12주 선교 훈련이 봄과 가을 선교를 앞두고 이어진다. 매주 수요일은 지역 전도, 그리고 주일 오후에는 거리 전도를 나간다. 이러한 모든 과정들과 기도회 및 목장 사역들을 통하여 모든 성도들을 선교사로 훈련시킨다.

(5) 교회 전체를 선교로 하나가 되게 하라

교회 개척 선교가 성공적으로 정착하기 위해서는 담임목사의 역할이 절대적이다. 전적으로 담임목사에게 달려 있다고 해도 과언이 아니다. 교회 전체를 선교로 하나가 되게 하는 것이 가장 중요하다. 다시 강조하지만 선교는 교회가 수행하는 여러 기능들 중에 하나가 아니다. 선교는 교회의 본질이다. 교회가 존재하는 이유가 바로 선교이다. 그래서 교회의 모든 사역의 바탕이 선교가 되어야 한다. 모든 성도들의 관계가 선교를 중심으로 엮여져야 한다. 교회의 조직과 부서는 선교를 수행하기 위한 구조가 되어야 한다. 필자의 설교에서 결론은 자주 선교가 된다. 우리 교회 어떤 목녀가 "목사님 설교는 기. 승. 전. 선교에요"라고 말했던 기억이 난다. 담임목사가 선교에 미치면 성도들은 자연히 따라온다.

원래 초대 교회는 선교가 교회의 기반이었다. 나도 전에는 초대 교회에 대해서 오해할 때가 있었다. 성령의 역사가 너무 강했기 때문에 성도들이 별로 복음을 전하지도 않았는데도 사람들이 구름 떼처럼 모여들어서 초대형 교회로 성장했다고 생각했다. 나중에 잘못임을 깨달았다. 초대 교회 성도들은 때를 얻든지 못 얻든지 복음을 전했다. 오순절에 성령이 임하자마자 밖으로 튀쳐나가서 '너희들이 십자가에 죽인 예수가 부활했다. 그는 하나님의 아들이다'라고 외쳤다. 성령 충만은 예수 충만이다. 심령에 예수로 충만하면 엘리후가 말한 것처럼 "내 속에는 말이 가득하니 내 영이 나를 압박한다. 내 배는 봉한 포도주통 같다. 터지게 된 새 가죽 부대와 같다"(욥 32:18,19)라고 고백할 것이다.

내 안에 예수로 충만하면 복음을 전하지 않고서는 견딜 수가 없다. 예수 그리스도가 행하신 위대한 구원을 말하지 않고는 터질 것 같다. 복음을 전하지 않으면 폭발할 것 같다. 그들은 만나는 사람마다 가는 곳마다 "예수 그리스도가 하나님이다. 회개하여 예수 그리스도의 이름으로 세례를 받고 죄 사함을 받으라 그리하면 성령의 선물을 받는다"(행 2:38)고 외쳤다. 십자가 복음을 전했다. 성도들이 모일 때마다 기도했다. 그들의 증거와 삶은 일치했다. 그 결과 "온 백성들에게 칭송을 받고 주께서 구원받는 사람을 날마다 더하게" 하셨다.

오늘날 우리 목회자들이 추구하는 교회도 동일하다. 모든 성도들이 초대 교회처럼 선교로 하나가 되는 교회를 만들어야 한다. 그때 양적인 부흥은 자연히 따라온다. 목회자는 교인 숫자를 늘이려는 생각을 버리고 초대 교회로 회복되기 위해서만 발버둥쳐야 한다. 선교는 교회 전체를 하나로 묶는 '평안의 매는 줄'과 같은 역할을 한다. 이것이 원래 교회를 만드신 주님의 디자인이다.

예수님의 선교 전술- '눅 10장'의 실천

앞에서 예수님의 선교 전략은 교회라는 말을 했다. 오직 교회만이 예수님께서 온 땅을 하나님 나라로 만들기 위해 사용하시는 도구라는 뜻이다. 여기서는 그 큰 전략 안에서 좀 더 세부적인 실천적인 전술을 살펴보기로 한다. 바로 눅 10:1-16까지 자세히 나와 있다. 우리가 선교지에 가서 어떻게 선교해야 하는지 구체적으로 나와 있다. 마 10:5-15까지도 동일한 말씀이 있다. 우리 교회는 이 방식을 그대로 순종해서 아래와 같이 선교한다. 편의상 눅 10장의 말씀을 중심으로 예수님의 선교 전술을 어떻게 실천하는지 방법에 대해 말하겠다.[12]

(1) 선교 팀을 조직하고 미리 선교 대상지를 선정한다

눅 10:1 "… 주께서 따로 칠십인을 세우사 친히 가시려는 각 동네와 각 지역으로…." 예수님은 제자들을 각 동네와 지역으로 복음을 전하기 위해서 보낼 때 어떻게 보내셨는가? 그때 그때 생각나는 곳으로 무작위로 보내시지 않았다. 사전에 치밀한 조사를 통해서 미리 제자들을 보내서

---
12 여기에 대한 보다 더 구체적 내용은 아래의 책을 참조하라.
    안강희, 예수 훈련(Jesus Training), 예수 훈련원,(도서출판 그리심, 2019.1.)

선교할 지역을 정하셨다. 어디로 보내야 할까 기도하면서 정했을 것이다. 우리 교회도 기도하면서 전 세계에서 가장 복음화 되지 못한 북인도에서 델리를 중심으로 한 반경 300Km 복음화율 0.1% 미만 지역을 선교 대상지로 선정하였다.

그리고 아무나 보내지 않는다. 매번마다 잘 훈련된 선교 팀을 선발해서 훈련시켜서 보낸다. 단기 교회 개척 선교 팀에 합류하기 위해서는 반드시 우리 교회 회원으로 선교 학교를 마쳐야 한다. (우리 교회 회원이 되기 위해서는 13주 생명의 삶 과정을 수료하고 세례를 받아야 한다.) 그리고 선교 팀에 합류하면 12주 선교 훈련을 받아야 한다. 3번 이상 결석이면 비행기표를 구입했더라도 실격이다. 12주 선교 훈련에 대해서는 나중에 다시 언급하겠다.

미전도 종족 개척 선교는 '어디에' 선교할 것인가가 가장 중요하다. '어떻게(How)' 하느냐 보다 '어디에'가 더 중요하다. 선교 지역 정보를 열심히 찾아서 공부해야 한다. 어디에 미개척 미전도 종족(UUPG)이 살고 있는지 그곳에 선교사나 개척된 교회나 현지 사역자가 있는지 연구하고 조사해야 한다. 물론 담임목사님들이 여기에 대한 전문가가 아니기 때문에 도움이 필요하다. 함께 협력 선교를 하는 선교 단체(우리 교회는 GAP)의 도움을 받는 것이 좋다. 그리고 선정한 그 선교지로 들어가야 한다. 이것이 예수님의 방식이고 동시에 사도 바울이 사용했던 방식이다.

롬 15장을 보면 바울이 당시의 '땅끝'이라고 여겼던 스페인까지 가서 복음을 전하고 싶은 소망을 말한다. 예수님이나 바울을 보아도 선교사는 어느 특정 나라의 선교사가 아니다. 선교사는 온 세계에 복음이 전해지지 않은 곳이면 어디에든지 가서 교회를 개척하라고 부름을 받은 하나님의 종이다. 오늘날처럼 자기가 선택한 나라나 종족에게 가서 뼈를 묻겠다는 것은 적어도 성경적인 선교 방법과는 거리가 있다. 오늘날은 어쩌면 성령님께 내가 어디로 갈 것인가를 물을 필요도 없다고 생각한다. 아직 그곳이 개척되지 않은 미전도 종족이라면(그리고 아직 그곳에 선교사가 가지 않았다면) 가면 된다. 그곳이 언제나 하나님의 뜻이다. 하나님의 뜻을 분별하는 법은 쉽다. 지금도 하나님은 그곳에서 여러분을 부르신다.

선교사가 가서 자립적이고 재생산적인 교회를 개척하고, 현지인들을 제자화해서 사역자를 세우고, 그 현지 사역자들이 다른 사람들을 제자화시킬 수 있는 수준에까지 훈련이 되면, 선교사는 모든 것을 현지인에게 물려주고 떠나야 한다. 떠나서 다른 미개척 종족이 있는 곳으로 가서 똑같은 일을 해야 한다. 그렇게 하라고 부르신 하나님의 종이 '장기 선교사'이다. 단기 교회 개척 선교사들은 이러한 장기 선교사의 사역을 돕는 것이다.

롬 15:19 "… 내가 예루살렘으로부터 두루 행하여 일루리곤까지 그리스도의 복음을 편만하게 전하였노라." 여기 '편만하게 전했다'는 헬라어 페플레로케나이(πεπληρωκέναι)는 플레로오(πληρόω)에서 나왔는데 '가득 채우다'는 뜻이다. '복음을 (그 지역에) 충분히 전했다'는 뜻이라기보다는 예루살렘에서 일루리곤(마케도니아 북쪽, 로마 동쪽)까지 '복음을 증거하는 사역을 충분히 끝냈다 혹은 완수했다'는 뜻이다. ESV와 NJB가 그렇게 번역하였다. 그런데 지금 지도를 놓고 보면 그 지역은 상당히 넓다. 바울이 개척한 교회를 점으로 지도에 표시한다면 그 넓은 지역에 작은 점들이 흩어져 있는 그림이 될 것이다. 그것을 두고 바울은 23절에 "이제는 이 지방에 일할 곳이 없어서" 서바나로 가야 하겠다고 이야기한다.

무슨 뜻인가? 안강희 선교사는 이것을 바울의 소위 '낙하산 전법'이라고 표현한다. 적진을 공격할 때 먼저 공수부대가 낙하산을 타고 적진 깊숙이 침투해서 거점을 확보한다. 이와 마찬가지로 바울은 세계 전역을 두루 다니면서 이미 '복음의 거점'을 확보한 것이다. 그 거점마다 교회를 세웠고 훈련된 제자를 세웠다. 그러면 이제는 더 이상 "일할 곳이 없을" 정도로 예루살렘에서 일루리곤까지 군데 군데 다 점령이 끝났다는 뜻이다.

왕의 길을 예비하는 선교는 어디로 가야 하는지 장소가 중요하다. '내가 할 수 있는 곳'에만 초점을 맞추면 안 된다. '하나님께서 역사하고 계신 곳'을 찾아가야 한다. 바울처럼 "남의 터 위에 건축하지 않는" 것이 좋다. 아무도 들어가지 않은 곳을 찾아야 한다. 지교회가 담임목사님을 중심으로 총체적인 협력 선교의 틀 안에서 이렇게 찾아서 개척 사역을 추진해야 한다. 왕의 선교를 하기 위해서는 '어떻게' 보다 '어디에'가 중요하다. 하나님이 '어디'를 여셨고 '어디'에 가기를 원하시는 가를 찾아야 한다.

(2) 팀 사역을 한다

눅 10:1하 "… 각 지역으로 둘씩 앞에서 보내시며." 예수님 당시의 선교는 언어의 장벽이 없는 E0, E1 선교였다. 평안의 사람(POP: Person of Peace) 집에서 먹고 자야했기 때문에 부담없는 인원인 두 명이 적합했다. 오늘날도 국내에서 하는 선교는 두 명이 한 팀이 되는 것이 좋다. 그러나 인도와 중동 등 E3 지역은 통역자도 필요하고, 장거리 여행에 노골적인 핍박이 있는 지역이라 위험도 분산하고, 기도 동역자도 더 필요하기 때문에 통상 3-4명 정도가 한 팀이 되어 사역하는 것이 좋다. 여기에 현지 사역자 1명, 자동차 운전사(시골에는 이동하기 위해서 차를 빌려야 한다.)로 구성된다.

각 팀의 팀장은 영적 리더이다. 모든 결정권은 팀장에게 있다. 위험한 선교 현지에서는 팀장에 따라 팀의 안전이 좌우된다. 따라서 팀원들은 무조건 팀장에게 순종해야 한다. 팀장이 요청하지 않으면 건의도 하지 않는 것이 좋다. 팀장은 선교에 경험이 있을 뿐 아니라 성령님과 깊이 교통하면서 음성을 들을 줄 알아야 한다. 팀원 중에서 회계와 서기를 선출한다. 회계는 모든 재정을 관리하고 서기는 사역 기록 및 사진 촬영 등을 책임진다. 12주 선교 훈련을 통해 각 팀들이 기도로 하나될 수 있게 훈련하는 것은 매우 중요하다. 그리고 선교지 상황에 따라 간증 및 복음 제시를 누가 해야 할지 즉시에서 바꿀 수 있도록 성령의 음성에 순종하는 훈련도 필요하다.

〈그림 5-1〉 교회 개척 팀 구성

(3) 철저하게 기도로 준비한다

눅 10:2 "이르시되 추수할 것은 많되 일꾼이 적으니 그러므로 추수하는 주인에게 청하여 추수할 일꾼들을 보내 주소서 하라." 주님은 어떤 마음을 가지고 기도하며, 어떻게 기도해야 하는지 심지어 기도할 내용까지 상세하게 알려주셨다. '추수할 것은 많되 일꾼이 적다'는 주님의 탄식 소리가 들리는가? 인류 역사 내내 그랬다. 항상 밭은 희어져 추수하게 되었는데 문제는 일꾼이 적다. 주님은 일꾼을 부르신다. 우리도 예수님의 이러한 애타는 마음을 가져야 한다. 그런 마음으로 추수의 주인이신 아버지께 간절히 요청해야 한다. "추수할 일꾼들을 보내주소서!" 이것이 언제나 팀들의 간절한 기도 제목이 되어야 한다.

중요한 것은 추수할 일꾼들이 현지에 있다는 것이다. '일꾼을 위해서 기도하라'고 말씀하신 예수님의 의도를 살펴보라. 기도하면 반드시 응답하시겠다는 말씀이다. 현지에서 일꾼(worker: 현지 사역자)이 반드시 생긴다는 뜻이다. 그 종족의 일꾼은 그 종족 안에 있다. 기도하면 일꾼이 어디에 있는지 보여 주신다. 그 동네에 준비된 일꾼을 찾아서 평안의 사람으로 세워야 한다. 평안의 사람은 우리 팀을 영접할 뿐 아니라 복음을 들을 사람들을(주로 친척들) 자기 집에 모아놓는 사람이다. 그들에게 복음을 전하고 귀신을 쫓고 병을 고치고 세례를 준다. 그러면 그 평안의 사람의 집에 가정교회가 세워진다. 평안의 사람은 가정교회 지도자가 되고 나중에 현지 사역자로 훈련받으면서 성장한다. 추수할 일꾼은 언제나 현지에 있다. 눈을 크게 뜨고 이들을 발굴하는 것이 가장 중요하다.

요 4장 사마리아의 수가성 여인은 우리 눈으로는 도저히 '평안의 사람'이 될 자격이 없어 보인다. 그러나 성령님은 예수님에게 그 여인이 그 지방의 일꾼이 될 것을 미리 보여 주셨던 것 같다. 선교지에 가면 내 생각을 완전히 내려 놓고 철저히 성령님만 의지해야 한다. 물론 과거의 학식과 경험이 유용하게 쓰일 때가 있다. 그러나 이런 것들을 다 내려 놓을 준비를 항상 갖추어야 한다. 수가성 여인은 예수님을 만나고 나서 동네에 들어가서 증언했다. 온 동네 사람이 그 여인 때문에 예수님께 몰려와서 구원을 받았다. 선교지의 일꾼은 선교지에 있다. 우리는 단순히 이들을 찾을 뿐이다. 찾아서 양육해야 한다. 예수님도 그 수가성 동네에 이틀을 더 머무셨다. 이틀 동안 더 천국 복음을 전하시고 '평안의 사람들'을 양육했을 것이다.

교회 개척이 최종 목적이지만 그냥 교회 개척을 하면 안 된다. 반드시 현지의 일꾼(현지 사역자)을 발굴해야 한다. 대부분 평안의 사람이 일꾼이 되는 경우가 많다. 선교 팀이 가서 하는 일 중에 가장 중요한 일은 현지에 추수할 일꾼을 발굴해서 그들을 세우는 일이다. 그러기 위해서는 사전에 많은 기도가 필요하다. 우리 팀도 12주 훈련할 때 추수할 일꾼을 보내달라고 많이 기도한다. 그렇게 기도했기 때문에 현지에 가서는 기도한 그대로 성령님께 철저하게 의존한다. 추수할 일꾼은 우리가 기도해서 하나님께서 얻는 선물이다. 평소에도 더 많은 일꾼(worker)을 달라고 기도해야 한다.

(4) 오직 복음만 가지고 간다

눅 10:3,4상 "갈지어다 내가 너희를 보냄이 어린 양을 이리 가운데 보냄과 같도다 전대나 배낭이나 신발을 가지지 말며…." 예수님은 우리가 선교지에 갈 때 취해야 할 자세와 준비물까지 말씀하셨다. 나는 우리 교회 선교 팀을 보낼 때마다 어린 양을 이리 가운데 보낸다는 생각을 한다. 어린 양들이 보호받을 수 있는 유일한 길은 목자되신 예수님을 전적으로 의뢰하는 일이다. 우리는 어린 양처럼 철저하게 무능하다. 지금까지 10년간 수많은 사역을 했지만 한 번도 사고가 없었다. 수많은 팀원들이 담대하게 사역을 할 수 있었다. 이것은 주님께서 우리의 기도를 들으셨기 때문이다.

선교지에 갈 때 준비물은 오직 복음 하나이다. 1차, 2차 북인도 개척 선교 때는 앞에서 말했듯이 몰라서 남들이 하듯이 풍선, 사탕, 태권도 및 부채춤 공연 등을 준비해서 갔다. 그러나 눅 10장의 예수님의 방식을 배우고부터는 오직 복음만 들고 간다. 짐은 가장 간편하게 꾸린다. 비행기에 부치지 않고 들고 탈 수 있을 정도로 하는 것이 좋다. 마 10장에는 전대(돈 주머니)나 두벌 옷도 가져가지 말라 했지만 오늘날은 좀 다르다. 우리는 호텔이나 다른 숙소에서 머물러야 하기 때문에 돈이 필요하다. 점심을 못 먹을 때가 많기 때문에 비상식량도 준비한다.

아직도 많은 교회가 선교지에 갈 때 '우리가 무엇을 해줄 수 있을까 혹은 무엇을 줄까'에 관심을 갖는다. 쓸데없는 걱정이다. 우리가 (해)줄 것은 아무 것도 없다. 그저 예수님의 마음을 가지고 그들의 고통을 이해하고 예수님이 내게 해주신 것을 그냥 나눠주면 된다. 우리는 복음 외에 줄 것이 없다는 것을 알아야 한다. 그들에게 나눠줄 수 있는 유일한 보화는 복음이다.

(5) '평안의 사람'(POP: Person of Peace)을 찾는다

눅 10:4하-6 "… 길에서 아무에게도 문안하지 말며 어느 집에 들어가든지 먼저 말하되 이 집이 평안할지어다 하라 만일 평안을 받을 사람이 거기 있으면 너희의 평안이 그에게 머물 것이요 그렇지 않으면 너희에게로 돌아오리라." 앞에서 말했듯이 평안의 사람은 단순히 우리를 자신의 집에 영접해서 대접하는 사람이 아니다. 물론 영접해야 평안의 사람이 될 수 있지만 그것으로 끝나지 않는다. 평안의 사람은 자신의 집에 식구들과 친척들을 모아 놓는 사람이다. 평안의 사람은 주위 사람들을 모아서 우리가 전하는 복음을 들을 준비를 갖추는 사람이다.

단기 교회 개척 팀들은 말 그대로 짧은 기간 사역을 하기 때문에, 미리 평안의 사람을 준비하는 것이 중요하다. 사역할 동네 근처에 있는 기존의 현지 사역자들에게 미리 그렇게 하도록 지시한다. 친척이나 아는 사

람 혹은 소개를 받아서 사역할 동네에 거점이 될 수 있는 가정을 찾아야 한다. 찾아서 먼저 복음을 전하고 복음을 받아드리면 그 사람이 평안의 사람이 된다. 우리 팀이 온다는 사실을 알리고 그 시각에 주변 사람들을 그 집으로 모으게 한다. 그래서 우리 팀이 사역할 동네에 들어가면 즉시로 미리 예비한 평안의 사람 집으로 향한다.

인도는 동네마다 사람들로 북적인다. 외국인이 왔기 때문에 주의를 끌 수밖에 없다. 1차, 2차 개척 선교 초창기에는 동네에서 넓은 공터나 건물에 동네 사람들을 모으고 복음을 전할 때도 있었다. 그러나 핍박이 노골화되기 시작한 3차 때부터는 평안의 사람 집으로 직접 들어간다. 그것이 안전하다. 그래야 일꾼을 찾을 수 있다. 예수님은 되도록 많은 사람에게 복음을 전하라고 하지 않으셨다. 신실한 일꾼 한 사람을 찾는 것이 핵심임을 말씀하신다. 각 팀장들은 복음을 전하면서 지금 복음을 듣고 있는 사람들 중에 누가 '추수할 일꾼인가'를 알아차리기 위해서 애쓴다. 반드시 주님께서 보내주신 일꾼이 있다. 평안의 사람을 찾고 그들을 일꾼(사역자)으로 세우는 것이 교회 개척 선교의 핵심이다.

평안의 사람은 그 마을에 가정교회가 세워진 뒤에 가정교회 지도자(House Church Leader)가 된다. 가정교회 지도자로 성실하게 일을 잘하면 나중에 사역자로 훈련해서 세운다. 여기에 대해서는 뒤에 다시 이야기하겠다.

⑹ 현지에서 선교 자원을 발굴해서 지교회와 연결한다

7절: "그 집에 유하면서 주는 것을 먹고 마시라 일꾼이 그 삯을 받는 것이 마땅하니라 이 집에서 저 집으로 옮기지 말라." 예수님 당시는 70인 사역팀이 '평안의 사람' 집에서 먹고 마시면서 사역자를 훈련했다. 그러나 오늘날 우리는 단기 팀 사역이므로 그렇게 할 수 없다. 그 지역을 책임진 현지 사역자들에게 우리가 전도한 평안의 사람들을 맡겨서 훈련을 시킨다.

여기서 중요한 것은 '현지에서' 선교 자원을 발굴한다는 사실이다. 그 평안의 사람 집에서 유하면서 먹고 마신다. 즉 선교 자원을 제공 받는다. 우리는 복음을 전해주기 때문에 그 삯을 받는 것이 마땅하다. 언제나 그 종족의 선교 자원은 현지 그 종족 안에 있다. 현지에서 선교 자원을 발굴해서 현지 사역자를 키우는 것이 원칙이다. 그러나 오늘날은 지교회(우리 교회)나 협력하는 현지 교회(인도 총회에 소속한 교회)가 그들을 돕는다. 현지 사역자들이 그들의 훈련을 돕고, 우리 교회는 현지 교회 사역자들을 재정적으로 돕는다. 현지 사역자들이 생활의 염려에서 벗어나 전임으로(Full-time) 미전도 종족을 개척할 수 있도록 재정을 지원한다. 물론 특별히 선정된 사역자에 한해서 그것도 한시적으로 지원한다. 하루속히 모든 선교 자원을 현지에서 발굴하는 자립하는 단계로 갈 수 있도록 이끌고 있다.

(7) 복음을 선포하고 병자를 고치고 귀신을 내쫓는다

눅 10:8,9 "어느 동네에 들어가든지 너희를 영접하거든 너희 앞에 차려 놓은 것을 먹고 거기 있는 병자들을 고치고 또 말하기를 하나님의 나라가 너희에게 가까이 왔다 하라." 마 10:7,8에는 "가면서 전파하여 말하되 천국이 가까이 왔다 하고 병든 자를 고치며 죽은 자를 살리며 나병환자를 깨끗하게 하며 귀신을 쫓아내되…." 예수님께서 선교지에서 해야 하는 3가지 사역을 말씀하신다. 복음을 선포하고, 병자를 고치고, 귀신을 쫓는 사역이다. 선교지에 가서 이 3가지 사역만 하면 된다. 다른 사역을 하면 안 된다.

우리 팀이 가서 복음 전할 때 귀신의 방해가 많았다. 우리는 처음에 복음전할 때부터 예배를 시작한다. 인도에서는 쉬운 힌디 찬양을 부르면서 가르쳐주면 그들이 따라한다. 복음을 전할 때 갑자기 누가 소리치면서 뒤로 넘어지던가, 깔깔대고 웃던가, 별일이 다 일어난다. 귀신의 방해다. 이때 팀원들이 함께 기도하면서 귀신을 쫓는다. 어떤 팀들은 하도 귀신을 많이 쫓아서 고스트 버스터(Ghostbuster) 팀이라고 별명을 붙여준 경우도 있었다.

인도에는 가는 곳마다 질병에 걸린 사람들이 너무 많다. 그들에게 모두 손을 얹고 안수 기도를 할 때 놀라운 치유의 역사가 일어난다. 작은 질병들이 치유되는 것은 무수히 많고, 심지어 중풍으로 사지가 마비된 사람이 걷기도 한다. 눈이 전혀 보이지 않던 사람도 조금씩 보인다고 말했다. 여기에서는 평신도인데 선교지에 가면 선지자(?)들이 온 줄로 안다.

물론 모든 팀들이 다 그런 것은 아니지만, 인도 팀들이 돌아오면 이런 간증들로 금요 기도회가 풍성하게 채워진다. 예수님의 말씀을 그대로 순종할 때 성령의 놀라운 기적이 나타나는 것을 경험한다. 이렇게 현장에서 성령의 능력을 체험하고 돌아온 성도들은 한 사람 한 사람 복음의 용사로 성장한다. 자신을 선교사로 인식하고 선교적 삶을 사는 것을 본다. 이렇게 한 사람 한 사람씩 바뀌는 것을 보면서 나는 하나님께 감사한다. 이것이 목회하는 최고의 보람이고 기쁨이다.

(8) 성령의 인도에 철저히 순종한다

눅 10:10,11 "어느 동네에 들어가든지 너희를 영접하지 아니하거든 그 거리로 나와서 말하되 너희 동네에서 우리 발에 묻은 먼지도 너희에게 떨어버리노라 그러나 하나님의 나라가 가까이 온 줄을 알라 하라." 선교는 하나님께서 열어주는 곳으로 가야 한다. 나도 옛날에는 무슬림 선교가 주님께서 내게 주신 사명이라고 믿고 무슬림 선교만을 생각하고 기도했던 적이 있었다. 지구상에 남아 있는 가장 두터운 장벽인 무슬림 장벽을 무너뜨려야 한다는 사명감으로 무슬림 선교만을 최우선적인 선교로 간주했던 적이 있었다. 나중에 보니까 하나님께서 주신 부담도 있었지만, 내 성품에 맞아서 내가 결정한 측면이 더 많다는 것을 발견했다.

이제는 하나님이 열어주신 곳이면 어디든지 간다는 마음을 가진다. 나라뿐만 아니라 어떤 종족이나 마을에 대해서도 마찬가지다. 설령 그들이 우리 팀을 영접하지 않고 거부해도 그들과 논쟁하면 안 된다. 더 강력한 논리로 그들을 설득해서 어거지로 복음을 전할 필요가 없다. 그래봐야 안 된다. 복음을 거부하면 그냥 떠나면 된다. 성령의 인도에 철저히 순종해야 한다. 예수님은 신발에 묻은 먼지도 떨어버리고 떠나라고 한다.

이 마을은 복음을 안 받아드리는 나쁜(?) 마을이니까 마음에서 완전히 지워버리라는 의미가 아니다. 단지 지금이 하나님의 때가 아닐 뿐이다. 성령님도 사람의 마음을 억지로 열지 않으신다. 그들이 거부하면 우리 힘으로 복음을 전할 수 있는 방법은 없다. 전도는 우리가 설득해서 그들을 개종시키는 것이 아니다. 하나님께서 창세 전에 택하시고 미리 정하신 영혼들을 하나님의 때에 만나서 추수하는 것이다. 우리는 그저 성령님께 집중해서 성령님의 음성을 듣고 순종하면 그만이다. 선교는 처음부터 끝까지 하나님이 하시는 사역이다.

마을 복음화 사역

위에서 설명한 예수님의 선교 방식에 따라 마을에 갔을 때 어떻게 복음을 전하고 어떻게 일꾼을 세우고 어떻게 가정교회를 개척하는가? 인도 총회에서 수립한 아래의 10단계 표준 절차가 있다. 우리 교회도 인도를 비롯한 네팔 미얀마 등 선교지에 가면 아래의 10가지 단계를 거친다. 간략히 설명하겠다.

- 마을 진입(통성 기도와 찬양)
- 예배 시작(힌디 찬양과 통성 기도)
- 팀 소개
- 간증
- 복음 제시
- 영접 기도 및 확인
- 세례
- 안수 기도 및 치유 사역
- 헌금
- 가정교회 지도자 임명

(1) 마을 진입

통상 자동차를 타고 교회를 개척할 마을로 향한다. 자동차 안에서는 팀장의 인도로 계속 찬양과 기도가 이어진다. 마을에 도착하기 전에 차 안에서 현지 사역자로부터 마을 상황(마을의 특이사항, 영적 상태, 믿는 자, 종교, 안전) 등에 대한 정보를 받고 서로 나눈다. 현지 사역자에게 도착 10분 전에 알려 달라고 해서, 마을 진입 10분 전이 되면 다 함께 찬양(예: '문들아 머리 들어라')하면서 그 마을과 열릴 집회를 위해 통성 기도를 한다. 기도 제목은 아래와 같다.

- 이 마을과 집회 장소에 예수님의 이름으로 평안이 임하고 하나님의 나라가 임하도록

- 악한 영들이 결박되도록
- 이 마을의 영혼들이 복음을 받아드리고 구원이 임하도록
- 가정교회가 세워지도록, 일꾼이 세워지도록

차에서 내리면 함께 마을 안으로 걸어 들어가서 미리 준비한 평안의 사람 집으로 향한다.

(2) 전도 집회를 예배로 시작

평안의 사람 집으로 걸어 들어가면서 마을의 상황을 주의 깊게 파악해야 한다. 누가 간증을 하고 누가 복음 제시를 할지 이때 결정할 수도 있고, 혹은 현장에 들어가서 상황을 보고 결정할 수도 있다. 전도 집회를 할 집에 들어가면서 집 주인(평안의 사람)과 인사한다.

사람들이 다 모여 있는 경우도 있지만 통상 모이는 시간이 필요할 때도 있다. 사람들이 모이는 동안에도 팀원들은 앞에 서서 힌디 찬양을 부른다. 처음부터 예배 분위기를 유지하는 것이 중요하다. 사람들이 쉽게 배울 수 있는 힌디 찬양을 모인 사람들에게 가르쳐 주면서 따라하게 하는 것이 좋다. 서로 간에 icebreaking도 되고 예배 분위기도 유지할 수 있다.

▶ 처음에 쉬운 힌디 찬양을 가르쳐 주고 함께 부른다.

(3) 팀 소개

다 모이면 팀장이 간단하게 팀 소개를 한다. 우리는 인도(혹은 네팔)를 사랑하기 때문에 멀리서 왔고, 이 마을과 여러분들을 축복하기 원한다고 말하면서 이름들을 소개한다.

(4) 간증

즉시 간증으로 들어간다. 간증이 매우 중요하다. 간증은 내가 만난 예수님을 나의 이야기로 전달하는 시간이다. 간증의 목적은 청중들의 마음을 열고 '아! 저분이 믿는 예수를 나도 믿어야겠다'라는 강한 욕구를 넣어 주기 위해서다. 물론 전적으로 성령님이 역사하셔야 한다. 그러나 간증자를 통해서 성령님이 역사하시는 것이기에 최선을 다해 준비한다. 간증할 때도 기도하면서 철저히 성령님께 의지하고 해야 한다. 12주 선교 훈련할 때 간증을 어떻게 작성하고 어떻게 제시해야 하는지 가르친다. 각자가 간증문을 제출하면 어떻게 개선시킬 수 있는지도 코치한다. 간증은 한마디로 말하면 전과 후(before and after)이다. 예수님을 만나기 전에는 내가 얼마나 힘든 삶을 살았는데, 어떻게 예수님을 만나서, 그 뒤에 어떻게 내 삶이 바뀌었는지를 나눈다. 간증을 어떻게 준비할 것인가에 대해서는 <부록 7> '간증문 작성 요령'을 참조하라.

팀장은 모인 청중들의 삶의 상황에 맞게 적절한 간증자를 정하는 것이 중요하다. 철저하게 성령님의 인도에 따라서 정한다. 남아시아나 중동 지역을 막론하고 죄성을 가진 인간들의 삶의 고통과 고뇌는 거의 비슷하다. 질병, 어렸을 때 상처, 중독, 자존감 상실, 부부 문제, 자녀 문제, 돈 문제, 직장 문제 등. 자신의 치부를 과감하게 드러내고 어떻게 예수님께서 내 삶을 바꾸셨는지 전한다. 그러면 그들이 동질감을 느끼면서 마음을

활짝 연다. 그리고 예수님이 도대체 어
떤 분인지 궁금해 한다. 그때 다음 단
계로 예수 그리스도의 십자가 복음을
제시한다.

(5) 복음 제시

짧게 예수 그리스도 십자가 복음의
핵심을 전달한다. 하나님, 인간, 죄, 타

▶ Evangelism 패널로 복음을 제시한다.

락, 그리스도의 십자가와 부활, 죄 용서와 구원, 오직 예수님만이 유일한
길, 회개하고 복음을 믿든가 아니면 영원한 지옥 형벌 중에 선택에 대한
내용이다. 우리 교회는 EvangeCube를 기초로 좀 더 간결하게, 그리고 좀
더 복음의 핵심을 건드리도록 약간 바꾸어서 사용한다. 복음 제시의 끝
에 예수님을 영접할 사람들은 손을 들게 한다. 복음 제시에 사용하는 내
용은 〈부록 10〉 '복음 소책자'를 참조하라.

(6) 확인 및 영접 기도

인도에는 다신교 사상이 있기 때문에 예수님을 여러 신들 중에 하나로
영접할 위험이 있다. 청중들이 예수님을 영접하겠다고 손을 들어도 다시
한 번 확인하는 것이 좋다. 팀장이 나와서 모두 손을 내리게 하고 다시 한
번 복음의 핵심을 간략히 짚어준다. 그리고 나서 이번에는 '예수님을 영
접할 사람은 일어서라'고 한다. 일어서면 영접 기도를 따라하게 한다. 초
창기에는 영접 기도를 팀장의 인도 아래 했으나 요즈음은 현지 사역자들
이 하는 것이 보통이다. 영접 기도가 끝나면 예수님을 믿은 후에 무엇을
해야 하는지도 알려준다. 여기에 대해서는 〈부록 9〉 '팀장이 참조할 내

용'에 자세히 나와 있다.

(7) 세례

자리에 서서 영접 기도를 따라한 사람들에게 팀장이 세례의 의미를 설명한다. 이때에는 Ten commands 에 나오는 세례 부분의 내용을 설명하거나 롬 6장을 기초로 짧게 세례가 무엇인지 설명한다. 그리고 세례

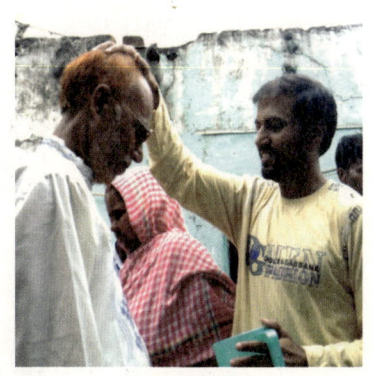
▶ 현지 사역자가 세례를 준다.

를 받을 사람들은 앞으로 나오게 한다. 세례는 현지 사역자가 준다. 이때 상황을 잘 파악해서 지혜롭게 해야 한다. 이들에게 세례는 개종을 의미하기 때문에 핍박이 온다. 부인이 먼저 예수를 믿는 경우에는 남편이 믿을 때까지 기다렸다가 함께 세례받게 하는 것이 좋다. 가장인 남편이 세례를 받으면 온 가족이 함께 세례받게 되는 것이 보통이다.

참고로 우리 인도 총회가 예수를 영접하자마자 세례를 주는 데에는 이유가 있다. 가장 큰 이유는 초대 교회에서 그렇게 했기 때문이다. 빌립보 간수도 이방인이지만 예수를 믿자마자 온 가족이 세례받았다. 우리도 진정하게 회개하고 이방신을 버리고 이제부터 오직 예수 그리스도만 믿기로 작정하면 즉시 세례를 준다. 인도나 무슬림 국가처럼 핍박이 있는 나라에서는 비장한 각오가 없이는 세례를 받을 수가 없다. 때로는 영접 기도를 따라한 사람들 중에도 세례를 준다면 받지 않는 사람들도 여럿 있다. 인도와 같은 선교지에서는 정말 예수님을 믿고 따르기로 결단한 사람인지 아닌지를 구분해 내기 위해서도 즉시 세례를 주는 것이 필요하다.

(8) 안수 기도 및 치유 사역

세례를 받은 새신자들에게 팀원들이 모두 안수 기도를 해준다. 우리가 가는 인도 마을에는 거의 다 질병을 안고 산다고 해도 과언이 아니다. 귀신이 떠나가고 질병에서 자유하게 되도록 치유를 위해 기도해 준다. 기도해 주겠다면 예수님을 영접하지 않은 사람들도 나오는 것이

▶ 예수님을 영접한 무슬림 이맘에게 안수 기도를 해준다.

보통이다. 세례받은 사람들을 우선적으로 기도해 주고 시간이 남으면 나머지 사람들을 위해서도 기도해주면 된다. 시간이 부족할 경우나 병자가 너무 많을 경우는 각자가 아픈 부위에 손을 얹으라고 하고 전체를 위해 기도해 주어도 좋다.

(9) 헌금

팀장이 헌금의 의미를 설명하고 나서 모두에게 헌금을 하게 한다. 총회에서 발간한 "Ten Commands"에 나오는 내용을 간략히 가르치면 된다. 이때 팀원들은 함께 찬양을 한다. 인도 총회가 예수님을 믿기 시작하는 첫 집회부터 헌금을 하게 하는 중요한 이유 중에 하나는 재정적으로 자립적인 가정교회로 만들기 위해서다. 헌금은 처음부터 가르치는 것이 좋다.

(10) 가정교회 지도자 임명

이제 드디어 새로운 가정교회가 탄생했다. 방금 세례받은 성도들이 있고 모임 장소는 지금 모인 집이 된다. 주일마다 이곳에서 몇 시에 가정교회가 모인다는 것을 알려준다. 물론 평안의 사람이 예수님을 영접하고 세례받고 자신의 집을 가정교회 모임 장소로 제공할 것을 자원했을 때 그렇다. 그래서 마지막으로 그들 앞에서 새로 생긴 가정교회의 지도자(HCL: House Church Leader)를 임명하는 식을 갖는다. 현지 사역자와 팀장 팀원들 모두가 가정교회 지도자 머리에 손을 얹고 기도한다.

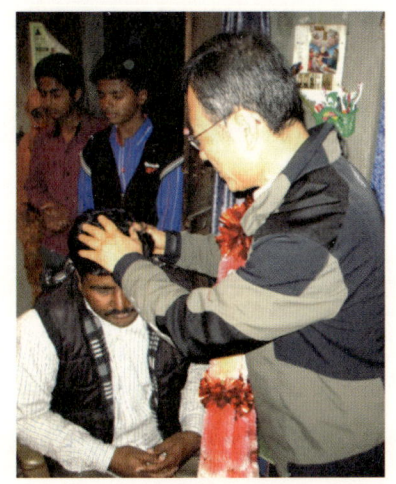
▶ 가정교회 지도자를 임명한다.

마을 전도 집회는 이동 시간에 따라 다르지만 하루에 평균 약 4-5회 정도 갖는다. 한번의 집회는 약 한 시간 정도로 제한한다. 안전 때문에 한번에 너무 많은 사람들을 모아놓고 모임을 하는 것은 안 된다. 해가 지기 전에 모든 집회를 끝내고 호텔로 돌아와야 한다. 집회를 한 시간으로 제한하는 이유는 마을 주민들의 신고를 받고 인도 경찰이 출동하는데 시간이 약 1시간 정도 걸리기 때문이다. 되도록 신속하게 모든 집회를 끝내는 것이 가장 안전하다. 작은 팀으로 전략적인 사역을 해야 한다. 매년 같은 지역에 가서 같은 사역을 하는 것도 위험하다.

팀장은 집회 동안 주변 상황을 잘 살피면서(평안의 사람 집이라도 오픈되어 있기 때문에 마을 사람 누구나 들어오거나 볼 수 있다.) 수상한 행동을 하는 사람이 있는지 주시해야 한다. 모디 정권이 들어선 후부터는 힌두교 과격 단체(RSS) 요원들이 마을에 깔려 있다. 언제나 위험 요소가 보일 때는 즉시 사역 현장을 떠나는 것을 권장한다. 마을 전도 사역에 대한 자세한 사항은 〈부록 5〉 '마을 사역 가이드라인'을 참조하라.

현지 가정교회 예배 형식

현지에서 새로 개척된 가정교회는 처음부터 독립해서 예배드릴 수 없다. 처음에는 그 지역을 책임지고 있는 현지 사역자가 인도한다. 새로 탄생한 평안의 사람은 담당 현지 사역자 아래에서 훈련을 받으면서 점차로 현지 사역자로 세워진다. 일일 훈련, 5일 합숙 훈련 등이 있다. 주일에는 한 지역에서 여러 개의 가정교회들이 연합해서 주일 예배를 드린다.

인도 총회에서 수립한 가정교회의 예배 형식은 아래와 같다.
- 찬양
- 기도
- 성경 이야기(100개 성경 이야기 책)
- 헌금
- 병자들을 위한 기도
- 성찬식

설교 대신 왜 성경 이야기를 하는가? 인도에서는 끊임없이 새로 예수님을 영접하면 사역자로 세워진다. 가정교회 사역자(HCP)라 해도 믿은 지 2-3개월밖에 되지 않는 사람도 있다. 설교를 할 능력이 없다. 더 큰 이유는 북인도의 많은 지역들은 문맹율이 높은 구전 문화권이다. 그들에게 설교가 효과적이지 않다. 흔히 하는 말로 그들에게 '5가지 포인트'로 설교하면 6가지를 잊어버린다. 그래서 서구권에서 하는 방식으로 그들에게 설교할 수 없다.

선교사들이 실수하는 것 중 하나가 설교를 잘해서 교인들을 양육하고 교회를 세우려고 하는 것이다. 여기서 우리가 잘 할 수 있는 것을 선교지에 가서 하면 안 된다. 선교사가 떠나면 그 곳의 현지 사역자들은 그렇게 설교를 못하기 때문이다. 그러면 교회가 무너진다. 특히 북인도와 같이 교육 수준이 낮고 열악한 곳에서는 선교사처럼 설교를 잘하는 현지의 제자를 양성하기가 불가능하다. 제자삼는 기본 원리가 있다. 언제나 현지의 제자들에게 이전하기(transferable) 쉬워야 한다. 예배 시스템도 이전하기 쉬워야 한다.

그래서 인도 총회에서는 현지 사역자들에게 설교 대신 성경 이야기를 전하게 한다. '100개의 성경 이야기'를 큰 탁상형 달력의 형태로 만들었다. 현지 목회자들은 주일 예배 때마다 매주 한 개의 성경 이야기를 가르친다. 달력을 한 장씩 넘기면서 그림을 보여주면서 설교한다.

예를들어, 풍랑을 잠잠하게 하는 예수님의 그림을 보여주면서 성경 이야기를 들려준다. 인도는 구전 문

▶ 그림을 보며 성경 이야기를 전하고 있다.

화권이기 때문에 이야기는 매우 잘 알아듣는다. 잘 기억한다. 이야기를 들려 준 후에 신자들에게 서로 두 사람씩 짝지어서 방금 들은 그 이야기

▶ '100개의 성경 이야기'

를 상대방에게 해보라고 한다. 놀라울 정도로 정확하게 전달하는 것을 본다. 이야기로 들은 내용은 그림처럼 정확하게 그들의 머리에 각인된다.

　이야기가 전달되었으면 그 다음에는 이 이야기 속에 들어 있는 의미를 설명해 준다. "풍랑은 여러분이 당하는 문제나 어려움이다. 예수님은 여러분의 어떤 문제라도 해결할 수 있는 분이다." 등등… 그리고 나서 각자의 삶에 적용하도록 유도한다. "여러분의 삶에 지금 어떤 어려움이 있는가? 경제 문제, 건강 문제 등 여러 가지 문제들이 있는가? 그런 풍랑이 오지만 예수님을 영접하고 내 마음의 배에 예수님이 들어오시면 풍랑이 잠잠해 지듯이 모든 문제들이 사라진다"라는 식으로 적용을 해준다. 그게 설교다. 그리고 함께 기도한다. 이것이 구전 문화권의 예배 방식이다. 끝에는 신자들에게 오늘 배운 성경 이야기를 한 주간 동안 주변의 사람들 5명 이상에게 나누게 숙제를 준다. 그것이 바로 전도이다.

　예수님의 방식은 언제나 아주 간단하고 쉽다. 요즈음 서양 선교사들이 가르치는 방식은 전문적인 교육을 받는 교사들만이 가르칠 수 있을 정도

로 어렵다. 비록 현지 사역자들이 배워도 그대로 가르칠 수 없다. 선교지에는 알맞지 않는 방식이다. 제자삼는 원리는 배우기도 쉬워야 한다. 일단 배웠으면 '아무나' 그대로 가르칠 수 있어야 한다. 그래야 재생산할 수 있다. 앞에서 말했듯이 쉽게 이전할 수(transferable) 있고, 동시에 재생산할 수(reproducable) 있어야 한다. 이것이 바로 배가할 수(multiplicable) 있는 교회 개척 모델이다.

선교사는 처음부터 배가할 수 있는 모델을 사용해야 자립적이고 재생산적인 교회를 개척할 수 있다. 아직도 많은 선교사들이 열심히 선교지에 교회를 개척하고 나서, 자신이 담임목사(?)가 되어서 오랫동안 눌러앉아서 목회하는 것을 본다. 그런 방식은 제자삼는 모델이 아니다. 모든 선교사들이 그렇게 한다면(현실은 교회를 하나 개척하기도 쉽지 않다.) 언제 남은 미전도 종족들을 다 개척할 것인가? 선교사들이 모두 다 미전도 종족을 개척할 수 있는 '전략적 코디네이터(strategic coordinator)'가 되어야 한다.

현지 '가정교회 지도자(HCL)' 제자 훈련 과정

비록 짧은 단기 교회 개척 선교 기간이지만 우리 팀은 새로 임명된 가정교회 지도자들을 즉석에서 훈련한다. 물론 본격적인 훈련은 우리가 떠난 후 현지 사역자들이 시킨다. 우리가 짧게라도 훈련을 하는 이유는 처음 예수님을 영접했을 때 그들이 듣고 보고 배운 내용이 강한 인상으로 끝까지 남기 때문이다.

마을 사역이 끝난 후 우리 팀은 아래와 같이 몇 가지로 이들을 훈련한다.

(1) 예수님의 10가지 명령

인도에서 사용하는 'Ten Commands'라는 교재 중에서 몇 가지를 선정해서(시간 관계상 한 개나 두 개 정도) 새로 임명된 가정교회 지도자를 즉석에서 훈련한다. '예수님의 10가지 명령'은 아래와 같다.[13]

- 회개하고 예수를 믿으라(막 1:15)
- 세례를 받으라(마 28:19)
- 성찬을 받으라(눅 22:19-20)
- 예수님의 말씀에 거하라(요 8:31-32)
- 기도하라(마 6:9-13)
- 성령을 받으라(요 20:21-22)
- 사랑하라(마 22:37-39)
- 주라(눅 6:38)
- 복음전하고 제자삼으라(막 16:15, 마 28:19-20)
- 핍박 중에 기뻐하라(마 5:11-12)

(2) 기도 훈련

가정교회 지도자들은 우리 팀이 가서 기도하는 것을 보고 배운다. 마치 새끼 오리가 태어나자 마자 엄마가 하는 행동을 보고 따라하듯이 그들도 처음 예수 믿고 우리 팀이 하는 대로 따라한다. 우리 팀이 어떻게 통성기도하고, 어떻게 복음 전하고, 어떻게 서로 사랑하고, 어떻게 서로 대화하는지 보고 배운다. 그들은 자연스럽게 '아, 그리스도인이 되면 저렇게 뜨겁게 기도해야 하는가 보다. 저렇게 멀리까지 가서 복음을 전해야 하

---

13 안강희, Abundant Life in Jesus, 예수 훈련원,(세계협력선교회, 2019. 1.)

는가 보다.' 보고 배운다. 그렇게 함으로 복음을 향한 뜨거운 열정과 선교적 DNA를 가진 교회를 낳게 된다.

(3) 일일 부흥회

인도, 네팔, 미얀마 등지에서 우리 팀들의 마지막 날 사역은 언제나 일일 부흥회다. 선교 기간 동안 함께 했던 현지 사역자들과 새로 임명된 가정교회 지도자들을 다 모아놓고 일일 부흥회를 연다. 이때는 팀장이 예배를 인도하고 메시지를 전한다. 현지 사역자들에게 우리 교회의 뜨거운 기도와 부흥의 DNA를 전달하는 시간이다. 그들에게 우리 교회가 어떤 교회이며, 어떻게 선교 사역을 하고 있다는 것도 알려준다. 현지 사역자들을 훈련하고 격려한다. 세족식도 하면서 현지 사역자들의 발을 정성껏 씻겨준다. 그들을 향한 존중과 사랑과 섬김의 표시이다. 현지 사역자들은 태어나서 처음으로 그런 섬김을 받아본다. 우리의 섬김을 받으면서 그리스도의 사랑이 뭔지 더 깊이 깨닫고 감격한다. 함께 그리스도 안에서 한 형제자매가 되는 것을 경험하고 기뻐한다.

(4) 본격적인 제자삼기 훈련

새로 임명된 가정교회 지도자(HCL)들에 대한 본격적인 훈련은 우리 팀이 떠난 뒤에 시작된다. 그 지역을 책임지는 현지 사역자들이 그들을 훈련한다. 일일 훈련을 통하여 하나님의 비전, 복음전하는 법, 세계 선교 비전, 주일 예배를 인도하는 법 등을 가르친다. 새로 개척된 가정교회는 반드시 재정을 담당하는 회계를 두도록 하는 등 교회 조직도 가르친다. 5일 합숙 훈련을 받도록 한다. 이런 훈련의 초점은 그리스도인으로 성숙해지고 동시에 주변에 끊임없이 복음을 전해서 교회를 계속 개척하며 제자삼는 사역을 이어가도록 하는 것이다.

인도 총회에는 아래와 같은 훈련들을 통하여 현지 사역자들을 양성하고 제자로 키운다.

- 일일 가정교회 지도자 훈련
- 5일 합숙 가정교회 사역자 훈련
- 한 달 합숙 사역자 훈련
- 일 년 성경 66권 훈련
- 3년 신학교 훈련

참고로 인도 총회에서 평안의 사람(POP)에서 출발해서 어떻게 가정교회 지도자로, 현지 사역자로, 주 사역 책임자 등으로 세워지는가에 대한 설명은 아래와 같다. 각종 훈련과 경험을 쌓으면서 아래와 같은 여러 가지 단계를 거쳐서 현지 사역자들이 하나씩 하나씩 세워져 간다.

- 평안의 사람(POP)이 1일 training(HCL training)을 마치면 '가정교회 지도자(HCL: House Church Leader)'가 된다.
- 가정교회 지도자(HCL)가 '5일 합숙 training'(HCP training)을 마치면 '가정교회 사역자(HCP: House Church Pastor)'가 된다.
- 가정교회 사역자(HCP)가 한 달 합숙 훈련(Coverage Pastor Training)을 마치면 pastor로 불러준다. 20동네 이상 교회 개척을 하고, 100% 자신의 인생을 헌신하고, 가르치고 훈련하는 능력이 있고, 4세대 제자를 삼으면 '커버리지 사역자(CP: Coverage Pastor)'가 된다.
- 커버리지 사역자(CP)가 1-5개 디스트릭을 사역하고, 좋은 트레이너이고, 전략적 리더십 능력을 가지고, 다른 CP를 한 달 훈련시킨 경험을 쌓으면 '디스트릭 사역자(DCC: District Coverage Coordinator)'가 된다.
- 디스트릭 사역자(DCC)가 5 디스트릭 이상을 맡고, 좋은 트레이너이

고, 전략적 리더십 능력을 가지고, CP training을 3번 이상 시킨 경험을 가지고, 총회신학교에서 1년 성경 학교 훈련을 마치면 '리저널 사역자(RCC: Regional Coverage Coordinator)'가 된다.

• 리저널 사역자(RCC)가 한 개의 주 전체 사역을 책임지게 되면 '주 사역자(SCC: State Coverage Coordinator)'가 된다. 아직 주 사역자(SCC) 역량에는 못 미치는 리저널 사역자를 SR(State Representative)이라 부른다.

• 주 사역자(SCC)는 한 개 주 전체를 책임지면서 교회 개척 사역과 훈련을 담당한다.

• 내셔널 사역자(NCC: National Coverage Coordinator)는 인도 전체의 사역을 책임지며 총회장/ 임원 등을 맡는다.

• 국제 사역자(ICC: International Coverage Coordinator)는 한 개 이상 나라에서 교회 개척 사역을 수행하는 사역자이다.

• 글로벌 사역자(GCC: Global Coverage Coordinator) - 다수의 나라에 개척 사역을 확장하여 사역하는 사역자이다.

현재 인도 총회에는 '국제 사역자'까지 배출한 상태이다. 다른 나라들의 미전도 종족 개척 사역을 할 수 있는 국제 사역자는 11명이다. 국내 사역에 있어서는 국내 사역을 책임지고 있는 사역 책임자는 3명, 전국의 주 사역을 책임 맡고 있는 사역자는 14명, 광범위한 지역을 맡고 있는 지역 사역 책임자는 40명 등, 약 60명의 사역 책임자들(Coverage Coordinators)이 있다. 미전도 종족 개척 사역은 한 달간 미전도 종족 교회 개척 훈련을 마친 약 2,600명의 교회 개척 사역자들이 하고 있다. 이들이 어떻게 사역하는지는 뒤에 언급하겠다.

06
개척 선교를 위한 하부 구조

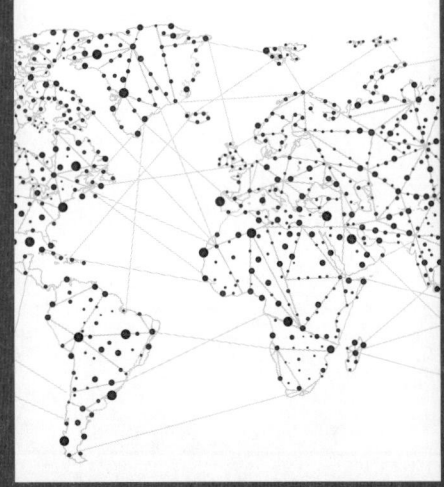

06

개척 선교를 위한 하부 구조
(Infrastructure)

개척 선교를 위한 교회 내 조직

지금까지 설명한 미전도 종족 개척 선교를 수행하기 위해 우리 교회는 어떤 구조를 가지고 있는가? 우리 교회의 모든 기관, 사역, 조직, 훈련프로그램, 눈에 보이지 않는 관계가 다 선교를 위한 것이다. 그러나 직접적으로 선교를 이끌어 나가는 조직은 크게 3가지가 있다. 선교 센터와 선교위원회, 그리고 지역 선교 사역부이다.

(1) 선교 센터

선교 센터는 가장 선두에서 교회 개척 선교를 수행하는 기관이다. 담임목사의 지휘 아래 개척 선교를 실제로 수행하는 라인 부서이다. 담임목사는 '지교회가 주도하는 총체적 협력 선교(지.총.협 선교)'의 원칙에 따라 우리 교회가 수행할 모든 선교 방침을 수립하고, 새로운 선교지를 개발하고, 협력하는 선교 단체와 소통한다. 그리고 선교 자원과 예산을 기획하고, 파송 및 협력 선교사들도 관리한다. 또 매년 단기 팀들이 가서 교회를 개척할 선교지를 선정한다. 담임목사가 해야 할 일이 많기 때문에 선교 센터 간사가 담임목사의 이런 선교 사역을 보조하고 지원한다.

담임목사가 설정한 선교 방침을 실제로 수행하는 부서가 선교 센터이다. 선교 센터에는 우리 교회가 담당하는 지역을 두 개로 나누어서 두 장로들이 코디(Coordinator)로 섬기면서 모든 선교 업무를 담당한다. 제1지역은 중동과 북아프리카를 커버하는데 이스라엘, 팔레스타인, 터키, 이집트와 북아프리카의 마그렙 지역이다. 제2지역은 아시아 전체 지역을 커버하는데 인도, 네팔, 미얀마, 일본, 중국 등이다.

그리고 선교 센터 간사가 모든 대외적인 협력 업무를 담당한다. 즉 파송 및 협력 선교사들과 소통하면서 그들의 업무를 행정적으로 지원하고, 담임목사가 파송 및 협력 선교사를 감독하고 지도하는 업무를 보조한다. (지교회가 주도하는 선교이기 때문에 파송 선교사들은 담임목사와 긴밀한 감독 아래에 지교회가 설정한 선교 전략적 목표를 수행해야 한다.)

우리 교회는 앞에서 말했듯이 매년 봄 가을에 정기적인 해외 선교가 있고, 필요시 수시로 하는 수시 선교가 있다. 선교 센터는 개척 선교를 지원하기 위하여 여러 개의 팀들을 운영한다. 각 팀장들을 중심으로 단기 선교 팀원 모집, 홍보, 12주 선교 훈련, 선교 기금 마련 행사(선교 바자회 등), 선교 행정, 중보 기도 등을 담당한다.

선교 센터 자체에서 주도하는 중보 기도회도 있다. 매주 토요일 아침 8시부터 10시까지 토요열방기도회 모임이다. 이때는 선교 센터 뿐만 아니라 열방을 위해 기도하기 원하는 전체 성도들이 다 모여서 오직 선교만을 위해서 중보 기도한다. 온 열방이 하루속히 주께 돌아오도록, 우리 교회의 모든 성도들이 선교사 정체성을 가지고 선교적인 삶을 살도록, 우리가 개척한 열방의 교회들이 견고하게 서도록, 그리고 앞으로 개척할 종족들을 위해서도 기도한다. 토요열방기도회는 교회가 선교의 열정에 계속 불타오르도록 고취시키는 중요한 역할을 한다.

선교 센터의 조직도는 아래 〈그림 6-1〉과 같다.

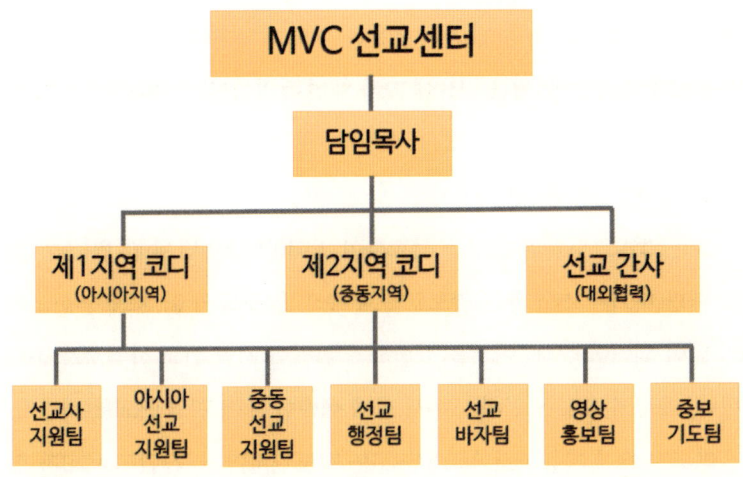

〈그림 6-1〉 마라나타 비전교회 선교 센터 조직도

(2) 선교 위원회

선교 센터가 라인(line) 부서라면 선교 위원회는 스탭(staff) 부서이다. 선교 위원회는 담임목사의 선교 방침에 따라 선교에 대한 중요한 사항들을 함께 결정한다. 선교 위원회가 결정하는 주요 업무는 신규 선교사 선정 및 지원, 그리고 기존 선교사 관리에 대한 일이다. 실제적인 선교사 관리 업무는 담임목사가 선교 간사를 통해서 하지만 모든 관리 및 지원 규정은 선교 위원회에서 결정된다.

참고로 우리 교회 선교 위원회의 규정은 파송 선교사가 되기 위해서는 반드시 미전도 종족에게 가서 제자 삼는 교회 개척 선교를 수행해야 한다. 협력 선교사도 마찬가지다. 미전도 종족에게 가서 교회 개척 선교를 실제로 담당하는 선교사들에 한해서 지원한다. 물론 이 규정이 적용되기 이전부터 파송 및 협력 선교사로 섬기는 분들에 대해서는 한시적으로 지원을 계속하였다. 선교 위원회는 담임목사가 위원장이 되고 당연직 위원과 임기직 위원이 있다. 당연직 위원은 선교 센터 코디, 선교 간사, 재정 부장이다. 임기직 위원은 필요에 따라 매년 담임목사가 위촉한다.

(3) 지역 선교 사역부

모든 그리스도인의 신분은 선교사이기 때문에 일 년에 한 번 해외 선교 때만 나가서 선교하는 것으로는 부족하다. 우리의 삶 자체가 선교적인 삶이 되어야 한다. 이것을 실천하기 위해서 지역 선교 사역부가 존재한다. 매주 수요일 오전에 모여서 함께 예배한 후에 지역 선교를 나간다. 우리 교회에서 자동차로 약 15분-20분 정도 거리인 더블린(Dublin)과 산 라몬(San Ramon) 지역에는 인도에서 온 이민자들이 많다. 이들은 미국에 사는 미전도 종족이다. 남인도에서 온 분들도 많고, 펀잡인들도 많다. 모든 인종들을 막론하고 선교하지만 특히 이들에게 관심을 갖는다. 각 집집마다 문을 두드리면서 door-to-door 전도를 한다. 복음 제시 책자는 우리 팀들이 인도에서 사용하는 것과 동일하다.

작년부터 지역 선교부가 본격적으로 움직였다. 2018년 11월부터 5월까지 지나간 6개월 동안 통계를 소개하면 총 1,563 가정에 문을 두드렸는데, 문을 열어주어서 만난 가정은 536가정이다. 이중 예수님을 영접한 사람은 37명이나 된다. 전체 방문한 가정을 기준으로 하면 약 2% 영접율이고 만나준 가정을 기준으로는 약 7% 영접율이다. 아주 높은 비율이다. 이렇게 전도하는 것으로 그치지 않고 다시 집으로 찾아가서 이들을 양육한다. 이중에 현재까지 양육하고 있는 사람들은 7명이다.

어느 정도 양육이 끝나면 우리 교회 EM에 와서 함께 예배드릴 것을 권유한다. Campus 선교는 DVC, Chabot College, Las Positas College, Ohlone College, CSU로 나간다. 지난 6개월 동안에 우리가 만난 학생들은 총 236명이고, 이중 예수님을 영접한 학생들은 97명이다. 1명은 근처 교회에 나가도록 소개했고, 7명은 지금까지 계속 교제하고 있다.

금년 가을부터는 우리 교회에서 약 40분 거리인 프리몬트(Fremont) 근방 지역에도 가서 무슬림 배경 미전도 종족들에게도 선교 사역을 확장시킬 계획이다. 지난 7월에는 더 많은 성도들이 여기에 참여할 수 있도록 3주간 토요일 오전에 특별 지역 선교 사역을 펼쳤다. 나의 바램은 매주일마다 각 목장들이 자발적으로 예배 후에 주변으로 가서 복음을 전하고 제자를 양육하는 사역이 온 교회로 확산되는 것이다. 모든 성도들이 평소에 복음전하는 선교적 삶을 사는 것이 중요하다.

12주 선교 훈련

단기 팀들이 교회 개척 선교를 나가기 전에 매번마다 12주 선교 훈련을 받아야 한다. 12주 훈련 프로그램을 어떻게 운영하는지 아래의 〈표 6-1〉 '2019년 훈련 일정표'를 참조하라. 12주 훈련의 전체 윤곽을 알 수 있을 것이다.

12주 선교 훈련은 매주일 오후 2시 30분부터 5시까지 진행된다. 결석은 두 번까지 가능한데 이것도 출장이나 질병 등 타당한 이유가 있어야 한다. 세 번째 결석을 하면 자동 탈락된다. 비행기표를 구입한 뒤에도 탈락되면 선교에 참석할 수 없다. 두 번까지 결석이 허용되지만 결석을 하면 추가 과제가 주어진다. 모든 팀원들에게 매주 과제물이 나간다. ①자신이 할 간증문을 영어로 작성해서 외우기, ②복음 제시문 암송, ③매일 성경 읽기, ④매일 90분 이상 기도, ⑤매주 두 구절씩 성경 암송 과제다. 직장생활하는 사람들에게 감당하기에 매우 무거운(?) 분량이다.

그래서 처음에 개척 선교를 신청했다가 중단에 탈락하는 분들이 언제나 있다. 중고등부 학생(Youth)들도 거의 비슷하게 강한 훈련을 시킨다. 이렇게 12주 훈련을 강도있게 시키는 이유는 선교가 거대한 전투이기 때문이다. 말씀과 기도로 완전히 무장하지 않고는 적진을 돌파할 수 없다. 우리는 사탄의 중요한 본거지를 공격한다. 수천 년간 흑암에 쌓여서 예수의 이름을 한 번도 들어본 적이 없는 지역에 가서 복음을 전한다. 인도, 네팔, 미얀마 다 마찬가지다. 중동 지역도 무슬림의 강한 저항이 있다.

눅 11장의 말씀처럼 사탄이 강한 자로 지금 무장을 하고 자기 집을 지키고 있는데 우리가 가서 공격하는 것이다. 온 열방에 흩어져 있는 '음부의 문들'을 부숴야 한다. 악한 영들을 굴복시키고 무장을 빼앗고 그들의 재물을 탈취해야 한다. 그들의 소유로 있던 수많은 영혼들을 구원해야 한다. 우리가 사탄보다 더 강한 자가 되어야 가능한 일이다. 그래서 생사를 건 막강한 훈련이 될 수밖에 없다. 이 훈련 기간 동안은 자신의 가정이나 직장보다 더 우선순위를 둘 것을 요구한다. 중보 기도자를 세워서 이들을 돕도록 한다. 동시에 각자가 시험에 들지 않게 깨어서 기도하도록 격려한다.

주차	일자	훈련 내용	과제물
1	08/18	1강 - 교회 개척 선교 개요(강의: 김궁헌 목사님) 훈련 일정 안내 및 훈련생 소개/간증 Q&A	
2	08/25	2강 - 간증 작성 요령(강의: 이광수) 성경 암송 / Evange Script 암송 복음 전도 훈련	여권copy 제출 성경 구절 암송 Ev Script 암송
3	09/08	3강 - 하나님의 비전/마을 진입 요령 (강의: 강대이 목사님) 성경 암송 / Evange Script 암송 팀 소개 및 국가별/팀별 모임	여권copy 제출 지원 나라 확정 성경 구절 암송 Ev Script 암송
4	09/15	4강 - 힌두교와 카스트 제도(강의: 송재복) 성경 암송 / Evange Script 암송 지역/국가 발표 및 국가별 모임/기도	간증문 제출 성경 구절 암송 Ev Script 암송
5	09/22	5강 - 이슬람(Islam)(강의: 박재표) 성경 암송 / Evange Script 암송 지역/국가 발표 및 국가별 모임/기도	항공권 구입 성경 구절 암송 Ev Script 암송
6	09/29	성경 암송 / 간증 발표 / Evange Script 암송 실습 지역/국가 발표 및 국가별 간증, 복음, 언어, 문화 훈련	사역비 제출 성경 구절 암송
7	10/06	성경 암송 / 간증 발표 / Evange Script 암송 실습 지역/국가 발표 및 국가별 간증, 복음, 언어, 문화 훈련	성경 구절 암송
8	10/13	성경 암송 / 간증 발표 / Evange Script 암송 실습 지역/국가 발표 및 국가별 간증, 복음, 언어, 문화 훈련	성경 구절 암송
9	10/20	성경 암송 / 간증 발표 / Evange Script 암송 실습 지역/국가 발표 및 국가별 간증, 복음, 언어, 문화 훈련	성경 구절 암송
10	10/27	거리전도(San Francisco Union Square) - 예배 드린 후 출발	
11	11/03	성경 암송 / Evange Script 암송 실습 전 국가팀별 실전 연습	성경 구절 암송
12	11/10	성경 암송 / Evange Script 암송 실습 전 국가팀별 실전 연습	매일저녁기도회 팀별기도회참석

〈표 6-1〉 2019년 선교 훈련 일정표

다시 강조한다. 12주 선교 훈련에서 가장 강조하는 것은 기도이다. 선교는 예배이기 때문이다. 말씀을 바탕으로 기도를 통하여 철저하게 성령님과 교제하고 음성을 듣고 순종하는 훈련이다. 우리가 가는 선교지는 모두 복음화율 0.1% 미만 지역이기 때문에 사탄의 견고한 진이 있다. 오랫동안 흑암의 영에 묶여 있던 땅이다. 팀들이 가서 한 마음이 되어 기도할 때 마귀의 권세가 깨어지고 복음이 전해질 수 있어야 한다. 귀신이 쫓겨나고 질병이 치유되어야 한다. 성령 충만한 영적 전투 요원을 양성하는 것이 가장 중요한 목표다. 물론 문화 훈련, 팀 빌딩, 전도 실전 훈련 등도 한다. 선교 훈련을 통하여 성도들이 야성이 있는 복음의 용사들로 키워지는 것을 항상 지켜본다. 이러한 변화를 보는 것이 최고의 행복이다. 이 때문에 목회하는 것 아닌가?

구체적으로 선교 훈련이 어떻게 진행되는가는 〈부록 6〉 '12주 선교 훈련 안내'를 참조하라.

07
'영원히 남는' 열매

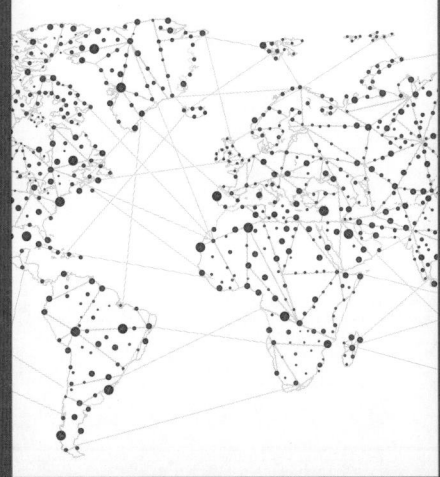

Prepare
the way of
our King

07

'영원히 남는' 열매

교회 개척 선교의 목표는 '영원히 남는' 열매다

우리 교회는 지난 10년간 '왕의 길을 예비하는 선교' 즉 '지교회가 주도하는 총체적 협력 선교'로 미전도 종족을 개척했다. 우리의 목표는 '영원히 남는' 열매를 맺는 것이다. 요 15:16 "너희가 나를 택한 것이 아니요 내가 너희를 택하여 세웠나니 이는 너희로 가서 열매를 맺게 하고 또 너희 열매가 항상 있게 하여 내 이름으로 아버지께 무엇을 구하든지 다 받게 하려 함이라." 우리가 가서 "항상 있는" 열매 즉 '영원히 남는' 열매를 맺어야 한다.

문맥을 잘 보라. 이 열매는 친구를 위해 나도 예수님처럼 십자가를 지고 죽어야 맺히는 열매다. 많은 분들이 생각하듯이 단순히 추상적인 '사랑의 열매'가 아니다. 자세히 보면 여기 열매는 사람이다. 예수님이 나 같은 죄인을 위해 죽으시고, 친구라고 불러주셨는데 어떤 열매가 맺혔는가? 바로 '나'다. 예수님의 십자가 때문에 구원받은 '내가' 예수님의 열매다. 예수님께서는 너희도 똑같이 "가서 열매를 맺게 하라"고 명령하신다. 여기 열매는 우리가 복음을 전해서 영혼을 구원해서 맺히는 열매다. 그래서 여기 본문에 '가서' 열매를 맺으라고 말씀하셨다. 아직 이 때는 주님께서 제자들에게 대위임령을 줄 만한 여건이 아니었다. 그런 까닭에 직접적으로가 아니라, 열매라는 은유법으로 포도나무 비유와 연관시켜서 선교를 말씀하신 구절이라고 생각한다.

예수님이 이 땅에 오신 목적도 선교이고 예수님의 생애를 마무리하고 우리에게 명령하신 것도 선교다. "아버지께서 나를 보내신 것 같이 나도 너희를 보내노라."(요 20:21) 선교의 열매는 우리가 열방에 있는 수많은 친구들을 위해서 죽는 것이다. 그러면 한 알의 밀이 땅에 떨어져 죽으면 많은 열매를 맺듯이 열매가 생산된다. 주님이 우리를 친구 삼아서 죽으시니까 스데반이 따라 죽고, 바울이 영향을 받아서 또 따라 죽고, 그 뒤에 수많은 초대 교회 성도들이 따라 죽었다. 모두들 같은 길을 따라 갔다. 그래서 복음이 우리에게까지 도달한 것이다.

이렇게 길게 열매에 대해서 이야기한 이유가 뭔가? 예수님께서 성경에 명령하신 그대로 선교를 하자는 것이다. 예수님은 "또 너희 열매가 항상 있게" 하라고 명령하신다. 복음을 전해서 단순히 "열매 맺는" 것으로 끝나서는 안 된다는 뜻이다. '영원히 남는' 열매를 맺어서 열매가 '항상' 있게 해야 한다. 반드시 교회를 세워서 제자를 삼고, 교회를 통해 제자가 계속 제자를 재생산해서 열매가 '항상 있게' 해야 한다는 뜻이다. 앞에서 설명한 왕의 선교 즉 '지교회가 주도하는 총체적 협력 선교'를 통해서만 영원히 남는 열매를 맺을 수 있다. 이것이 새 부대이다.

다시 강조한다. 선교의 열매를 단순히 몇 사람을 전도해서 예수님을 영접시켰느냐로 보면 안 된다. 인도에서 오랫동안 선교하신 안강희 목사님의 관찰에 의하면, 각 지역마다 다르지만 전도해서 예수님을 영접하는 비율은 평균 약 30%이다. 상당히 높다. 문제는 그렇게 예수님을 믿겠다고 영접한 사람들 중에서 끝까지 남는 비율은 약 2% 밖에 되지 않는다. 따라서 1,000명 전도하면 300명이 예수를 믿지만, 끝까지 남는 사람은 겨우 6명이라는 뜻이다. 전도한 사람의 0.6%만 남는다. 이들이 '영원히 남는' 열매다. 이들을 우리는 '제자'라고 부른다.

지금도 인도의 현지 사역자들이 거의 매일 무교회 지역들을 다니면서 끊임없이 전도한다. 매일 수많은 가정교회들을 세운다. 그 결과를 매월 사역자들이 총회로 보고한다. 이 데이터를 관찰해 보면 끝까지 남는 가정교회는 약 5% 정도밖에 안 된다. 일본에는 일단 교회를 개척하면 상당수(거의 90% 이상)가 끝까지 남는다고 하는데, 인도가 그만큼 영적 토양이 척박하다고 할 수 있다. 현재 우리 총회 산하에 정기적으로 예배가 드려지고 활동하는 가정교회가 약 14,000개이다. 가정교회로 개척되어서 생존하고 있는 숫자는 최소 약 42,000이다. 계속해서 수많은 가정교회가 새롭게 개척되고 동시에 수많은 가정교회들이 계속해서 사라지고 있다.

2014년 모디 정권으로 교체된 후에는 인도 전역에 핍박이 점점 더 거세지고 있다. 금년에 재선이 되었기 때문에 앞으로 더 심해질 것이다. 이제는 교회들이 더 살아 남기가 어렵게 되어간다. 최근 들어서는 핍박이 더 심해져 간다. 우리 현지 사역자들을 죽이겠다고 협박하고, 혹은 복음 전하고 걸어가는 사역자를 모터 사이클로 받아서 다치게 한다. 이런 핍박들이 몰려올수록 더 많은 사람들이 떠난다. 힘들게 세워 놓은 가정교회가 무너진다. 시간이 흘러도 끝까지 남는 가정교회는 겨우 5%밖에 되지 않는다.

참고로 2018년 1년간 우리 인도 사역자들이 인도 전역에 전도해서 세운 가정교회가 자그마치 8,320개이다. (2016년에 가장 많았는데 한 해에 11,600개나 가정교회가 세워졌다.) 어마어마한 숫자다. 그러나 2019년 6월 기준으로 적극적으로 활동하고 있는 가정교회는 14,000개이다. (물론 이미 지역교회로 성장한 2,448개 교회들은 견고하다. 그리고 생존하는 가정교회는 약 42,000개이다.) 많은 가정교회들이 개척되지만 안타깝게도 끝까지 남는 교회는 매우 적다.

어떻게 하면 '끝까지 남는' 열매를 맺는 선교를 할 것인가? 주님께서 알려주신 방법은 '제자삼는' 교회 개척 방식이다. 다른 말로 '왕의 선교' 즉 '지교회가 주도하는 총체적 협력 선교 모델'이다. 우리는 지난 10년간 이 모델로 사역했고, 주님께서는 '영원히 남는' 열매를 수많이 주셨다. 바로 인도 총회에 소속된 수많은 교회들과 제자들이다. 주님께서 이 방식이 '주님의 방식'이라는 것을 실제로 증명해 주셨다. 그래서 우리는 확신을 가지고 2020 선교 대회를 준비하고 있다. 선교 대회를 기점으로 참여한 온 세계 교회들이 협력해서 주님이 주신 일차 목표인 4,800개 미전도 종족 개척 사역을 향해 달려가기를 소원한다.

북인도에 개척된 교회들(영원히 남은 열매)

우리 교회는 2009년 8월에 처음으로 북인도 미전도 종족 개척 선교에 대한 비전을 받고, 북인도 전체를 품었다. 2010년 12월에 제1차 교회 개척팀이 파송되었다. 북인도 교회 개척 선교를 시작한지 벌써 약 10년이 지났다. 하나님의 은혜로 지금까지 '북인도'에 수많은 교회들이 개척되어서 자립적, 재생산적, 선교적인 교회로 뻗어 나가고 있다. 현재 북인도에 세워진 가정교회 수와 사역자 수의 통계는 아래 <표 7-1>과 같다.

물론 이 숫자는 북인도 전체가 아니다. 델리를 중심으로 반경 300Km에 있는 Level 1 District 특별 지역에 대한 것이다. 우리 교회가 북인도 전체를 지원하지만 특별히 우리가 직접 책임지고 있는 이 지역은 가장 교회 개척이 힘든 지역이기 때문에 여기에 대한 통계만 제시한다. 다른 주들의 통계와 비교해 볼 때 상대적으로 빈약하다. 그러나 인도에서 가장 중요한 지역이다.

앞에서 이야기했듯이 여기 통계에 나온 가정교회 숫자는 우리가 개척한 수많은 가정교회들 중에서 살아 남은 약 5%에 해당하는 너무나 귀한 열매들이다. 여기에 현지 사역자 수도 우리가 전도해서 세운 수많은 신자들과 사역자들 중에서 끝까지 살아남은 제자들이다. 참고로 이중 별표(*)한 곳이 우리가 마지막으로 입양한 '델리를 중심으로 반경 300Km 지역'이다.

State	House church 가정교회 수	Local church 지역교회 수	Assembl Registered Church 센터교회 수	Workers 현지 사역자 수
Bihar	524	48	37	49
*Delhi	341	37	29	38
*Haryana	412	33	25	35
*HP	284	24	17	28
*Punjab	364	38	24	42
*Rajasthan	497	84	42	87
UP(EAST)	452	69	38	74
UP(WEST)	463	75	35	68
*Uttarakhand	421	39	38	33
Total	3,758개	447개	285개	454명

<표 7-1> 2019년 8월 현재 북인도의 '영원히 남는' 열매

여기에 제시한 통계는 단순한 숫자가 아니다. 각 교회마다, 그리고 각 사역자마다 주님을 만난 기적과 비밀스런 이야기가 담겨 있다. 예수님의 명령과 모범을 따라 사역할 때 성령님의 역사가 나타난 흔적들이 하나씩 담겨 있다. 고난의 흔적으로 얼룩져 있다. 2018년에 안강희 선교사가 인도의 수많은 이야기들 중에서 대표적인 것을 뽑아서 '하나님의 비전이 이루어지는 이야기'라는 책을 출판했다. 간략하게 기술했지만 정말 감동스런 이야기들로 가득 차 있다.

참고로 지난 1년간 북인도 교회들이 사역한 통계를 제시한다. 인도에서 가장 열악한 5개주와 델리에서 지난 1년간 전도한 가정이 390,395 가정이다. 이중 예수님을 영접한 사람들이 329,022명이고 세례를 받은 사람들이 227,443명이다. 전도하기 위하여 새로 접촉한 동네 수는 13,399개이다. 이것은 어마어마한 사역이다.

투글라카바드 교회의 열매

북인도에 개척된 대표적인 교회가 투글라카바드 교회이다. 투글라카바드는 델리 주변에 있는 빈민촌으로 무슬림들과 힌두들이 함께 모여 사는 동네이다. 한 때 회교도 무굴 왕국의 성이었다. 투글라카 왕조의 창시자였던 투글라카 왕에 의해서 1321년 건축 되었지만 그후 1327년에 버려졌다. 최근까지 약 7만여 명의 여러 종족들이 섞여 사는 빈민촌이 되었다. 2010년에 동역하는 미주 교회의 한 여집사님의 헌금으로 땅을 샀다. 여기에 여러 교회의 지원으로 교회 건물이 세워졌다. 지금 총회를 이끌어가는 Rooo 목사와 Dooo 사모가 여기에 헌신해서 처음부터 이 교회를 개척했다. 700년의 역사를 가진 회교도 왕국의 성 안에 첫 번째 개신교 교회가 세워진 셈이다.

교회가 세워진 과정은 기적의 연속이었다. 도저히 이 곳에 교회 건물이 설 수 없는 곳인데, 힌두교 국회의원이 우리를 도와서 학교와 사회 기관 명목으로 교회 토지를 매입할 수 있었다. 교회 건물이 세워질 때도 수많은 반대와 어려움 속에서 기적적으로 세워졌다. 우리 교회는 2011년부터 매년 이곳에 팀을 보내서 주변 지역을 개척했다.

이 교회에는 많은 기적의 역사들이 있다. 이슬람교 이맘의(기독교 목사와 같음) 딸이 귀신 들려서 고통하는데 기도해서 귀신을 쫓아주자 회심해서 예수를 믿게 되는 역사도 나타났다. 이맘의 옷을 입고 함께 예배드리는 모습이(멀지 않은 곳에 사는데 개종했다는 소식이 전해지면 죽게 되므로) 너무 아름다웠다. 초창기에는 예배 드릴 때 귀신의 역사가 나타나서 예배 중에 귀신을 내어 쫓는 일이 거의 매주 일어났다. 수많은 사람들이 마귀의 속박에서 벗어나 자유케 되었다.

지금은 엄청난 핍박 속에서도 북인도의 대표적인 센터 교회로 성장했다. 2017년에는 우리 교회에서 재정을 지원해서 교회를 증축할 뿐 아니라 목회자 훈련 센터까지 세웠다. 이 교회에 출석하는 세례 신자만도 약 300명이다. 이 교회 Rooo 목사를 중심으로 개척한 가정교회 중에서 살아남은 교회가 247개이고, 지역교회가 24개, 총회 등록 교회가 8개이다. 그리고 이 교회가 제자삼아서 배출한 사역자는 56명이다. 그동안 주변에 전도해서 예수님을 믿은 사람들만도 7,000여 명이나 된다.

2011년 필자가 처음 이곳에 선교를 갔을 때는 쓰레기로 뒤덮힌 땅에 돼지, 소, 개들의 놀이터였는데, 지금은 번화한 주택가로 변했다. 교회가 들어서니까 지역이 영적으로 복음화될 뿐 아니라 하나님의 축복으로 물리적인 모습도 바뀐 것이다. 주민들이 가난에서 벗어나 잘 살게 되었다. 투글라카바드 교회는 '영원히 남는' 열매이다.

만사교회의 열매

펀잡주 만사에 개척된 교회도 주님이 주신 귀한 열매이다. 2013년 우리의 교회 개척 선교 팀이 그 지역에 가서 Mooo의 집을 방문해서 처음으로 전도했는데 즉시 복음을 받아 들였다. 평안의 사람이 되었다. 우리 교회 강대이 목사 팀이 갔는데, 영접 기도를 하고 안수 기도를 해 주는데 뜨거운 불같은 것이 느껴졌다고 한다. 그리고 그 자리에서 자신의 집을 교회 건물로 바치겠다고 약속까지 했다.

약 두달 뒤에 필자가 그 집에 다시 방문할 기회가 있었다. 우리가 갔을 때에는 Mooo이 그동안 주변 사람들에게 전도해서 20여 명 정도가 그 집에 모여 있었다. 집으로 걸어들어가는데 멀리 길에서부터 찬양 소리가

▶ 만사교회 예배장면

들렸다. 들어가 보니 모두가 열정적으로 찬양하는데 마치 초대 교회와 같은 부흥이 일어나고 있었다.

들어가서 필자가 그들에게 간단히 메시지를 전하고 나서, 한 사람 한 사람에게 안수 기도를 해 주었는데 성령께서 강하게 역사하셨다. 모두 다 자리에 쓰러져서 울면서 기도로 부르짖었다. 예수님을 간절히 찾는 모습이었다. 그곳에 하나님의 영광이 가득 찼다. 두 달된 교회가 이렇게 성령으로 충만하다니! 정말 지금도 잊을 수 없다.

그곳에 주로 자매들이 많이 모여 있었다. 그래서 남편들에게 반드시 전도해서 내가 다음에 올 때는 남편들이 옆에 있어야 한다고 말했다. 수년 뒤에 델리에서 한 부부를 만났는데 그때 내 말을 듣고 자기 남편에게 전도했는데 그 남편이 바로 이 사람이라고 자기 남편을 소개하던 기억이 난다. 그 뒤에 Mooo은 훌륭한 사역자가 되었다. 원래 농부 출신이라서 가방끈이 짧다. 그래서 그런지 정말 어린아이와 같이 단순하게 성경 말씀을 액면 그대로 믿는다. '할렐~ 루야'를 부르짖는(?) 소리가 매우 인상적이다.

▶ 만사교회 건물 모습

2014년 총회 모임에서 만났을 때에는 그가 죽은 사람을 살린 간증도 했다. 오늘날도 믿는 자에게는 능치 못할 것이 없다. 믿음대로 된다는 것은 불변의 진리다. 2016년에는 Mooo 목사는 자신의 집을 총회에 교회 건물로 기증했다. 우리 교회에서 건축헌금도 보내 주었다. 교회를 잘 건축했다. 지금은 성도들이 많이 늘어서 교회 건물이 좁다. 다시 확장해야 할 상황이다.

만사교회는 현재 150여 명의 세례 교인들이 있다. 지금까지 Mooo 목사를 중심으로 개척한 가정교회 중에 살아남은 교회가 112개이고 지역교회가 38개, 총회 등록 교회가 28개 있다. 이 교회들을 통해 제자삼은 사역자들은 38명이다. Mooo 목사는 지금 3개의 지역(District)을 커버하는 사역자가 되었다. 이런 간증들은 수도 없이 많다. 편잡의 만사교회는 주님께서 주신 '영원히 남는' 열매이다.

인도 총회가 개척한 '미전도 미개척 종족들'(UUPG)

지난 10년간 인도에서 안강희 목사님의 지도 아래 우리 교회를 주축으로 '왕의 선교' 즉 '지. 총. 협 선교'를 시작했다. 그 이후로 미국과 한국에서 여러 교회들이 함께 협력하기 시작했다. 주님께서 그동안 많은 축복을 하셨다. 이제는 많은 교회들이 함께 종족 개척을 위해 힘을 모으고 있다. 앞으로 2020 선교 대회를 통해 한국과 미국에 있는 500개 교회들이 함께 동역자로 섬기게 되기를 기도한다.

과거 10년간 주님께서 인도 총회를 통해 주신 열매를 살펴보면 우리도 놀라게 된다. 선교 역사상 찾아볼 수 없는 기적이다. 이것은 우리가 한 것이 아니라는 고백이 절로 나온다. 주님께서 친히 하셨다. 우리는 모두 단순히 도구로 쓰여졌을 뿐이다.

지금까지 인도 총회가 개척한 미개척 미전도 종족(UUPG)들은 자그마치 931개나 된다. 2004년 이후로 연도별로 개척한 미개척 미전도 종족 (UUPG) 수는 아래 <표 7-2>와 같다. 이것은 2018년까지 통계인데 2019 년까지 합하면 이미 1,000개가 넘는다. 이것은 협력하는 모든 지교회들, GAP, 파송 선교사들, 현지 사역자들이 모두 총체적으로 연합한 결과로 영원히 남는 열매이다.

인구 구분	개척한 UUPG 종족 수	개척 년도	비고
인구 100,000 이상	151개	2004년 - 2011년	당시 인도의 인구 10만 이상 총 UUPG 수는 310개
인구 50,000명 이상	189개	2012년 - 2013년	
인구 25,000명 이상	72개	2014년	
인구 10,000명 이상	61개	2015년	
인구 5,000명 이상	60개	2016년	
인구 100명 이상	148개	2017년	
인구 100명 이상	250개	2018년	
총 계	931개		

<표 7-2> 인도 총회의 미개척 미전도 종족(UUPG) 개척 열매

인도 총회가 이룬 기적과 같은 사역들

2010년부터 지금까지 안강희 목사님을 중심으로 인도 총회의 현지들이 이룬 복음 전도의 열매들을 살펴보면 정말 '입이 딱 벌어진다'는 표현이 적합하다. 총회 전체로 보면 복음 전도의 열매는 아래 <표 7-3>과 같다. 2015년부터 공식 통계를 산출했기 때문에 2015년부터 제시한다. 2010년부터 2014년까지는 전체 복음을 증거한 가정 수만 집계되었다. 2010년에 십만 가정, 2011년에 백만 가정, 2012년에 2백만 가정, 2013년에 7백만 가정, 2014년에 3백만 가정이다. 즉 첫 5년간 인도 전역의 미전도 종족 마을에 총 13,100,000 가정에 복음을 전했다.

2015년부터는 좀 더 구체적인 내용을 아래 <표 7-3>를 통해 살펴보라. 주님께서 인도 총회를 통해서 엄청난 일을 행하시는 것을 볼 수 있다. 처음부터 배가(multiplication)가 가능한 제자삼는 사역으로 교회를 개척했기 때문에 이런 열매들이 가능한 것이다. 인도에 잘 훈련받은 신실한 사역자들이 지금도 복음을 전하기 위해서 온 몸을 투신해서 사역하고 있다.

연도	복음 전한 동네 수	복음을 증거한 가정 수	예수님을 영접한 수	세례를 베푼 인원 수	새롭게 개척한 가정교회	새로 세운 가정교회 지도자
2015년	20,000	1,870,000	1,800,000	1,200,000	8,400	1,274
2016년	100,000	2,200,000	1,900,000	1,400,000	11,600	1,382
2017년	100,000	1,870,000	1,640,000	1,260,000	9,250	1,023
2018년	110,000	2,500,000	2,000,000	1,650,000	8,320	1,428
2019년 (1-9월)	90,000	2,190,000	1,900,000	1,500,000	48,000	13,740
TOTAL	420,000 (동네)	10,630,000 (가정)	9,240,000 (명)	7,010,000 (명)	85,570 (교회)	18,847(명)

<표 7-3> 인도 전역의 미전도 종족 동네를 개척한 복음의 열매

인도에 갈수록 핍박이 심해가고 사탄은 우리의 복음 전파를 막는데 혈안이 되어 있다. 이 글을 쓰는 동안에도 어제 온 소식은 북부 지역의 모임을 하는 장소에 군인들이 들이닥쳐서 현지 사역자들의 모든 신상 정보와 왜 그곳에 모였고 왜 개종을 시도하는지 등을 취조하고 모든 파일들을 다 압수해 갔다고 한다. 앞으로 어떤 공격이 들어올지 알 수 없다. 그러나 이런 중에서도 우리의 복음은 전해져야 한다. 앞으로 복음의 열매는 더 기하급수적으로 증가할 것이다. 우리 인도 총회는 미국과 한국에 있는 여

러 교회들과 협력하여 인도 전체를 복음화시킬 하나님의 비전을 품고 지금도 힘차게 달려가고 있다.

이러한 복음 전도의 결과 2019년 7월 말 현재 주님께서 주신 인도 총회의 교회와 목회자 수는 다음 〈표 7-4〉와 같다. '왕의 선교(지.총.협 선교)'를 통해 주님이 우리에게 주신 '영원히 남는' 열매이다.

구분	숫자	비고
커버리지 목회자	2,500명	한 달 훈련을 받은 목회자로 개척 사역에 앞장서는 현지 사역자들을 말함
주 및 지역 사역 책임자	60명	이 중에서 주(state) 사역 책임자는 14명이다.
총회에 등록된 교회 수	532개	최소한 세례받은 10 가정, 20명 이상 세례 교인과 목회자, 재정 담당, 봉사 담당 교회 지도자가 있는 교회를 말함
지교회(local church) 수	2,448개	최소한 세례 교인 10명 이상이 있고, 교회를 인도할 목회자가 있는 교회를 말함
가정교회 수	14,000개	목회자가 없는 지역에 가정에서 예배를 정기적으로 드리고 있는 교회이다.
개척된 가정교회 수	최소 42,000개 이상	이미 가정교회로 개척되어서 생존하고 있으며 온전한 가정교회로 만들어지는 과정이다.
세례 교인 총수	900,000명	

〈표 7-4〉 인도 새생명선교총회의 현황 - 2019년 7월 말 현재

이러한 사역으로 우리는 지난 10년간 인도의 영적 지도를 바꾸었다. 지교회들과 선교 단체와 파송 선교사와 현지 사역자들이 성령 안에서 힘을 다해 미전도 종족을 개척한 결과이다. 아래 〈그림 7-1〉을 참조하라. IMB에서 나온 인도의 미전도 종족 지도의 색깔이 바뀐 것을 보는가? 선교 역사상 가장 짧은 시간(10년)에 가장 많은 UUPG를 개척한 사례를 낳

았다.

마라나타 비전교회가 '지교회가 주도하는 총체적 협력 선교'를 통해, 그리고 세계협력선교회(GAP)와 협력해서 인도 총회와 함께 이룩한 결과이다. 감히 마라나타 비전교회가 전 세계 교회에 왕의 선교(지.총.협 선교)의 모델이 되었다고 말할 수 있다. 앞으로 이 모델을 통해서 한국의 수많은 교회들과 디아스포라 한인교회들이 함께 동역자가 되어 주님의 '남은 과업'을 성취하길 원한다. 처음부터 끝까지 오직 그리스도께서 하신 것이다. 오직 주님께만 영광을 돌린다.

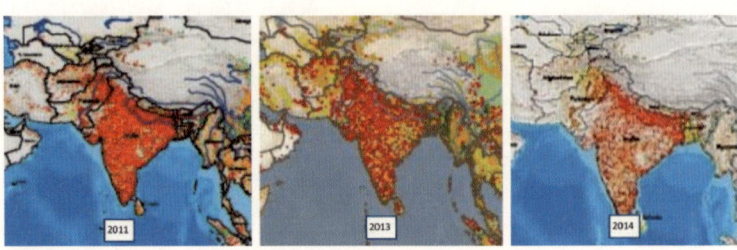

〈그림 7-1〉 인도의 UUPG 지도가 바뀌었다(IMB 제공)

인도가 선교받는 나라에서 선교하는 나라로

이제 인도는 더이상 '선교를 받는' 나라가 아니라 '선교를 하는' 나라로 바뀌었다. 2015년부터 우리가 인도에서 그동안 훈련시킨 인도 사역자들을 해외에 선교사로 파송하고 있다. 인도의 접경 지역인(사마리아 땅이라고 할 수 있는) 네팔, 방글라데시, 파키스탄, 부탄, 말디브, 스리랑카, 미얀마 등의 나라들에게 선교사를 보내기 시작했다. 이미 네팔, 부탄, 미얀마, 스리랑카에 선교사를 파송했다. (참고로 미얀마에만 인도인들이 약 200만이 살고 있다. 이들 중에 보즈뿌리 종족을 선교하기 위해서 파송된 사역자들이 성공적으로 개척을 하고 있다.)

이제는 더 나아가서 전 세계에 인도 디아스포라(Diaspora)들이 있는 수많은 국가들에게 인도에서 양성한 사역자들을 파송하는 계획을 세웠다. 이미 말레이지아, 두바이에 선교사를 파송했다. 앞으로 128개국에 보낼 예정이다. 인도에서 땅끝까지!(From India to the End of the Earth!) 인도가 앞으로 중국을 넘어서 경제 대국이 될 날이 올것이다. 인도를 중심으로 해서 온 세계 땅끝까지 모든 종족들에게 복음을 전하자는 것이 우리의 목표이다. 그날을 위해서 지금도 열심히 인도 사역자들을 훈련시키고 인도 새생명선교총회의 교회들을 세우는 사역에 헌신하고 있다.

08
다른 교회들을 제자화하기

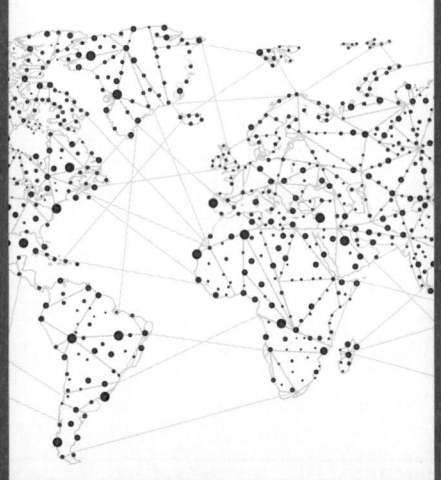

08

다른 교회들을 제자화하기

예수님께서 남겨 놓으신 '미완성 과업'을 수행하고, 아직도 온 열방에 남아 있는 미전도 종족을 모두 개척하기 위해서는 모든 교회들이 깨어나야 한다. 온 교회들이 연대해서 '왕의 선교' 즉 '지교회가 주도하는 총체적 협력 선교'에 전념해야 한다. 앞에서 누누이 강조한 사항이다. 소수의 교회들만 순종해서는 역부족이다.

안강희 선교사는 미전도 종족 개척 운동을 우리 교회 주변의 여러 교회들에게 확산시킬 것을 제안하셨다. 그 결과 2012년 6월에 우리 교회에서 '미전도 종족 개척 선교 컨설테이션'을 열었다. 주변의 교회들을 초청해서 당시 가장 큰 과제였던 UUPG 개척 사역을 소개하고 함께 동참할 것을 호소했다. 우리 교회가 다른 교회들을 미전도 종족 개척 사역에 동참시키고 교회를 제자화하는 일이 시작된 것이다.

2016년 8월에는 대상 지역을 좀 더 확대하여 미주 서부 지역 전체 교회를 대상으로 미전도 종족 선교 대회를 우리 교회에서 개최하였다. 그 결과 많은 교회들이 이 사역에 동참해서 미전도 종족 개척 사역을 지원했다. 지금까지 샌프란시스코 베이 지역의 세 교회는 우리의 동역자가 되어서 함께 왕의 선교에 헌신하고 있다.

2012 미전도 종족 개척 선교 컨설테이션

2012년 당시 미전도 종족(UPG)이 6,500여 개(약 15억명), 미개척 미전도 종족(UUPG)은 3,341개나(약 6억명) 되었다. 자연히 UUPG가 세계 선교의 최대의 과제였다. 그중에서 북인도가 가장 높은 우선순위 지역이었다. 3,341개의 UUPG 중에서 인구 10만 이상 종족들은 639개였는데 이중 절반 이상인 310개가 북인도에 집중해 있었기 때문이다. 인구수로는 약 4억 가까이나 되었다. 전체 UUPG 중에서 약 75%가 북인도에 집중되어 있었다. 이들은 말 그대로 "잃어버린 종족"이다. 그런데 하나님께서는 인도에 복음의 문을 활짝 열어주셨다. 그래서 우리 교회는 이런 긴급한 선교의 필요 상황을 주변 교회에 알리고 함께 북인도 개척 사역에 동참할 것을 호소하면서 2012 미전도 종족 개척 선교 컨설테이션을 개최했다.

이 컨설테이션에 샌프란시스코 베이 지역의 29개 한인교회에서 44명의 목회자들과 선교사들이 참석했다. 세계 최고의 선교 연구 권위자인 IMB의 Jim Haney 박사가 세계 미전도 종족에

▶ 2012년 미전도 종족 개척 선교 컨설테이션 장면

대한 최신의 정보와 흐름과 전략을 나누어 주셨다. GAP 공동대표이며 KWMC와 FTT 운동을 이끄시는 안강희 박사가 어떻게 미전도 종족 개척 선교를 해야하는지 강연을 하셨다. 필자가 그동안 어떻게 주님께서 우리 교회를 통해 '지.총.협 선교'를 하셨는지 사례를 발표했다. 그리고 GAP 공동대표로 함께 섬기시는 장춘원 목사(NLM 인도 총회 국제이사장, 시카고 뉴라이프 교회 담임목사)와 송성섭 목사(샬롯)는 자신의 교회에서 미전도 종족 개척 선교의 경험을 나누었다. 북인도에 파송한 백 선교사도 와서 실무적 상담을 도왔다. 선교의 패러다임이 바뀌고 이제는 담임목사들을 중심으로 한 지교회가 미전도 종족 개척사역을 주도해야 할 것을 역설하면서 주변의 교회들에게 동참을 호소했다.

컨설테이션 대회는 성공적이었다. 대부분 교회들이 미전도 종족 선교에 지원을 약속했다. 그리고 2개 교회는 우리 교회의 '왕의 선교(지.총.협 선교)' 동역자로 합류했다. 산호세의 임마누엘 장로교회와 산호세 세계선교침례교회이다. 드디어 제자 교회가 생긴 것이다. 제자화는 선교지에서 현지 사역자들을 키울 때만 해당되는 것이 아니다. 지교회들 간에도 이루어져야 한다. 요 14:12 "나를 믿는 자는 내가 하는 일을 그도 할 것이

▶ 2012년 미전도 종족 개척 선교 컨설테이션 장면

요 또한 그보다 큰 일도 하리니 이는 내가 아버지께로 감이라." 예수님의 말씀이 제자화의 원리다. 우리 교회가 하는 일을 다른 교회들도 할 수 있도록 도와야 한다. 그래서 최종 목적은 그들이 우리 교회보다 더 큰 일을 할 수 있도록 하는 것이다.

두 교회의 사례 - 임마누엘 장로교회

컨설테이션 대회가 끝나고 임마누엘 장로교회는 즉시 인도 개척 선교를 시작하기로 결정했다. 임마누엘 장로교회는 북가주에서 가장 큰 한인교회이다. 그해 9월 첫 주부터 가을 선교를 위한 13주 선교 훈련이 시작되었다. 임마누엘 장로교회는 첫 선교 팀을 조직해서 12명의 교회 리더들을 우리 교회에 보냈다. 우리와 함께 연합 선교 훈련에 들어갔

▶ 위태로운 나무 다리를 건너 콜카타의 한 마을에 가정교회를 세웠다.

다. 임마누엘 장로교회가 있는 산호세에서 우리 교회까지 약 1시간을 운전해야 하는데도 이들은 주일 오후 훈련(오후 3시부터 5시 30분까지)에 한 주간도 빠짐없이 성실하게 참여했다. 부목사님이 이끄는 팀이다. 담임목사인 손원배 목사님도 훈련에 자주 참석하셨다. 팀원 중에는 연세가 상당히 드신 장로님과 권사님도 계셨다.

12명이 선교 훈련을 잘 마치고 이들 중에 8명이 12월 북인도 선교에 참

여했다. 우리 교회는 그들을 한 명씩 우리 팀에 넣었다. 각 팀마다 우리 교회 성도 2-3명과 임마누엘 장로교회 성도 1명을 합해서 총 3-4명씩 한 팀을 구성했다. 이렇게 한 이유는 그들을 훈련하기 위해서다. 선교지에서 어떻게 팀장이 팀을 리드하는지, 어떻게 기도하고, 어떻게 현지 사역자와 협력해서 어떻게 사역을 하는지, 현장에서 직접 보고 배우게 하기 위해서다.

이렇게 선교 훈련을 받고 한 번만 선교지를 다녀오면, 북인도 개척 선교를 몸에 체득하게 된다. 각 팀에 한 명씩 흩어진 이들은 다음해부터 임마누엘 장로교회에서 팀장이 된다. 한 해만 배우면 다음해부터는 자신의 교회 팀들을 이끌수 있는 역량을 갖출 수 있게 된다.

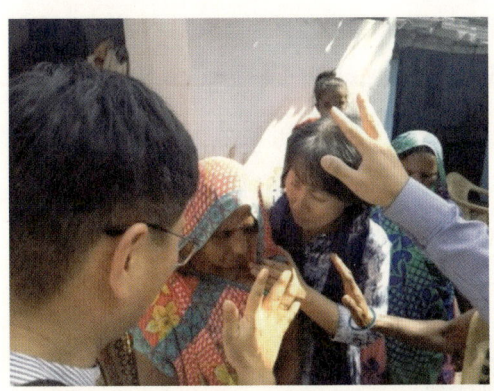
▶ 구자랏 한 마을에서 예수님을 만난 여인

임마누엘 장로교회는 다음해 2013년부터 독립했다. 자체만의 선교 사역팀 7명을 모집해서 인도 서북부 구자랏(Gujarat)주로 갔다. 우리 교회는 훈련과 개척 선교에 모든 책자와 정보 등을 제공했다. 그리고 선교 현지에서 필요한 모든 준비와 현지 사역자들을 지원했다. 백 선교사가 현지에서 그 팀들을 이끌면서 적극 도왔다. 다음해 2014년에는 구자랏과 AP주로 확장했다. 지금까지 매년 인도에 단기 교회 개척 팀을 보내서 훌륭하게 사역하고 있다. 매년 평균 약 15 이상의 인원을 보낸다. 최근에는 담임목사 사모님이 적극적으로 매번마다 참여해서 이끄신다.

두 교회의 사례- 산호세 세계선교침례교회

산호세 세계선교침례교회는 2015년부터 우리와 함께 개척 선교에 합류하였다. 첫해에 3명을 우리 교회에 보내서 13주 선교 훈련을 함께 받았다. 이 교회도 산호세에 있기 때문에 꽤나 먼 곳에서 약 1시간을 운전해 와서 매주일 오후 선교 훈련에 성실하게 참여하였다. 앞에서 연습한 임마누엘 장로교회와 마찬가지로 12월 북인도 선교 때 우리 교회의 팀에 각각 한 명씩 배정했다. 12주 선교 훈련을 비롯하여 인도 현지 사역의 모든 것을 보고 배우게 했다. 2015년 선교에 아주 성실하게 함께 사역했다. 마찬가지로 다음 해 2016년부터는 독립시켰다. 그 결과 이들이 그 교회에 리더가 되어 다음해 2016년부터 지금까지 성공적으로 잘 사역하고 있다. 두 번째로 귀중한 개척 선교 동역 교회이자 형제 교회가 된 것이다.

감사한 것은 처음부터 고상환 담임목사님이 앞장서서 선교 팀을 이끌었다. 인도의 마하라슈트라(Maharashtra)주를 입양했다. 2017년부터는 일년에 두 차례로 늘려서 2월과 10월에 선교 팀을 보내기 시작했다. 지금까지 매년 두 차례씩 합해서 매년 약 12명 -15명씩 간다. 고상환 목사님은 선교 사역을 마치고 나서 더 남아서 그곳의 현지 사역자들에게 66권 성경을 가르친다.

▶ 완공된 아우랑가바드 교회의 모습

그리고 2018년에는 성도들이 헌금해서 마하라슈트라주 아우랑가바드 도시에 교회당

겸 선교 훈련원을 건축하기 위하여 땅을 구입했다. 총회에서 더 모금해서 교회 건물을 건축해서 금년 9월 22일 헌당 예배를 드릴 예정이다. 온 교회가 하나되어 모든 선교 자원을 인도 교회 개척 사역에 집중하고 있다. 고상환 목사님은 우리 교회의 선교 학교 강사로도 섬긴다.

2016 미주 서부 지역 미전도 종족 선교 대회

우리 교회는 2016년 8월에 다시 한 번 미전도 종족 선교 대회를 개최하였다. 2012년에 컨설테이션을 개최한 후 4년간 많은 변화가 있었다. 가장 큰 변화는 인도에 있었던 인구 10만 이상의 UUPG 310개가 모두 개척되어진 것이다. '왕의 선교(지.총.협 선교)'의 열매였다. 그뿐 아니라 인구 5만 단위까지 내려가서 UUPG 종족 개척을 대부분 완료한 상태였다.

더 놀라운 일은 그동안 우리가 개척했던 인도의 교회들이 급속하게 성장했다. 2016년 당시 인도 총회에 10,000여 개의 가정교회, 2,000여 개의 지역교회, 그리고 600여 명의 CP(커버리지 사역자)가 양성되었다. 그리고 인도 새생명선교총회를 중심으로 인도가 선교하는 나라가 되었다. 우리가 훈련한 인도 사역자들을 주변 나라들인 네팔, 미얀마, 스리랑카, 방글라데시로 파송해서 해외 개척 선교를 이미 시작하였다. '왕의 선교(지.총.협 선교)' 모델이 효과적인 모델로 증명된 셈이다.

이런 사실을 미주 서부 지역에 있는 한인교회들에게 알려서 더 많은 지교회들을 동역자로 삼기 원했다. 그들과 함께 협력해서 마지막 남은 세계 선교의 과업을 수행하기 위해서 선교 대회를 열었다. 2박 3일간 목회자세션과 일반 세미나로 나누어 진행하였다. Saddlebck 교회의 국제 사역을 관장하시면서 PEACE PLAN을 주도하시는 Mike Constants 목사를 초청했다. GAP 공동대표이고, KWMC와 FTT 운동을 주도하시는 안강희 박사, 그리고 필자와 신현필 목사(GAP 대표회장, 한국오픈도어 미션 공동회장), 장춘원 목사(NLM 인도 총회 국제이사장, GAP 공동대표), 손원배 목사(임마누엘 장로교회 담임목사), 고상환 목사(세계선교침례교회 담임목사)가 강사로 섬겼다. 이들은 미전도 종족 개척 선교의 비전과 전략, 미전도 종족 정보, 미전도 종족 개척 선교 사례를 강의했다. 그리고 일반 세미나에는 우리 교회 파송 선교사인 임 선교사와 백 선교사가 개척 선교의 실제와 선교지 간증을 했다.

선교 대회는 성공적이었다. 목회자 세션에는 총 63명의 목회자들과 선교사들과 관계자들이 참여했다. 선교 대회의 초점은 왕이 오시는 길을 예비하기 위해서 모든 지교회들이 왕의 선교 즉 '지.총.협 선교'를 하자는 것이었다. 지교회 담임목회자들이 주도해서 미전도 종족 개척 사역을 이끌어야 한다고 강조했다. 우리 교회가 지난 6년간 사역을 해서 맺은 열매를 소개하면서 이 '왕의 선교 모델'은 성경적 모델이며 반드시 효과적으로 작동한다는 사실을 증명했다. 어떻게 해

▶ 2016년 미전도 종족 선교 대회 포스터

야 남은 과업이 성취될 수 있을지 방안도 제시하였다.

　참석한 목회자들과 선교사들은 큰 도전을 받았다. 지교회가 선교를 주도해야 한다는 사실을 함께 인식했다. 지교회들 간의 긴밀한 연합이 절실하게 필요하다는 사실에도 동감했다. 미전도 종족 선교를 결단했다. 이중에서 상항중앙장로교회는 그 후에 임마누엘 장로교회와 산호세 세계선교침례교회를 이어서 우리 교회 인도 개척 선교의 세 번째 동역자겸 형제 교회가 되었다. 앞으로 이들 세 교회가 각각 우리 교회보다 더 큰 영향력을 주는 '선교적 교회'가 되기를 기도한다.

▶ 2016년 미전도 종족 선교 대회 모습

'One Cycle'의 완성

　2016년 선교 대회에서 우리 교회는 지.총.협 선교의 'One Cycle'이 완성된 것을 사례로 제시했다. 'One Cycle'은 아래 <그림 8-1>에서 보듯이 각 지교회가 지.총.협 선교를 시작해서 한 주기가 끝나는 과정이다. 지교회가 선교 단체와 협력해서 미전도 종족을 입양하고, 그 종족을 개척하기 위하여 장기 선교사를 파송하고, 매년 지속적으로 단기 교회 개척 팀을 현지에 보내서 개척 선교를 한다. 그리고 나서 개척된 현지 교회들을 지원하고 양육해서 자생적이고 선교적인 교회로 세운다. 제자삼는 교회 개척이다. 현지 교회들은 계속 끊임없이 현지에서 교회 개척 사역을 진행한다.

그런데 여기서 끝나면 안 된다. 한 가지가 더 남았다. 지교회는 주변에 있는 다른 지교회와 연합해서 교회 개척 운동을 확산시켜야 한다. 그래야 제자삼은 복음 운동이 온 세계에 확산될 것이 아닌가? 2012년과 2016년에 개최한 선교 대회는 이 목적을 위한 것이었다. 즉 우리 교회 주변뿐 아니라 서부 지역 전체의 지교회들과 연합해서 이 운동을 확산하기 위한 것이었다. 앞에서 말했듯이 성공적으로 이 대회가 끝났다.

드디어 One Cycle이 완성되었다. 다시 말하면 왕의 선교 즉 '지교회가 주도하는 총체적 협력 선교'라고 하는 테두리 안에서 UUPG 입양 → 장기 선교사 파송 → 지속적인 교회 개척 선교 → 개척된 교회를 지원하고 양육하기 → 지교회들과 연합해서 계속적으로 이 운동을 확산시켜 나가는 한 사이클이 끝났다. 할렐루야!

이제는 어디로 가야 하는가? 이것을 모든 한국 교회와 미주 전역과 한인 디아스포라 교회 전체로 확산하는 일이다. 이것을 위해서 '2020 세계 교회 지도자 미전도 종족 개척 선교 대회'를 내년에 인천에서 개최한다. 이것은 'One Cycle'을 전체 한국 교회와 한인 디아스포라 교회로 확장하려는 것이다. '2020 선교 대회'에 대한 내용은 뒤에서 다시 언급하겠다. 왕의 길을 예비하는 선교의 확장 운동은 앞으로 주님 오실 때까지 계속 진행되어야 한다.

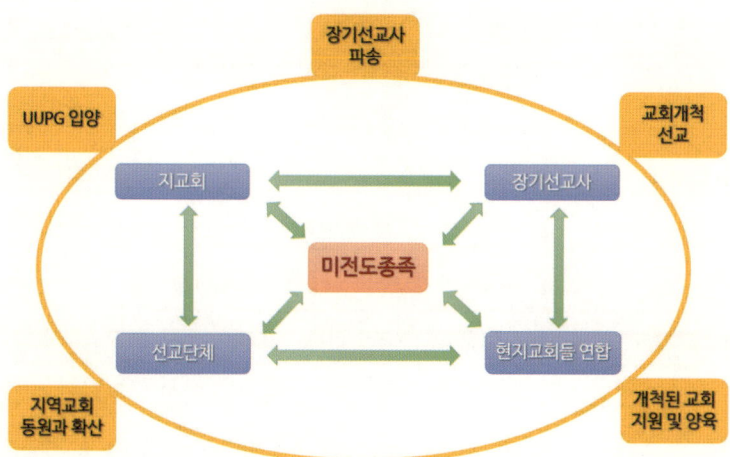

〈그림 8-1〉 '지.총.협 선교'의 'One Cycle'

09
어떻게 하나님의 비전을 이루는 교회가 될 수 있는가?

Prepare
the way of
our King

09

어떻게 하나님의 비전을 이루는 교회가 될 수 있는가?

하나님의 비전을 이루는 교회를 세우는 것은 아마 모든 담임목회자들의 소원일 것이다. 성도들도 자신이 속한 교회가 그런 비전으로 충만한 교회가 되기를 소원할 것이다. 하나님의 비전을 이루는 교회는 다른 말로 하면 이 책에서 말한 '선교적 교회' 혹은 '선교사 교회'이다. 어떻게 해야 '선교적 교회'로 세울 수 있는가? 필자가 내린 결론은 이것이다. '왕의 선교(지.총.협 선교)'로 미전도 종족을 개척하는 사역을 하다보면 자연히 '선교적 교회'로 바뀌어져 있음을 발견할 것이다. 이것은 필자의 경험에서 나온 확신이다.

왕의 길을 예비하는 '왕의 선교'는 예수님이 가르쳐 주신 그대로 순종하는 선교이다. 철저하게 성경대로 하는 선교이다. 초대 교회가 그렇게 순종했다. 우리도 초대 교회로 돌아가야 한다. 그런 순수한 목표로 왕의 선교(지.총.협 선교)로 미전도 종족을 개척하는 사역을 하다 보면 자연히 교회의 체질이 바뀐다.

서문에서 밝혔듯이 선교는 사역이 아니다. 선교는 교회의 본질이다. 그래서 선교는 사역을 많이 하자고 성도들을 몰아간다(?)고 되는 것이 아니다. 그렇게 하면 사역은 많이 할 수 있을지 모르지만 그것으로 끝이다. 선교가 교회의 본질로서 교회 안에 정착되지 못한다는 말이다. 즉 선교를 통해서 성도들의 각 심령이 예수님의 마음으로 바뀌고, 그들의 삶이 하나님의 비전을 이루는 삶으로 바뀌지는 못한다는 뜻이다. 선교가 사역으로 끝난다. 그래서는 곤란하다.

선교는 교회의 본질과 연관되는 것이므로 선교를 통해서 반드시 모든 성도들이 '선교적 삶'을 살게 되고 교회가 갱신되어야 한다. 그래서 선교가 축복이 된다. 주님께서 교회에 선교를 사명으로 주신 이유는 필요해서 써먹기 위해서가 아니다. (주님께서 개인을 선교사로 부르신 이유도 마찬가지다.) 우리에게 선교를 지상명령으로 주신 이유는 우리를 위해서다.

▶ 마라나타 비전교회 표어

우리는 선교를 통해 예수님의 마음을 알게 되고 우리가 사역하면서 성령으로 충만해지고 하나님의 능력을 체험하고, 주님의 영광을 경험한다. 오직 십자가 복음을 전하고 제자 삼아서 교회를 개척하는 '왕의 선교'를 통해서 우리가 아들의 형상을 닮아갈 수 있다. 그것이 우리를 모두 제자로 선교사로 불러주신 최종 목적이다. 그런 갱신과 변화가 없이 그냥 해외 선교만 많이 하는 교회들을 주님께서 어떻게 보실까? 가슴 아프게 바라보실 것이다.

필자는 처음부터 선교를 위해서 14년 전에 우리 교회를 개척해서 지금까지 달려왔다. 한마디로 어렵고 힘든 일이라는 것을 실감한다. 그런데 하물며 기존 교회를 이렇게 '선교적 교회'로 바꾼다는 것은 어쩌면 거의 불가능한 일일지도 모른다.

생각해 보라. 선교를 싫어하는(혹은 선교에 대해 잘못된 편견을 가진) 장로들과 성도들이 얼마나 많은데, 무슨 수로 그들을 설득시켜서 성경적인 바른 선교를 하게 할 수 있는가? 어떻게 교회의 체질을 바꿔서 기도하는 교회로 변화시키고, 초대 교회를 회복할 수 있는가? 모든 목회자들이 자신의 교회가 성령 충만하고 날마다 회개 운동과 심령의 부흥이 일어나기를 소망하지만 어떻게 그렇게 만들 수 있는가? 어떻게 모든 성도들이 하나가 되어 미친듯이 복음을 전하는 그리스도의 제자로 만들 수 있는가? 많은 한국 교회의 성도들이 자신의 유익을 위해 하나님을 찾는데, 어떻게 매일 자기 자신을 부인하고 십자가지는 삶을 살도록 성도들을 만들 수 있는가?

하나님의 기적이 아니면 불가능하다. 그러나 필자는 확신한다. 담임 목사가 이제부터 왕의 선교를 한다고 교회에 선포하고, 이것이 성경에서 말하는 예수님의 선교라고 성도들을 설득하고, 교회의 모든 목표를 여기에 초점을 맞추고 계속 달려가면서 중간에 변질하지 않는다면, 5년 10년 뒤에는 반드시 교회가 변화되어 있는 것을 발견할 것이다. "지금 내가 추구하는 선교적 교회가 분명히 하나님의 뜻이다. 이것은 반드시 이루어진다"는 확신을 가지고 달려가기 바란다. 중요한 것은 중간에 변질되지 말아야 한다.

왕의 선교는 변질되지 않는다. 성경 말씀대로 하는 선교이기 때문이다. 만약 변질된다면 그것은 인간들이다. 그러나 말씀을 더 깨닫게 될수록 더 확고해질 것이다. 원래 진리는 단순하다. 성도들에게 단순하게 반복하면 된다. 처음에는 안 받아드리겠지만 반드시 그들을 설득할 수 있다. 성경에 있는대로 하자는데 어떻게 거절하겠는가?

미전도 종족이 빨리 개척되어야 주님이 다시 오신다. 왕의 선교가 유일한 선교다. 계속 선교적 교회를 향해서 달려가라. 이것이 진리라면 적어도 목회자라면 여기에 목숨을 걸어야 한다. 담임목사가 확신이 없으면 무너진다. 흔들리지 말고 끝까지 달려가면 언젠가는 그 목표가 이루어져 있는 것을 보고 놀랄 것이다. 주님의 교회이기 때문이다. 내가 직접 경험한 간증이다.

그래서 필자가 지난 14년간(짧게는 지난 10년간) 지교회가 주도하는 총체적 협력 선교(왕의 선교)를 해오면서 내린 결론은 세가지다. ①전적으로 담임목사에게 달려 있다. ②'바른' 선교 단체와 협력해야 한다. ③끊임없는 기도로 부흥의 불길이 타올라야 한다.

▶ 펀잡 상구르 마을에서 설교하고 있는 장면

첫째, 전적으로 담임목사에게 달려 있다

교회가 어떤 모습으로 형성되어 가느냐는 전적으로 담임목사에게 달려 있다는 사실을 담임 목회를 해본 사람들은 누구나 공감할 것이다. 담임목사의 비전이 10년 후 교회의 모습을 결정한다. 비전이 없는 나라는 망한다. 비전이 없는 교회는 상상할 수 없다. 물론 목회자 개인의 비전이 아니라 하나님의 비전을 말한다. 지교회의 미전도 종족 선교는 100% 담임목사에게 달려 있다. 하나님의 비전을 이루는 교회가 되기 위해서는 담임목회자가 적어도 아래의 사항들에 대해서는 강력한 리더십을 행사해야 한다.

- '선교가 교회의 본질이라'는 성경적 명제를 전체 교인들이 확신하도록 해야 한다.
- 목회 방향을 '왕의 선교(주님 오시는 길을 예비하는 선교)'를 향해 이끌어서 교회 전체가 선교적 분위기 속에 빠지도록 해야 한다.
- 모든 교회 활동들을 선교적 목표를 달성하기 위한 목표로 재구성해야 한다. (교구, 구역 혹은 소그룹 목장, 부서 조직, 재정 및 예산, 인원 등 모든 것)
- 비전 스쿨, 선교 학교 등을 통하여 다양한 선교 훈련을 제공해야 한다. 성도들의 생각이 바뀌지 않고는 '선교적 교회'는 불가능하다.
- 모든 예배와 소그룹 모임, 기도회에서도 '선교적 교회'를 이루는 목표에 초점을 맞추어야 한다.
- 설교와 기도 제목에서도 항상 '왕의 선교'는 가장 높은 우선순위가 되어야 한다.
- 모든 성도들에게 평소에 '선교적 삶'을 살도록 격려해야 한다.

한마디로 담임목사가 선교에 깨어나면 온 교회가 깨어난다. 전적으로 담임목회자에게 달려 있다. 물론 담임목사가 목회 하나만 하기도 '매우' 힘들다. 그래도 매번마다 성도들과 함께 선교지에 나가서 함께 땀흘리고, 고생하고, 함께 기도하고, 함께 복음을 전해야 한다. 담임목사는 교회의 전체적인 목표가 선교가 될 수 있도록 조직과 예산을 재편성하고, 교회안에 선교적 분위기가 살아나도록 애써야 한다. 선교 훈련을 받을 기회도 많이 만들어주고, 성도들이 함께 모여 기도하면서 성령님께 민감한 삶을 살 수 있도록 교회를 이끌어 가야 한다. 담임목사가 항상 앞장서야 한다. 담임목사가 가장 많이 기도해야 한다. 성도들 한 사람 한 사람이 예수님의 제자로, 선교사로 살아갈 수 있는 길을 열어주어야 한다. 이것이 담임목사의 가장 중요한 역할이다.

나는 몸이 약한 편이라서 목회하랴 성도들과 함께 선교지에 다니랴 너무 힘들었던 적이 많다. 선교지에서 몸살이 나서 앓아 눕기도 했다. 그래도 함께 갔다. 가서 성도들과 함께 호흡해야 한 몸임을 느끼고 하나가 된다. 몇 년 전부터는 성도들이 나의 연약한 모습을 불쌍히 보아서 목사인 나를 쉬게 하고, 이제는 성도들끼리 선교간다. 이제 그들에게 단기 교회 개척 사역을 이양하고 담임목사만이 할 수 있는 더 중요한 선교를 한다.

동역자인 안강희 목사님과 함께 열방을 다니면서 현지 사역자들을 훈련한다. 지금까지 인도뿐만 아니라 미얀마, 중국, 일본, 튀니지아 등지를 다녔다. 현지 교회들을 대상으로 현지 목회자들을 개척 선교로 동원하는 사역을 한다. 그동안 선교 센터 리더들이 선교 훈련을 잘 받았기 때문에 이제는 나 없이도 나보다 더 잘 팀들을 훈련시킨다. 나보다 더 잘 현지에 나가서 개척 사역을 지휘한다. 두 장로들과 안수 집사들이 앞장선다. 우리 교회 안에서 개척 선교의 제자화가 이루어졌다.

나는 자주 내 자신에게 묻곤 한다. 내가 왜 지금 이 교회에 담임목사로 존재하는가? 내가 지금 여기에 있어야 하는 이유가 뭔가? 답은 언제나 같다. 성도들이 우리 교회에서 마음껏 섬기고, 마음껏 땅끝까지 나가서 복음을 전하면서 하나님의 나라를 위한 부르심에 순종하도록 돕는 것이다. 담임목회자가 해야 하는 가장 중요한 일은 엡 4:12 말씀처럼 "성도들을 온전하게 하는(구비하고 무장시키는)" 일이다. 모든 성도들이 온전한 복음이 뭔지 알고 그 복음을 삶으로 살아내도록 해야 한다. 그런 사람들을 제자라고 부른다. 교회는 제자들의 공동체이다.

성도들은 제자가 되는 과정에서 성숙한다. 예수님의 인격과 사역을 닮아간다. 그것이 우리를 부르신 목적이다. 그렇게 성도들이 자라는 모습을 보는 것이 나의 가장 큰 기쁨이다. 나는 우리 교회에 새가족 환영회 때 꼭 이런 말을 한다. '내가 담임목사로 여기에 있는 이유는 여러분들이 이 교회에 오셔서 예수님의 제자로 무장되어서 커나가는 것을 돕기 위해서다. 그것이 나의 목표다. 여러분들이 우리 교회에 와서 마음껏 복음전하는 사역을 할 수 있도록 다 열어주겠다.' 우리 교회는 평신도들을 적절하게 잘 세워서 모든 사역을 하게 한다. 평신도의 잠재적 파워가 대단한 것을 본다. 그렇게 하는 것이 성경적이다. 평신도 사역의 초점은 언제나 '왕의 선교'가 되어야 한다.

다시 강조한다. 하나님의 비전을 이루는 교회가 되기 위해서는 교회의 본질이 선교라는 것을 성도들의 가슴에 새겨지게 해야 한다. 그렇게 하려면 온전한 복음이 선포되어야 한다. 예배 때마다 예수 그리스도의 온전한 복음을 설교해야 한다. 성도들의 마음속에 복음으로 충만하면 자연히 '선교적 삶'을 살게 되고 그런 삶이 자연스럽게 선교로 이어져야 한다. 선교와 복음은 매우 밀접하게 붙어 있다.

오늘날 선교적 교회(혹은 선교사 교회)가 희귀한 것은 온전한 복음이 선포되지 못하기 때문이다. 온전한 복음이 뭔가? 죄로 인한 모든 인간의 철저한 부패, 예수 그리스도 십자가의 속량으로 죄 용서함, 의롭게 됨, 새

피조물로 이 땅에서 하늘나라의 삶을 살기, 복음전하는 사명, 성령 충만, 예수 종족으로 작은 예수로 살기, 날마다 자기를 부인하고 십자가지는 삶, 하나님 나라를 위해 죽기까지 충성하기 등이 필자가 늘 외치는 복음의 요소이다.

물론 매번 설교 때마다 모든 복음의 요소들을 다 말할 수는 없다. 그러나 설교의 핵심에 언제나 복음이 살아있어야 한다. 즉 언제나 십자가 복음에 감격해서, 예수 그리스도가 내 인생의 전부가 되어야 하고(90%가 아니라 100%), 매일 자아를 죽이고 십자가를 지고 하나님 나라를 위해 헌신하는 삶, 곧 예수님을 닮아가는 삶, 또 다른 말로 '선교적인 삶'을 사는 것이 언제나 설교 속에 녹아 있어야 한다. 그러기 위해서는 먼저 설교자들이 그런 삶을 살아야 한다. 나는 매주 설교가 동일하다. 복음만을 전하려고 애쓴다. 나뿐만 아니라 부교역자들의 모든 설교들도 여기에 초점을 맞추도록 요구한다. 설교를 통하여 성도들이 항상 십자가 복음에 젖도록 하는 것이 '선교적 교회'를 만드는데 핵심이다. 전적으로 목회자에게 달려 있다.

둘째, '바른' 선교 단체와 협력해야 한다

미전도 종족 선교는 총체적 협력 선교이기 때문에 반드시 건강한 '바른' 선교 단체와 함께 협력해서 사역해야 한다. 많은 선교 단체들이 있는데 불행하게도 아직도 전통적인 패러다임을 벗어나지 못한 선교 단체들이 많다. 어떤 단체가 '바른' 선교 단체인가? 어떻게 협력할 선교 단체를 선정해야 하는가? 아래의 다섯 가지 요인들을 고려하기 바란다. 필자가 섬기는 세계협력선교회(GAP)를 중심으로 설명하겠다.

(1) '지.총.협 선교(왕의 선교)' 모델로 미전도 종족을 개척하는지 확인하라.

앞에서 설명한 '지교회가 주도하는 총체적 협력 선교' 방식으로 미전도 종족을 개척하는 선교 단체여야 한다. 여러분이 협력하려는 선교 단체가 어디에서, 어떤 종족들을, 어떻게 개척해서, 어떻게 현지 교회들을 확장시키고 있는지 반드시 확인하라. 이때 주의해서 살펴볼 사항은 그냥 교회 개척만 해서는 안 된다는 것이다. 반드시 '제자삼는' 교회 개척이어야 한다. 두 가지는 매우 다르다.

많은 선교 단체가 교회 개척 운동(CPM: Church Planting Movement) 사역을 한다. 그러나 내용을 살펴보면 '어떻게 해서든지 교회만 개척하면 된다'는 생각을 하는 선교사들이 많다. '지.총.협 선교'는 단순한 교회 개척 운동(CPM)이 아니다. 성경의 원리대로 예수님께서 명령하신 그대로 모든 족속들을 '제자삼는' 방식으로 교회를 개척하는 선교이다. '제자 삼는다'는 말은 우리가 현지에서 세운 제자들이 우리가 하는 일을 그들도 할 뿐 아니라 더 큰 일을 하도록 하는(요14:12) 예수님의 방식이다.

(2) 파송 선교사를 '전략적 코디네이터(strategic coordinator)'로 훈련할 수 있어야 한다.

새로운 선교 패러다임에서는 앞에서 설명했듯이 선교사의 역할이 바뀌었다. 선교사는 미전도 종족을 개척하기 위한 '전략적 코디네이터'가 되어야 한다. 전략적 코디네이터란 미전도 종족 개척을 위해 필요한 모든 전략을 숙지하고 미전도 종족을 '완전 복음화'할 수 있는 선교사다. 미전도 종족 현지 조사를 통해서 교회 개척에 필요한 전략을 세우고, 현지 사역자를 양성하고, 전도 및 양육 자료 개발과 협력 선교 자원과 재정을 동원하여, 미전도 종족에 자생적이고 재생산적인 교회 개척 운동을 추진하는 선교사다.

참고로 세계협력선교회(GAP: Global Assistance Partners)에서는 한 달 코스로 전략적 코디네이터 훈련을 제공한다. 안강희 목사님이 인도 델리와 보팔에서 기존 선교사들이나 선교사로 파송될 분들을 대상으로 직접 훈련을 하신다. 이 훈련을 받기를 원하는 분들은 GAP 본부로 연락을 주기 바란다.

(3) 미전도 종족에서 '제자삼는' 방식으로 교회 개척 운동을 일으킬 수 있는 전문 선교 단체여야 한다.

앞에서 말했지만 중요해서 다시 한 번 언급한다. 미전도 종족을 개척하는 일은 영적인 동시에 과학적이고 전략적이다. 각 종족은 특이한 상황 속에 있기 때문에 어떤 한 종족에서 성공한 전략이 항상 통하는 것은 아니다. 어떤 통일된 방식이나 전략을 만들기 어렵다. 항상 성경적인 원리들과 예수님과 사도들의 모범을 철저히 따라야 한다.

인도에서 세계협력선교회(GAP)가 역사적인 성취를 이룰 수 있었던 이유는 3가지다. 첫째 예수님처럼 인도 사역자들에게 하나님의 비전을 제시했기 때문이다. 둘째, 하나님의 비전을 성취할 수 있는 일꾼이 되도록 그들을 훈련했기 때문이다. 셋째, 하나님의 비전을 성취할 수 있도록 그들에게 능력과 권위를 세워주었기 때문이다. 세계협력선교회(GAP)는 과거 10년간 인도에서 1,000개 종족 이상을 개척한 전문 선교 단체이다. 숫자가 중요한 것이 아니다. 어떤 선교 단체이던 미전도 종족들을 대상으로 제자삼는 방식으로 교회 개척 운동을 일으키는 전문 단체이면 된다.

⑷ 지속적으로 지교회를 훈련하고 지원할 수 있는 역량을 가진 선교 단체여야 한다.

선교 단체가 지교회를 지속적으로 훈련하고 지원하는 것은 매우 중요하다. 지교회의 담임목사뿐 아니라 부교역자들, 그리고 앞으로 선교사를 지망하는 리더들까지도 훈련할 수 있어야 한다. 이들이 지교회의 선교를 이끌어가는데, 담임목회자가 훈련하기는 어렵다. 협력하는 선교 단체가 교회를 방문해서 혹은 현지에서 이들을 훈련할 수 있어야 한다.

단순한 강의실 훈련이 아니라 실제로 훈련하는 선교 현장(mission field)도 있어야 한다. 실제로 복음을 전해서 교회를 세우고 제자를 양육하는 과정을 현지에 가서 직접 해봐야 한다. 선교 훈련뿐만이 아니다. 선교지 상황은 수시로 변하는데 남아 있는 7,000여 개 미전도 종족에서 선교 네트워크를 통해서 선교지 개발도 계속 이루어져야 한다. 하나님이 열어주시는 다른 선교지를 타겟으로 정하고 확장하고 지원할 수 있어야 한다.

⑸ 개척 선교를 하려는 지역에 현지 교회들의 네트워크를 가지고 있어야 한다.

현지 교회들과 협력하기 위해서는 이 네트워크가 필수적이다. 세계협력선교회(GAP)는 우리가 개척한 인도 새생명 선교 총회 산하에 약 45,000개의 가정교회들과 약 2,500개의 지역교회들, 그리고 117개의 센터 교회들을 가지고 있다. 여기에는 이미 한 달 합숙 훈련을 마치고 잘 훈련된 현지 사역자들이 2,400여 명이나 있다. 이들이 지교회와 협력해서 인도뿐만 아니라 네팔, 부탄, 미얀마, 방글라데시, 스리랑카, 말레이지아 등지에서 미전도 종족 개척 사역을 지금도 담당하고 있다. 앞으로는 지역이 더 확장될 것이다.

셋째, 끊임없는 중보 기도가 선교의 동력이다

선교의 동력은 기도이다. 우리 교회에서 지금까지 이런 모든 선교 사역을 가능케 했던 것은 온 성도들의 끊임없는 중보 기도의 힘이다. 온 교회가 성령 안에서 하나되어 무시로 깨어서 기도하는 것보다 중요한 것은 없다. 선교의 에너지와 열정은 오직 기도에서 나온다. 그래서 우리 교회가 평소에 가장 강조하는 것은 중보 기도다.

물론 여기에는 말씀이 바탕이 되어야 한다. 그래서 매일 '3 R말씀 묵상'은 온 성도들의 필수 과목이다. 매일 저녁 기도회는 이 말씀을 바탕으로 설교한다. 말씀과 기도는 분리할 수 없다. 그래서 우리 교회는 기도 학교에서 '말씀으로 기도하는 법'을 가르친다. 초신자를 벗어나서 몇 년이 지나 어느 정도 말씀의 바탕이 생기면 그 다음부터는 기도를 더 강조한다. 기도하면서 말씀을 읽도록 훈련한다.

교회의 가장 중요한 특성은 '불'이다. 구약 시대 제단에서는 불이 꺼지면 안 되었다. 오늘날은 성도들 각자가 성전이다. 성도들의 각 심령에서 '성령의 불'이 항상 타올라야 한다. 예수님도 "내가 땅에 불을 던지러 왔다"(눅 12:49)고 말씀하셨다. 만약 우리가 지금 '성령의 불'로 타오르지 않으면 나중에 '심판의 불'을 받는다. 교회에 기도의 불이 꺼지지 않게 하는 것이 담임목사의 가장 중요한 과제다. 우리 교회는 현재 각 초원 별로 작은 중보 기도팀이 10개가 있고, 리더들은(목자/목녀) 반드시 매일 2시간 이상 기도하도록 독려하고 있다. 모든 전임 사역자들은 하루 3시간 이상 기도하도록 요구한다. 우리 교회에 기도의 용사 300명이 세워지는 것이 중요한 비전이다. 이 비전은 개척 선교의 동력을 제공한다.

10

감당할 수 없는 축복

Prepare
the way of
our King

10

감당할 수 없는 축복

온 교회가 예수님을 사랑하는 열정으로 잃어버린 미전도 종족 개척 선교에 헌신할 때, 교회의 머리 되신 주님께서는 우리 교회를 축복하셨다. 연약한 우리 교회가 주님의 목적에 쓰임받을 수 있도록 견고히 세워 주셨다. 개척한지 13년밖에 되지 않은 부족한 교회지만 주님께서 감당할 수 없을 정도의 큰 복을 부어주셨다.

교회 건물을 선물로 주심

13년 전(가정교회로 출발한지는 14년 전) 처음에 Canyon Creek Church(미국 교회)와 파트너로 교회가 개척되면서 우리는 교회 건물을 갖지 않고 전적으로 선교에 헌신하겠다고 다짐했다. 그러나 주님께서 두 교회를 다 부흥시켜서 함께 건물을 공유해서 사용할 수 없는 상황에까지 가게 하셨다. 2011년에 미국 교회의 요청으로 할 수 없이 주중에만 모일 수 있는 건물을 찾다가 Vision Center를 구입하였다.

그리고 2014년에는 주일 예배도 함께 나누어서 드릴 수 없는 상황이 되어서(미국 교회가 3부 예배로 확장) 할 수 없이 우리 교회 출석교인 500여 명의 성도들이 주일 예배를 드릴 장소를 물색하기 시작했다. 학교 건물을 쓰려고 사방으로 알아 보았지만 길이 막히고, 기도하는 중에 주님께서 지금의 이 교회 건물을 거저 주다시피 안겨 주셨다. 성도들에게 건축헌금의 부담이 없이 이렇게 크고 좋은 건물에 들어오게 하신 것은 전적으로 주님의 은혜다.

처음에 이 교회 건물에 들어왔을 때 신명기 6장의 말씀이 떠올랐다. "…네가 건축하지 아니한 크고 아름다운 성읍을 얻게 하시며 네가 채우지 아니한 아름다운 물건이 가득한 집을 얻게 하시며 네가 파지 아니한 우물을 차지하게 하시며…" 정말 그대로였다. 교회 건물 안에는 최고의 음향설비, 의자, 테이블, 심지어 비품들까지 다 구비되어 있었다. 우리가 하나도 구입할 필요 없이 그냥 예배드릴 수 있는 모든 것을 다 준비해 주셨다.

온 교회가 주님의 마음으로 개척 선교하는 데만 전념하니까 주님께서 교회 건물을 선물로 주셨다. 우리의 물질과 시간이 교회 건축에 빼앗기지 않고 지속해서 열방을 섬기라는 격려로 받아들였다. 만약 우리가 오랫동안 교회 건축을 해야 했고 그런 모든 비품들을 다 구입해야 했다면, 선교에 큰 장애물이 되었을지도 모른다. 주님께서는 모든 것을 우리보다 더 잘 아시고 미리 준비해 주신 것이다.

교회의 본질을 회복하는 '선교적 교회'로 세워짐

왕의 길을 예비하는 선교를 온 성도들이 함께 추진하는 동안에 주님께

▶ 마라나타 비전교회 전경

서 우리 교회에 주신 가장 큰 축복은 우리 교회가 '선교적 교회(Missional Church)'로 세워진 것이다. 선교적 교회란 온 성도들이 주님의 지상명령을 철저하게 순종하는 교회이다. '가서 모든 민족을 제자 삼으라'는 명령이 우리 교회에 가장 중요한 사명이 되었다. 이제는 우리 교회의 개척 선교가 교회의 여러 가지 사역중의 일부가 아니라 교회의 본질로서 한다는 것을 대부분 성도들이 인식하고 있다. 주님께서 교회를 세우신 목적이 선교이고, 주님께서 선교사로 이 땅에 성육신해서 오셨고, 우리도 선교사로 이 땅에 보내어진 사실을 받아들인다.

선교와 예배는 분리할 수 없는 하나가 되었다. 예배는 선교의 동력이다. 선교는 예배가 없는 곳에 예배를 있게 하는 것이다. 선교를 어떤 별개의 사역으로 하는 것이 아니다. 우리가 모두 선교사이기 때문에 우리의 자연적인 삶의 일부로서 선교한다. 그래서 우리 교회는 '선교적 교회(Missional Church)'이자 동시에 '선교사 교회(Missionary Church)'가 되었다.

앞에서 언급했지만 우리 교회의 세 가지 비전 중에서 셋째 비전(모든 삶의 영역에서 땅끝까지 복음전하기)은 '모든 성도들을 선교사로 세우기' 위

▶ 마라나타 비전교회 예배 장면

한 것이다. 첫째 비전과(모든 성도를 예수의 제자로 만들기) 둘째 비전(서로 사랑하고 섬기는 공동체 만들기)은 셋째 비전을 이루기 위한 것이다. 그동안 설교와 목장 사역, 그리고 기도회와 성경 공부를 통해 이 목표를 향해 온 교회가 매진했다. 감사하게도 이제는 많은 성도들이 '자신들이 예수의 제자이며 동시에 이 세상에 파송된 선교사'라는 인식을 가지고 있다. 물론 감히 완성을 이야기하는 것은 결코 아니다. 교회는 항상 미완성 상태임을 안다. 계속 새가족들이 들어오기 때문에 끊임없는 훈련이 이루어져야 한다.

우리 교회가 이렇게 선교적 교회로 변할 수 있었던 것은 리더들의 희생과 헌신 때문이다. 필자는 교회의 성패(교회의 본질을 회복하느냐 못하느냐)는 리더들에게(우리 교회는 목자 목녀이다. 다른 교회의 제직과 같음) 달려있다고 믿는다. 교회는 담임목사가 리더 그룹을 어떻게 훈련하느냐에 달려있다는 사실을 깨달았다. 그래서 초창기 때부터 리더들의 훈련에 집중하였다. 이제는 우리 교회 리더들은 모두 기도의 사람이고 성령의 사람이라고 어느 정도 자신있게 말할 수 있다. 동시에 모두 미전도 종족 개척 선교에 헌신한다. 적어도 일 년에 한 번씩은 교회 개척 선교에 참여하려고 애쓴다. 물론 모두는 아니다. 우리 교회에 리더들이 약 100명 정도 되는데 적어도 80-90% 이상은 그런 선교적인 삶을 살려고 애쓰고 있다. 너무 귀한 리더들이다. 이들이 우리 교회를 앞에 서서 이끌고 있다.

지금도 리더들은 일 년에 두 차례씩(1월과 8월에) 따로 리더 수련회를 한다. 초기에는 1박 2일로 수련회장이나 호텔에서 했지만 요즈음은 교회에서 한다. 그리고 매년 한 번씩 '리더 자기점검표(Leader Self-Checklist)'를 제출하게 해서 스스로 자신의 경건 생활을 점검하게 한다. 여기에는 자신의 말씀과 기도 생활, 주일 성수, 직장에서 삶, 십일조 및 물질 생활, 언어 생활, 사역 및 관계 등 모든 영역을 스스로 점검해서 제출한다. 목자 목녀들이 항상 깨어서 주님과 동행하고 매 순간 예수의 생명으로 넘쳐야 목장 식구들이 보고 배운다. 리더들의 삶은 모범이 되어야 할 것을 강조한다.

목장은 제자 훈련이 이루어지는 중요한 현장이다. 우리 교회 목자 목녀들은 나의 동역자들이다. 이들이 담임목사를 도와서 목회한다. 엡 4:11-12에 나오는 목회자와 평신도 사이에 성경적인 업무 분담이 잘 이루어진다. 목회자는 말씀과 기도에 전념하면서 성도들을 훈련하고 구비하는 사역을 한다. 리더들은 목장에서 목회하고 각종 사역 부서에서 사역한다. 우리 교회의 두 기둥은 목장과 선교이다. 목장 모임이 있을 때마다 성령의 역사가 나타나고, 기도의 부흥이 일어나고, 목장이 작은 선교의 전진 기지가 되기를 늘 강조하고 기도한다. 대부분 리더들이 잘 순종한다. 이들의 순종으로 우리 교회가 점점 더 교회의 본질을 회복하는 '선교적 교회'로 지금도 세워져 가고 있다.

신약 교회 회복 운동이 일어남

지난 14년간 목회 전체를 돌이켜 볼 때 필자가 뼈저리게 느낀 것을 나누고 싶다. 정말 성경에 나온 그대로 100% 순종해서 선교하면 '교회의 체질'이 바뀐다는 사실이다. 교회의 영적 분위기가 바뀌고, 성도들의 삶이 바뀌고, 교회가 건강해 진다. '왕의 선교(지.총.협 선교)'를 하는 과정에서 주님께서 우리 교회를 신약 교회의 아름다운 모습으로 하나씩 바꾸어가시는 것을 직접 경험했다.

선교는 단순한 사역이 아니다. 효율적인 방법을 찾아서 좋은 성과를 목표로 하는 것도 아니다. 선교는 온 성도들이 성경에 나와 있는 예수님의 명령에 그대로 순종하는 것이다. 선교 방법도 앞에서 설명했듯이 예수님의 방법을 그대로 따르면 된다. 온 교회가 그렇게 어린아이 같이 순종하다 보니까 어느 새인가 교회의 본질이 조금씩 회복되어 가는 것을 발견했다. 신약 교회를 모델로 하는 회복 운동이 일어나는 것을 경험했다. 정말 설명하기 어려운데 사실이다. 나는 이것을 순종하는 교회에게 주시는 주님의 축복으로 받아드린다.

그래서 필자는 '왕의 선교(지·총·협 선교)'로 미전도 종족을 개척하는 사역은 단순한 선교라기보다 '교회 회복 운동'이라고 부르고 싶다. 성경에 기록한 그대로 철저하게(radical) 순종해서 초대 교회로 돌아가자는 '교회 회복 운동'이다. 온 교회가 '왕의 선교'를 하면 자연스럽게 교회 회복 운동으로 이어지는 것을 경험했다.

오늘날 교회 회복 운동을 위해서 성령 운동을 펼치는 분들이 있다. 그것만으로 부족하다. 성령 충만은 예수 충만인데, 내가 예수로 충만하면 반드시 선교로 이어지게 되어 있다. 그게 행 1:8 말씀이다. "오직 성령이 너희에게 임하시면 너희가 권능을 받고 예루살렘과 온 유대와 사마리아와 땅끝까지 이르러 내 증인이 되리라." 성령이 임하시면 권능을 받고 지금 내가 있는 지역에서부터 땅끝까지 E0, E1, E2, E3 선교사가 된다. 이것은 매우 자연스런 흐름이다. 성령 운동은 반드시 선교로 귀결된다. 선교가 교회를 교회로 규정짓는 본질이다.

그래서 '교회가 선교에 깨어난다'는 뜻은 온 성도들이 예수님께서 교회를 만드신 원래의 의도가 뭔지 깨닫고, 원래 의도가 가장 잘 반영된 초대교회로 회귀하는 것이다. 우리가 지금 2020 선교 대회를 기점으로 펼치려고 하는 '왕의 선교 운동'은 단순히 선교를 많이 하자는 것이 아니다. 잃어버린 미전도 종족을 개척하는 '지.총.협 선교'를 통해 한국 교회를 원색적인 복음으로 돌아가게 하는 운동이다. 원래 예수님께서 이 땅에 선교사로 오셔서 교회를 이 땅에 세우신 본질적인 목적을 붙잡게 하는 운동이다. 왕의 선교를 통해서 한국 교회의 체질이 바뀌고 온 성도들의 삶이 복음에 합당한 '선교적 삶'으로 바뀌도록 하는 운동이다. 한마디로 교회 회복 운동이다.

교회 회복 운동이 일어나면 '선교적 교회'가 세워진다. '왕의 선교(지·총·협 선교)'는 한국 교회가 갱신되고 교회 회복 운동으로 향하는 관문이 될 것이다. 이렇게 되면 한국 교회에 이보다 더 큰 축복이 어디에 있겠는가?

'선교적 삶'을 살려고 애쓰는 성도들로 변화됨

필자가 성도들에게 늘 강조하는 것이 있다. "선교는 삶이다. 제자들의 자연스런 삶이다. 일 년에 한 번 단기 교회 개척 선교를 다녀오는 것으로는 부족하다. 예수님이 이 땅에서 사셨던 모습 그대로의 삶을 살아야 한다." 우리의 전체 삶이 선교사의 정체성을 가진 '선교적 삶'이 되어야 한다. 평소에 늘 복음전하는 삶을 살다가 1년에 한 번 미전도 종족에게 가서 복음을 전하는 것이 정상이다. 그게 이음새가 없이 연결되는 '선교적 삶'이다. 예수 그리스도의 십자가 복음을 전하는 선교는 이웃을 향한 사랑의 최고 표현이다. 말로만이 아니라 삶으로 전해야 한다. 선교적 삶이 없는 선교는 죽은 선교다.

그래서 다른 말로 선교적 삶은 '하나님 나라의 삶'이다. 하나님 나라 의식을 가지고 하나님 나라 운동에 헌신하는 것이 '선교적 삶'을 산다는 뜻이다. 이 땅에서 하나님 나라는 예수 그리스도의 통치다. 예수 그리스도가 십자가와 부활로 모든 것을 다 이루셨다. 모든 죄 문제를 다 해결했고 사탄의 권세가 무너졌다. 이제는 성령 안에서 의와 평강과 희락을 누린다. 선교적 삶을 산다는 말은 지금 여기에서 하나님 나라를 누린다는 말이다.

성도들이 필자의 이런 말을 하도 많이 들어서인지, 이제는 조금씩 그런 삶을 살려고 애쓰는 모습이 보인다. 내가 성도들을 너무 과대평가하는 것이 아닐까? 사도 바울이 고린도전서를 시작하면서 고린도 교회를 향해서 과도하게(?) 칭찬하는(고전 1:4-7) 그런 마음일까? 언제나 나는 성도들의 부족한 모습을 보기보다는 그리스도 안에서 온전해진 모습을 보려고 애쓴다. 교회는 이미 그리스도의 신부다. 비록 모자라는 것이 있지만 이미 "물로 씻어 말씀으로 깨끗하게 하사 거룩하게"(엡 5:26) 하셨다. 티나 주름잡힌 것들이 좀 있지만 머지않아 곧 제거될 것이다. 이미 우리는 "그리스도 앞에 영광스런 교회로" 세워졌다. 나에게는 우리 교회 성도들의 모습이 그렇게 보이는 것이 당연하다.

우리 교회는 평신도들이 움직여서 사역하는 교회이다. 나는 성도들과 장로님들을 전적으로 믿고 맡긴다. 목장 사역과 선교 사역이 우리 교회의 두 기둥인데, 모두 다 평신도 리더들이 움직인다. 선교 훈련할 때 강의도 평신도들이 한다. 기도 훈련도 평신도들이 한다. 처음 개척 당시부터 나는 이 교회에 담임목사인 내가 없더라도 전혀 문제가 없이 잘 움직여지는 교회를 만들기 원했다. 주님께서 그렇게 만들어 주셨다. 선교적 삶을 사는 리더들이 헌신하며 잘 움직여 주니까 이제는 내가 개입할 여지가 별로 없을 정도이다. 나는 큰 틀만 짜주면 된다. 그러면 목자/목녀들이 자발적으로 자신의 역할을 충실히 수행한다.

교회 자랑 같지만, '내가 어떻게 이렇게 좋은 교회를 만나게 되었는가. 나는 행복한 목사다'라는 말을 늘 입버릇처럼 한다. 교회를 생각하면 늘 감사가 나온다. 늦게 목회를 시작해서 과거에 많은 교회들을 보아왔지만, 정말이지 '이런' 교회를 본적이 없다. 과장이 아니다. 내 진심이고 사실이다. 성도들 모두가 너무 열정적이다. 선교도 모두 너무 잘한다. 선교적인 삶을 살려고 애쓴다. 기도하라고 하면 너무 열심히 기도하려고 애쓴다. 복음도 너무 잘 전한다. 너무 감사하다. 성도들이 순종하니까 하나님께서 모든 것을 아름답게 이루어가시는 것을 본다. 온 교회가 선교를 최우선으로 두고 순종할 때 주님께서 주신 축복이다. 점점 더 많은 성도들이 선교적 삶을 살려고 몸부림치는 변화를 보면서 늘 주님께 감사한다.

그리스도의 재림을 앞당기는 교회로 세워짐

교회는 사명 공동체다. 물론 치유도하고 위로도 해야겠지만, 그것은 교회의 주임무가 아니다. 후송 병원 수준으로 빨리 치료해서 다시 전투에 투입해야 한다. 궁극적인 치유는 성령께서 하신다. 전장터에서 싸우다 보면 저절로 치유되는 것을 많이 경험한다. 상처와 치유에 집중하면 안 된다. 예수 그리스도의 십자가 복음에 집중해야 한다. 왕이 오시는 길을 예비하는 선교에 집중해야 한다. 교회는 하나님의 나라를 이 땅에서 이루어가는 유일한 기관이므로 언제나 본질에 충실해야 한다. 돌아보면 그동안 부족한 점도 많았지만 그래도 필자는 본질에 목숨을 걸었다고 생각한다. 그러다 보니 자연히 성도들의 삶이 종말론적인 삶으로 변하고, 그리스도의 재림을 앞당기는 교회로 세워지는 것을 경험한다.

예수님은 마지막 때 교회들에게 '예수님의 재림을 앞당기는' 사명을 주셨다. 벧후 3:12 "거룩한 행실과 경건함으로 하나님의 날이 임하기를 바라보고 간절히 사모하라" 했다. 그냥 가만히 앉아서 기다리고 사모하는 것이 아니다. 여기 '사모하라'를 원어로 보면 영어로 speeding 혹은 hastening이다. 하나님의 날이 임하기를 바라보고 재촉하라는 뜻이다. 예수님의 재림을 앞당기는 사명이다.

필자는 확신한다. 지금은 교회가 마지막 때 양상(mode)으로 접어들었다. 마지막이 더 가까울수록 진짜 교회는 초대 교회처럼 소수 집단(minority)이 될 것이다. 진짜 교회의 소수 성도들은 핍박을 받으면서 목숨걸고 예수님을 믿는 모습이 될 것이다. 대부분의 가짜 교회는 배도할 것이고, 계 17장에 나오는 창녀 교회가 될 것이다. 진짜와 가짜가 더 확연하게 구분될 것이다. 진짜 교회인지 아닌지를 구분짓는 중요한 특성 중의 하나는 그리스도의 재림을 앞당기는 교회로 세워지는가 아닌가에 달려있다. 선교적 교회만이 그 사명을 감당할 수 있다. 나는 우리 교회에 부어주신 가장 큰 축복이 바로 이런 사명을 감당하는 선교적 교회로 세워주신 것이라 믿는다.

그리스도의 재림이 우리의 유일한 소망이다. 재림의 날에 세상의 모든 불의와 죄가 소멸되고 완전한 의가 실현된다. 빨리 그날이 와야 한다. 그날은 전적으로 하나님의 절대 주권에 속해 있지만 그 절대 주권 안에서 인간에게 책임을 주신 부분도 있다. 노아 방주를 짖는 것과 같다. 방주를 다 지어야 심판이 임하는데 만약 노아가 드라마 보느라 게으름 부려서 늦어지면 심판이 그만큼 지연될 것 아닌가? 방주를 다 안 지었는데 어떻게 하나님께서 홍수를 내리시겠는가?

반대로 노아가 밤낮으로 열심히 일하면 그만큼 빨라진다. 연약한 우리를 재림의 날을 결정하는 데에 동참시킨 것은 하나님의 엄청난 은혜다. 우리가 예수님의 재림을 앞당길 수 있다. (이 말만 따로 떼어서 보면 이단이다. 나는 장로교 목사다. 앞뒤 전체 문장을 다 읽기 바란다.) 우리가 깨어서 지금 남아 있는 미전도 종족들에게 빨리 복음을 전하면 그만큼 예수님의 재림이 빨라진다. 정말 이 사실을 믿는가? 그렇다면 '왕의 선교' 운동에 참여하기를 요청한다.

이제는 온 세계 교회가 깨어나야 할 때다. 마 24:14 "이 천국 복음이 모든 민족에게 증언되기 위하여 온 세상에 전파되어야" 끝이 온다. 예수님은 민족에 대한 구체적인 정의가 뭔지(사회 문화적인 카스트도 한 종족으로 계산해야 하는지 등), 각 민족 안에 복음이 몇 %나 전파 되어야 끝이 오는지 구체적으로 말씀하신 적이 없다. 주님만이 아신다. 우리가 미전도 종족의 기준으로 삼는 2%일 수도 있고 1% 혹은 20%일수도 있다. 하나 확실한 것은 점점 더 많은 사역자들이 목숨걸고 미전도 종족들을 개척하고 있다는 사실이다. 눈에 잘 보이지는 않지만 신실한 제자들이 지금도 지구촌 여기 저기서 종족 복음화를 위해 헌신하고 있다.

앞으로 2020 선교 대회를 기점으로 '왕의 선교 운동'이 퍼져나가면서 복음화율 0.1% 미만의 4,800개 종족에 더 많은 사역자들이 세워질 것이다. 이미 GAP에 속한 여러 교회들을 중심으로 이 운동이 전개되고 있다. 하나님께서 단추를 누르신 것 같다. 이제부터 본격적으로 온 교회들이 깨어서 종족 개척에 나서게 될 것이다. 주의 날이 점점 더 가까이 다가온다.

어쩌면 롬 11장에 나오듯이 온 이스라엘이 민족적으로 회심하고 그리스도께 돌아오는 시점이 더 정확한 재림의 징조일 수도 있다. 우리 교회 2호 파송 선교사가 이스라엘에서 사역하고 있어서 잘 안다. 이스라엘도 지금 크게 변하고 있다. 마 23:3 "찬송하리로다 주의 이름으로 오시는 이여" 하면서 예수님을 영접하는 분위기로 점차로 무르익고 있다. 물론 아직은 하늘에 작은 구름 조각이 떠오른 정도이다. 그래도 그 구름 조각이 점점 더 커지고 있는 것이 내 눈에는 보인다.

지금은 마지막 때의 마지막이다. 징조가 있든지 없든지 상관없다. 지금은 은혜의 때이고 구원의 날이다. 지금은 모든 교회가 '종말 양상 (mode)'으로 기어를 바꿀 때다. 온 교회가 깨어나야 할 때다. 이제는 강단에서 순수한 복음만이 선포되어야 한다. 회개, 거룩한 삶, 자아의 죽음, 교회의 회복, 부흥, 예수님의 재림, 땅끝까지 선교가 모든 교회의 설교 주제가 되어야 한다. 다른 데 기웃거릴 시간이 없다. 하루속히 성도들을 철저한 복음으로 무장시켜야 한다. 이 시대에 말씀대로 순종한다는 의미는 말씀대로 살다가 순교한다는 뜻이다. 선교적 삶이 순교적 삶으로 이어진다. 물리적인 죽음이 따르던 아니던 그리스도인의 삶의 출발과 끝은 죽음이다. 선교지를 다니면서 점점 더 그런 시대로 바뀌는 것을 체감한다.

우리 교회의 이름은 마라나타 비전교회이다. 10년 전 처음 개척할 때 미국 교회와 Partnership으로 시작했기 때문에 미국 교회 이름을 함께 사용했다. 미국 교회가 Canyon Creek Church였고, 우리는 캐넌크릭한인교회였다. 그런데 위에서 말했듯이 2014년에 주님께서 이곳 Livermore에 교회 건물을 거저 주다시피 주셔서 이곳으로 옮기면서 할 수 없이 교회 이름을 바꾸어야 할 필요가 생겼다. 성도들에게 교회 이름을 공모했는데 가장 많이 나온 이름이 '마라나타'와 '비전'이라는 단어였다. 그래서 '마라나타 비전교회'로 정했다. 한국에 나와서 목사님들을 만나면 우스개 소리로 이단 냄새가 난다는 말도 들었다. 마귀가 더럽힌 '마라나타'를 다시 되찾겠다고 다짐했다.

우리 교회의 목표는 다시 오실 주님의 길을 예비하는 것이다. 그리스도의 재림을 앞당기기 위해서 온 성도들이 '왕의 선교(지.총.협 선교)'에 헌신한다. 온 열방을 다니면서 잃어버린 미전도 종족에게 복음을 전한다. '기도-부흥-선교'의 이미 역사적으로 증명된 진리에 따라 모든 족속을 제자삼는 사명에 헌신하면서 한 마음으로 달려가고 있다. 그것이 마지막 때에 모든 교회를 향한 주님의 마음인 것을 확신한다. 이 글을 읽는 모든 분들에게 동일한 주님의 음성이 들려지기를 소망한다. 마라나타!

나가면서

앞으로의 과제

Prepare
the way of
our King

나가면서

앞으로의 과제

이 책을 쓰는 동기는 지금까지 하나님께서 우리 교회와 인도 총회를 통해 이루신 위대한 일들을 단순히 많은 사람들에게 알리기 위함이 아니다. 앞에서 말한 '왕의 선교' 즉 '지교회가 주도하는 총체적 협력 선교'는 정말 작동(working) 한다는 것을 우리 교회의 사례를 통하여 보여주기 위함이다. 동시에 앞으로 함께 '왕의 선교 운동'에 동역할 교회들을 찾기 위함이다. 모든 것이 다 준비되어 있다.

이 책을 읽고 왕의 선교에 대한 부담을 조금이라도 받았는가? 여러분을 인도로 초청한다. 인도에 와서 일주일이던 한 달이던 합숙하면서 '목회자를 위한 선교 훈련'을 받기를 권고한다. 안강희 목사님이 직접 훈련하신다. 직접 여러분이 마을을 다니며 복음을 전해서 가정교회를 개척하고 일꾼을 찾아 세우는 사역을 해 보아야 한다. 이미 한국 교회와 미주 한인교회와 일본 교회의 여러 목회자, 그리고 세계 각지의 많은 선교사들이 와서 이 훈련을 받았다. 온 교회가 왕의 선교를 하기 위해서는 담임목회자가 먼저 이 선교 훈련을 받는 것이 중요하다.

이뿐 아니라 우리가 여러분의 지역을 방문해서 지역 목회자들에게 선교 훈련도 한다. 지교회가 왕의 선교를 할 수 있게 리더들이나 성도들을 대상으로 훈련도 한다. 미전도 종족을 입양해서 선교 팀들이 선교지에 갈 때는 12주 선교 훈련도 할 수 있도록 돕는다. 선교지에서 현지 교회들과 현지 사역자들을 통해서 함께 교회를 개척할 수 있도록 지원한다.

주님께서 세계 선교를 위하여 한국 교회와 디아스포라 한인교회들에게 큰 사명을 맡기셨다. 전 세계 교회를 아무리 둘러보아도 아직 기도의 불, 선교의 불이 살아 있고 세계 선교를 완성할 수 있는 역량을 가진 교회는 한국 교회밖에 없다. 비록 지금 한국이 가장 어려운 격동기를 지나고 있지만, 한국이 결코 망하지 않는다는 확신을 갖는 이유는 바로 이 때문이다. 마지막 때에 주님께서 한국 교회를 통해 이루시려는 선교 과제가 아직 끝나지 않았다. 개인이건 나라이건 사명이 있는 한 결코 죽지 않는다. 어려움을 겪고 바닥에 처박힐지는 몰라도 망하지는 않는다는 확신이 든다. 주님께서는 한국 교회가 해야 할 사명 때문에 한국을 보존하실 것이다.

2020 세계 교회 지도자 미전도 종족 개척 선교 대회

내년 10월 13일부터 15일까지 한국에서 '2020 세계 교회 지도자 미전도 종족 개척 선교 대회'(2020 GAP for FTT: 2020 Global Assembly of Pastors for Finishing The Task 약칭: 2020 선교 대회)가 열린다. 선교 대회라고 하면 선교사들이 나와서 사역 보고와 간증을 하고 성도들이 은혜받고 선교사로 결단하고 재정 지원을 하는 것이 생각날지 모르겠다. 이번에 열리는

'2020 선교 대회'는 전혀 성격이 다르다. 한국 교회와 디아스포라 한인교회들이 일어나서 실제로 미전도 종족을 개척할 틀을 짜기 위함이다. 선교 대회를 기점으로 한국 교회에서 '왕의 선교' 운동이 전개될 것이다.

지금까지 세계 교회의 우선 과제는 미개척 미전도 종족(UUPG)이었다. 그런데 과거 약 25년간 '남은 과업 성취(FTT: Finish The Task) 운동'을 벌여온 결과 3,000여 개의 미전도 미개척 종족(UUPG)들이 거의 다 개척되었다. 선교 역사상 가장 큰 진전이다. 그래서 이제는 전 세계에 복음화율 0%는 거의 없다(2019년 8월 현재 약 260여 개만이 남았다.). 문제는 겨우 0%를 벗어났지만 그 땅은 여전히 흑암에 싸여 있다. 복음화율을 0.001%에서 0.1%로, 그리고 0.5%로 끌어올려야 한다. 앞으로 10년 내로 적어도 1%대로는 끌어올려야 한다. 그래서 '2020 세계 교회 지도자 미전도 종족 개척 대회'를 열기로 결정했다. 이 대회를 기점으로 지교회가 주도하는 미전도 종족 개척이 본격적으로 시작될 것이다.

이번 '2020 선교 대회'는 FTT 운동본부, GAP, Joshua Project, 24:14 Coalition이 함께 진행한다. 이 대회에서 세계 교회 선교의 최우선 과제를 제시할 것이다. 물론 아직도 우리의 목표는 전 세계에 남아 있는 7,000여 개의 미전도 종족이다. 이 목표를 좀 더 좁히기로 했다. 복음화율 0.1% 미만의 약 4,800개 미개척 종족들(Most Underengaged Unreached People Groups or Frontier Unreached People Groups)이다. 이들은 약 140개국에 흩어져 있다. 인구로는 약 18억 명이나 된다.

필자는 북인도 선교를 하면서 복음화율 0.1% 미만이라는 의미를 안다. 그 지역에 가면 교회가 전혀 없고 대부분 주민들이 예수 이름을 평생 한 번도 들어본 적이 없다는 뜻이다. 영적 흑암에 싸여 있다. 복음에 대해 매우 적대적이다. 이들이 세계 교회에 주어진 선교의 최우선 과제이다.

'2020 선교 대회'는 앞에서 설명한 'One Cycle'의 확장이다. 'One Cycle' 이 지금까지는 필자가 있는 미주 샌프란시스코 베이 지역과 한국의 일부 지역에 국한되었지만 이제는 전체 한국 교회와 전체 디아스포라 한인교회로 확장시킬 것이다. 교회들을 깨워서 '왕의 선교(지·총·협 선교)' 모델을 확산하고, 각 교회들과 선교 단체와 파송 선교사들 및 현지 교회들과 연합해서, 먼저 복음화율 0.1% 미만의 4,800개 미전도 종족들을 대상으로 제자삼는 사역을 전개할 예정이다.

그래서 '2020 선교 대회' 때 4,800개 미개척 종족(Most Underengaged Unreached People Groups) 중에서 90개국에 거주하는 약 500명의 현지 목회자 및 현지 사역자들을 한국으로 초청할 예정이다. 이들에게 '왕의 선교(지.총.협 선교)'를 훈련할 예정이다. 그리고 이들을 한국과 디아스포라 한인교회 500개 교회와 일대일(1:1)로 연결시킬 계획이다. 현지 사역자와 한국 교회가 서로 연결되어서 함께 미전도 종족을 개척하는 것이다. 지교회의 단기 팀을 그곳으로 보내고, 현지 사역자들을 재정적으로 지원하고, 그들을 사역적으로 훈련하면서, 현지에서 제자삼는 교회 개척 사역이 다른 종족으로 확산되도록 협력하는 틀이다.

이제부터 세계 교회의 최대의 선교 과제는 4,800개 미개척 종족들을 복음화하는 것이다. 이를 위해서 전 세계의 모든 교회들이 동원되어야 한다. '2020 선교 대회'는 세계 교회 지도자들과 현지 교회 지도자들이 서

2020 세계 교회 지도자
미전도종족 개척 선교대회
2020/10/13-15 인천 필그림교회

로 만나서 교회 개척을 위한 협력 선교의 전략과 계획을 협의하는 역사적인 현장이 될 것이다. '2020 선교 대회'에 대한 자세한 내용은 〈부록 10〉을 참조하라.

결론

지금은 마지막 때다. 각 시대마다 교회들이 처한 상황이 다르기 때문에 시대마다 양상(mode)도 달라져야 한다. 지금은 예수님의 재림을 준비하는 양상(mode)이다. 어떻게 다시 오실 주님을 맞이하는 준비를 해야 하는가? 앞에서 말했듯이 "주의 날이 임하기를 앞당겨야" 한다. 그냥 열심히 선교하는 것으로 부족하다. 교회들이 교회의 본질에 깨어나야 한다. 교회의 본질은 선교다. 예배가 선교의 동력이다. 한국 교회는 주님께서 교회를 세우신 원래의 의도에 맞게 갱신되어져야 한다. 주님께서 보여주신 초대 교회 모델로 돌아가야 한다. 성경이 말하는 '선교적 교회'로 바뀌어야 한다.

그러기 위해서는 지금의 모습으로는 안 된다. 전통적인 선교를 버리고 새 부대 새 패러다임을 선택해야 한다. '지교회가 주도하는 총체적 협력' 선교가 '왕의 길을 예비하는 선교'다. 이 책에서는 우리 교회 사례를 통해서 '왕의 신교(지.총.협 신교)'가 정말로 작동한다(working)는 것을 보여주었다. 선교는 반드시 지교회가 주도해야 한다. 담임목사가 앞장서야 한다. 지교회가 주도하는 총체적인 협력 선교는 반드시 성공한다. 이것이 예수님이 가르쳐주신 성경적 선교이기 때문이다. 예수님이 하라는 대로 순종하면 반드시 된다.

John Piper 목사님의 말씀이 늘 내 마음에 남아 있다. "There are only three kinds of Christians when it comes to world missions: zealous goers, zealous senders, and disobedient." "세계 선교에 대해서는 단지 세 가지 그리스도인만이 존재한다. 열정적으로 나가는 사람, 열정적으로 보내는 사람, 그리고 불순종하는 사람이다."[14] 여러분은 어디에 속하는가?

교회는 후송 병원이나 유람선이 아니라 사명 공동체이다. 교회는 온 열방에 죽어가는 영혼들을 살리기 위한 '그리스도의 군대'이다. 주님께서 2020 선교 대회를 기점으로 한국의 모든 교회들과 디아스포라 한인교회들을 선교적 교회로, '그리스도의 재림을 준비하는 교회'로 세워 가실 줄로 믿는다. 마지막으로 독자들에게 큰 소리로 외치고 싶은 것이 있다.

- 교회의 본질은 선교다!
- '왕의 선교(지.총.협 선교)'는 교회의 본질을 회복하게 만든다!
- '왕의 선교(지.총.협 선교)' 운동은 교회 갱신 운동이다!
- 담임목사가 깨어나면 온 교회가 깨어난다!
- 한국 교회가 살아나는 길은 온전한 십자가 복음이 회복되어야 하고, 동시에 모든 성도들은 이 땅에 보냄받은 선교사라는 진리에 깨어나야 한다!
- 한국과 전 세계 모든 교회가 함께 연대해서 왕의 선교로 '왕이 오시는 길을 예비하자!'

---

14 John Piper, "A Passion for the Supremacy of Christ—Where He Is Not Named", Sermon NOVEMBER 3, 1996, https://www.desiringgod.org/messages/a-passion-for-the-supremacy-of-christ-where-he-is-not-named

부록

1. '왕의 선교(지교회가 주도하는 총체적 협력 선교)' 모델의 특성
2. 제1차 북인도 교회 개척 선교를 마치고
3. '특별한 선교지 비하르(Bihar)'
4. 제3차 북인도 교회 개척 선교를 돌아보며
5. 북인도 마을 사역 가이드라인(Guideline)
6. 12주 선교 훈련 안내
7. 간증문 작성 요령
8. 선교 훈련시 매일 기도 제목
9. 팀장이 참조할 내용
10. 복음 소책자(Evangelism Tract)
11. 복음적인 말씀 묵상(3R QT)의 요령
12. 우리의 선교는 하나님의 역사입니다
13. '저는 엑스트라였습니다'
14. 2020 세계 교회 지도자 미전도 종족 개척 선교 대회' 취지문과 안내

Prepare
the way of
our King

〈부록 1〉

'왕의 선교(지교회가 주도하는 총체적 협력 선교)' 모델의 특성

앞에서 이미 오늘날 선교의 새로운 패러다임으로 왕의 선교에 대해서 여러 곳에서 설명했다. 여기서는 독자의 편의를 위해서 다시 종합적으로 정리한다.

전통적 선교로는 안 된다

전통적 선교는 한마디로 선교 단체가 주도적인 역할을 하는 선교이다. 우리가 오랫동안 너무나 잘 경험해 온 익숙한 모델은 무엇인가? 지교회는 선교 단체를 통해 선교사를 파송하고, 선교 단체는 그 선교사를 훈련시키고, 선교지에 파송하는 것을 돕고, 파송된 뒤에도 선교사의 사역을 감독하고 관리하는 것이 아닌가. 모든 선교의 중심이 선교 단체이며, 지교회는 수동적이다. 그저 물질과 기도로 후원하면 그만이다. 선교 단체가 다 알아서 한다. 지교회의 단기 선교는 비전트립 성격을 띤다. 지교회가 '직접' 전략적인 교회 개척 선교 활동에 참여하는 길이 막혀 있다.

더 큰 문제는 선교 단체가 자신의 전통하에 굳어진 틀 안에서 선교 사역을 계승한다는 사실이다. 선교 단체의 조직이 비대해 짐에 따라 계층 구조 안에서 유연성을 상실하는 사례도 많이 발생한다. 성령의 역사는 굳어진 틀 안에서는 행사되기 어렵다. 그런 분위기가 자연스럽게 파송 선교사들에게도 영향을 미친다. 교회를 개척하기가 어려운 구조가 되고, 설령 교회를 개척했다고 해도 선교사가 지배하는 '선교사의 교회'로 전락하기가 쉽다. 교회를 개척하는 것은 스승으로서가 아니라 아비로서 아이를 낳는 것과 같다. 선교 단체는 선교 단체를 낳고, 교회는 교회를 낳는다.

지난 2012년에 IMB Research Director로 있는 Jim Haney 박사가 강연에서 이런 말을 했다. 자기가 아프리카 Sierra Leone 침례교 선교 대회에 강사로 가서 참석한 유럽 선교사들에게(거의 다 선교 단체에서 파송된) "내년에 몇 개의 교회를 개척할 것인가"를 물었다. 대다수의 대답은 2개였다. 기대했던 것보다 너무 적은 숫자라서 "교회 개척을 위해서 뭐가 필요한가"라고 다시 물었다. 4가지가 필요하다고 대답했는데 교회 건물, 사택, 신학교 교육을 받은 목사(물론 사례비까지), 그리고 재봉틀(유럽 침례교인의 선물)이라고 답했다. Sierra Leone에 모인 서구 선교사들은 이러한 4가지 교회 개척의 요건이 갖추어지려면 일 년에 기껏해야 2개 이상의 교회 개척은 불가능한 것으로 인식하고 있었다. 그러면서 '동물이 클수록 재생산은 느려진다'고 말했던 것이 기억난다.

그렇다. 예수님은 한 번도 선교 단체에게 선교를 맡긴 적이 없다. 바울도 그렇다. 성경에 보면 주님께서 모든 선교를 그의 몸된 교회에 맡기셨다. 교회에게 예수님의 권세를 위임해 주셨다. 교회가 하나님 나라를 이 땅에 이루는 유일한 기관이다. 교회가 하나님 나라를 이 땅에 보여주도록 디자인 된 곳이다. 요 14:12 "내가 진실로 너희에게 이르노니 나를 믿는 자는 내가 하는 일을 그도 할 것이요 또한 그보다 큰 일도 하리니 이는 내가 아버지께로 감이라." 이 말씀은 교회를 향해서 하신 것이다.

"나를 믿는 자"는 앞뒤 문맥을 보면 그리스도와 연합한 자를 말하는데 머리와 몸으로 하나된 교회를 염두에 두고 하신 말씀이다. 교회만이 주님이 이 땅에서 하신 일보다 더 큰 일을 한다. 그렇게 처음부터 디자인하신 것이다. 대위임령도 교회에 주신 명령이다. 교회가 하늘과 땅의 모든 권세를 가진다. 교회가 "만물 안에서 만물을 충만케 하시는 자의 충만"이다. 왜 이렇게 교회를 엄청나게 만들었는가? 그리스도 안에 연합하여 온 하늘과 땅을 재통일하려는 주님의 뜻을 달성하기 위함이다. 교회가 미전도 종족을 개척하는 일에 전념하라는 뜻이다.

그런데 오랫동안 교회는 주님의 명령에 불복종했다. 모라비안 교회가 순종했기 때문에 선교에 큰 흔적을 남겼다. 그러나 그 이후로 대부분 교회는 선교에 무관심 했다. 그 결과 선교 단체가 나와서 교회가 할 일을 대신해 준 것이다. 그러나 성과는 성공이라고 말할 수 없다. 예수님이 명령하신지 2,000년이 지났는데도 여전히 미전도 종족은 7,000여 개나 된다. 인구수로는 약 45억 명이다. 지난 25년간 선교 단체가 열심히 선교하는데 미전도 종족의 숫자나 미전도 종족의 인구가 오히려 늘어나는 현상이다. 아직도 미개척된 종족(UUPG)들도 230여 개 남아 있다. 이제는 선교 단체 중심의 선교 사역에서 벗어나 지교회가 주도하는 선교로 바꾸어져야 한다.

'왕의 선교(지교회가 주도하는 총체적 협력 선교)' 모델이란?

'왕의 선교'는 선교의 새로운 패러다임이다. 아래 그림으로 표시될 수 있다. 그림에 나온 대로 4개의 선교 주체는 지교회, 선교 단체, 현지 교회들 연합, 장기 선교사이다. 이들이 총체적으로 협력해서 미전도 종족을 개척하는 선교이다.

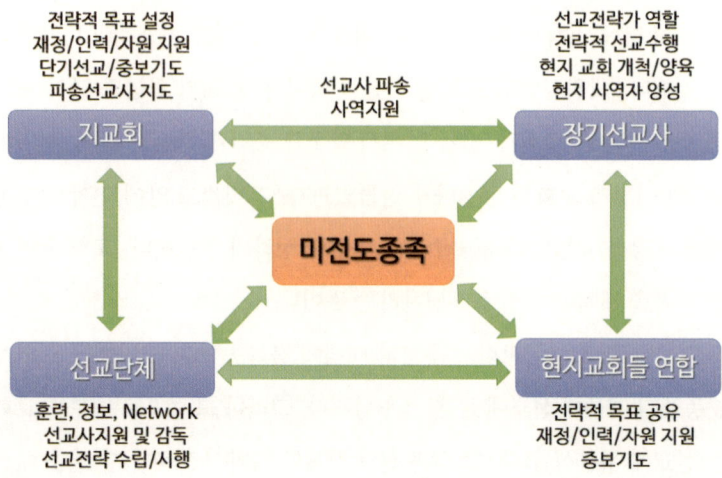

▶ '지교회'는 선교의 주도적인 주체가 된다. 담임목사를 중심으로 지교회가 어느 지역에 있는 어떤 종족을 개척할 지 전략적 목표를 설정하고, 교회 안에 있는 재정, 인력 등 모든 선교 자원을 동원해서 추진한다. 물론 담임목사가 전문적인 선교 지식을 갖지 못한 경우가 많기 때문에 선교 단체의 도움을 받아야 한다. 지교회는 어떤 선교 단체를 만나는 가가 가장 중요하다. '지.총.협 선교'를 수행하는 선교 단체를 선정해야 한다.

▶ '선교 단체'는 지교회를 지원하기 위해서 기꺼이 모든 선교 정보와 훈련, 연결된 network를 공유하고, 각종 선교 도구들을 제공한다. 그리고 담임목사가 선교 전략을 수립하는 것을 돕고, 지교회가 파송한 선교사를 감독하고, 함께 선교 목표를 달성하기 위해서 협력한다. 우리 교회는 세계협력선교회(GAP: Global Assistance Partners)와 연합해서 모든 선교를 수행한다.

▶ '현지 교회들 연합'은 말 그대로 선교할 현지에 있는 교회들이다. 우리의 경우는 인도 현지에 조직한 '뉴라이프미션 총회'이다. 그 총회 산하에 45,000여 개가 넘는 지역교회와 가정교회들이 소속되어 있다. 그 중에는 세례 교인 수가 10명이 넘는 지교회의 형태가 2,500여 개가 있고, 센터 교회로 더 큰 규모로(건물을 가진 경우도 있다.) 모이는 교회가 117개가 있다. 한 달 합숙 훈련을 마치고 전문적으로 교회를 개척하고 제자삼을 수 있는 목회자들이 2,400여 명이나 된다. 이들은 GAP의 지도를 받으면서 (더 구체적으로는 총회의 국제이사들) 동일한 전략적 목표를 지원하고 선교 자원을 제공하면서 함께 협력해서 교회 개척 사역을 수행한다. 교회 개척 선교 팀이 나갈 때는 이들이 우리의 통역자가 되고 우리의 가이드가 되고 함께 팀을 이루어 미전도 종족들을 개척한다. 우리 교회의 선교 목표가 동일하게 그들의 선교 목표가 된다.

▶ '장기 선교사'는 지교회에서 파송한 선교사이다. 아예 처음부터 장기 선교사를 파송할 수도 있고 형편에 따라 1년에서 2년 정도 현지에 살면서 종족 개척을 할 중단기 선교사를 파송할 수도 있다. 그런데 반드시 미전도 종족 '개척 선교 전략가'(Strategy Coordinator Training) 훈련을 받아야 한다. 이 새로운 모델하에서 장기 선교사는 '개척 선교 전략가'가 되어야 하기 때문이다. 미전도 종족 개척에 앞에서서 현지인들을 훈련하고 준비시키는 일을 해야 하고, 지교회의 선교 팀들이 들어올 때는 모든 필요한 사역을 도와서 효과적인 개척이 이루어질 수 있도록 조정하는 역할을 해야 한다. 그리고 선교 팀이 떠난 뒤에도 현지의 개척된 교회를 돌보아서 성장할 수 있도록 키워야 한다. 그뿐 아니라 지교회의 다음 선교 목표를 향해서 계속해서 개척 선교를 할 수 있도록 책임을 진다.

'왕의 선교' 모델의 특성

'왕의 선교' 즉 '지교회가 주도하는 총체적 협력 선교' 모델의 특성을 아래와 같이 세 가지로 요약할 수 있다. 이 글은 지교회 담임목사들을 돕기 위한 목적이므로 목회적 관점에서 기술하겠다.

(1) 총체적인 협력 선교이다

협력이라는 말은 미개척 종족을 개척하기 위해서 모든 관계되는 조직들이 서로 연계하여 한 가지 목표를 향해 마음을 열고 협력한다는 뜻이다. 지교회, 교단 선교부, 선교 단체, 장기 선교사, 현지의 사역자들이 전략적이며 총체적으로 상호 간에 협력해야 한다. 이것은 남은 과업 성취 운동의 비전을 이루기 위해서 반드시 필요하다. 지금까지는 전문 선교 단체나 신학교, 성경 번역 단체나 교단 선교부 등에서 서로의 사역들이 연계되지 않았기 때문에 각각의 사역들이 단독적으로 추진되는 경우가 많았다. 결국 중복 투자로 인한 자원의 낭비뿐 아니라 선교 사역의 상승 효과를 가져올 수 없었다.

그러나 서로 긴밀하게 협력한다면, 지교회가 선교 단체에 누적된 교회 개척에 대한 방법론, 미개척 종족에 대한 자료, 현지어로 된 전도지, 제자 훈련 자료 등 각종 사역 자료를 공급 받을 수 있다. 그 결과 지교회가 선교 단체와 선교지의 현지 사역자들과 함께 교회 개척에 대한 효과적인 전략을 세우고 실행에 옮길 수 있다. 물론 지교회는 선교의 물질과 선교의 인력 등 모든 선교 자원을 지속적으로 동원해서 제공해야 할 책임이 있다. 협력을 통해 지교회가 주도하는 전략적인 교회 개척이 가능하게 된다.

이것은 선교 단체에게 혁명적인 변화를 요구한다. 전에는 선교 단체가 자신의 선교를 위하여 필요한 재정과 인원을 지교회에 요청했는데, 이제는 반대로 지교회에서 설정한 전략적 목표를 달성하기 위하여 선교 단체가 필요한 모든 사역 자료와 축적된 선교 노하우를 지교회에 공급해 주어야 한다. 전에는 선교 단체가 파송한 선교사였지만 이제는 교회가 파송한 선교사이다(우리 교회는 교회와 GAP 선교 단체가 동시에 파송한다.). 교회가 파송한 장기 선교사를 선교 단체가 훈련시켜주고, 개척 선교에 필요한 모든 자원들을 공급해 주고, 개척 선교에 필수적인 연결까지 도와 주어서 교회 개척 운동이 일어날 수 있도록 서로 오픈해서 협력하는 패러다임이다.

(2) 지교회가 주도한다

지교회가 선교를 주도해야 하는 것은 앞에서 말한 대로 성경의 원리가 그렇기 때문이다. 현실적으로도 타당한 전략이다. 그동안 많은 선교 단체들이 수많은 선교사들을 동원해서 세계 선교 활동을 벌여왔지만 앞으로 남은 미완성 과업을 끝내기 위해서는 현재 구조로는 역부족인 것을 이미 실감하였다. 앞으로 새로운 수천 명의 선교사들이 더 필요한데 전 세계 어떤 교단이나 선교 단체에서도 그 정도의 선교사를 새로 파송할 수 있는 여력은 없다. 오히려 요사이는 선교 재정을 축소하기 때문에 선교사를 줄이는 실정이다. 앞으로 남아 있는 미개척 종족을 개척하기 위해서는 지교회의 성도들이 선교의 주체가 되어서 일어나야 한다.

지교회에게 새로운 책임이 부여된다. 담임목사 기능에 대해서 혁명적인 변혁이 요구된다. 많은 교회에서 목회 방침이 전면 재수정 되어야 한다. 개교회주의나 단순히 성도들의 숫자를 늘리는 양적 성장의 목회는 배격되어야 한다. 신약 교회는 언제나 '제자들의 공동체'였다. 신약 교회로의 회복이 일어나야 한다. 담임목사는 자신의 교회를 '선교적 교회' 혹은 '선교사 교회'의 구조로 만들 책임이 있다. 모든 선교에 대해서 담임목사의 주도적 참여와 리더십을 행사해야 한다. 지교회에서 모든 선교에 동원되어야 하므로 전체 교인들을 헌신적으로 선교에 참여시킬 수 있는 목회로 바뀌어야 한다. 한마디로 교회가 존재하는 이유가 선교가 되어야 한다. 이것을 모든 성도들에게 설교나 기타 다른 방식으로 지속적으로 설득시켜야 한다.

선교는 그리스도의 왕 되심을 온 열방에 선포하는 것이다. 너무나 자연스런 일이다. 이것은 행사를 열어 홍보하거나 설득하는 것이 아니다. 그리스도가 우리의 주인이고 왕이시기 때문에 그런 정체성대로 사는 삶의 모습을 자연스럽게 보여주는 것이다. 그것이 우리 삶으로, 우리 입으로 선포되어 지는 것이 선교다. 만약 담임목사가 정말 천국과 지옥을 믿는다면, 정말 그리스도의 복음을 믿는다면, 주변에 열방에 죽어가는 영혼들을 보면서 가만히 있겠는가? 마음속 깊은 곳에서 우러나와 애타게 복음을 전하게 될 것은 너무나 자연스런 일이다.

그게 선교다. 성도들에게 '교회가 무엇인지'를 바로 교육하는 것이 가장 중요하다. 담임목사가 해야 할 가장 중요한 일은 성도들을 말씀과 기도로 무장시키는 일이다. 성도들이 두 주인(돈과 하나님)을 섬기지 않고 한 주인만을 섬기게 만들면 된다. 모든 성도들의 진정한 왕이 예수님 한 분이 될 때, 성도들은 왕의 명령대로 왕국을 위해 삶을 드릴 것이고, 그 교회는 자연히 '선교적 구조'로 바뀌게 된다. 무슨 특별한 방법론이 있는 것이 아니다. 말씀대로 순종하면 된다. 강단에서 언제나 '하나님 나라 복음'이 전해지면 된다. 복음은 언제나 하나님 나라 복음이다. 강단에서 하나님 나라 복음이 바로 선포되면 자연히 '왕의 길을 예비하는 선교'로 이어질 수밖에 없다.

그리스도인의 삶은 날마다 그 하나님 나라 안으로 침입해 들어가는 삶이다. 교회를 이미 한 몸으로 부르셨다. 그것이 단순히 개념적 수준에 그쳐서는 안 된다. 날마다 실천적으로 내가 그 몸 안으로 들어가서 하나가 되는 경험을 누려야 한다. 다른 말로 그리스도의 임재 안으로 들어가야 한다. 예배 때뿐만 아니라 모든 삶에서 24시간 내내 그 안에 거하는 것이 핵심이다. 그 나라 안에 들어가면 거기는 염려와 걱정이 없다. 우울증과 질병도 없다. 오직 의와 평강과 기쁨이 있다. 사랑과 지혜와 충만함이 있다. 그것이 바로 풍성한 삶이다.

담임목사가 하나님 나라 복음만을 충실하게 전한다면, 모든 성도들이 천국 복음을 믿고 미래적 천국과 현재적 천국 안에 동시에 사는 삶으로 반드시 변화될 것이다. 모든 생각과 행동과 삶의 동기가 예수 그리스도가 되는 삶으로 바뀔 것이다. 그게 '선교적 교회'다. 왕의 선교를 목표로 온 교회가 한 마음으로 달려갈 때 '선교적 교회'로 점차로 바뀌게 된다. 새 시대의 새 선교는 지교회가 주도하는 '왕의 선교'가 되어야 한다.

(3) 중보 기도가 모든 사역의 중심이 되어야 한다

미전도 종족 교회 개척 사역을 해보면 선교가 사탄의 세력과 정면으로 대결하는 것임을 알 수 있다. 수천 년 동안 어둠의 세력이 지배하던 곳에 처음으로 우리가 들어가 십자가 복음을 전해서 강한 자를 밀어내는 사역이다. 눅 11장처럼 강한 자가 무장을 하고 집을 지키고 있는데 우리가 더 강한 자로 침입해 들어가서 마귀의 무장을 해제시키고 그들의 재물을 빼앗는 것이다. 그 발 아래 신음하던 택한 백성들을 도로 찾아서 해방시키는 일이다.

　북인도 지역에는 가는 곳마다 귀신 들린 자들이 수 없이 많다. 복음을 전하고 예배를 드리면 귀신이 드러난다. 그때마다 팀원들이 함께 기도하면서 귀신을 내쫓는다. 우리 교회 성도들에게 이런 일을 하는 것은 매우 평범한 일이 되었다. 현지에 개척한 교회 안에는 귀신에 붙잡혀 있다가 질병에서 놓임을 받고 예수 믿고 사역자가 된 간증은 수없이 많다.

　교회 개척 사역은 마귀와 싸우는 영적 전쟁이기 때문에 기도 훈련이 가장 중요하다. 선교를 나가기 전의 12주 훈련 기간은 대부분 기도와 예배의 훈련이다. 선교지로 출발하는 순간부터 도착할 때까지 팀 사역을 하는 시간을 빼면 모두 말씀, 기도, 찬양의 예배로 구성된다. 모이면 예배한다. 차를 타고 이동할 때도 예배다. 다른 개인적인 대화나 다른 것들을 일절 못하게 한다. 선교 기간 10일간 온 팀들이 하나 되어서 전심으로 주님께 향하고 주님을 예배하고 주님의 복음을 전하는 일만 전념하고 돌아온다. 그런데 선교할 때만 이렇게 하는 것으로는 부족하다. 우리의 삶 전체가 예배가 되어야 하고 평소에 기도의 용사가 되어야 한다.

　또 담임목사로서 온 교회에 주지시켜야 할 중요한 것이 있다. 선교 팀이 선교지에 가는 것은 선교 팀만 가는 것이 아니고 교회 전체가 간다는 사실이다. 교회는 한 몸이기 때문에 그렇다. 그래서 선교 팀을

▶ 마라나타 비전교회 예배 중 기도 장면, 2013년 온 가족 수련회 중

보내고 나서 반드시 온 교회가 열심히 기도로 지원해야 한다. 지교회는 기도 본부 역할을 한다. 선교지에서 일어나는 상황은 SNS를 통해 실시간으로 기도 본부에 보고 된다. 현지에서 진행되는 팀 사역과 기도 제목을 보내오면 본부에서 즉시 중보 기도팀이나 리더들에게 알려서 기도로 지원한다. 매일 새벽과 저녁 기도회로 모여서 함께 기도한다.

우리가 자주 사용하는 비유처럼 선교사가 우물 안으로 줄을 잡고 내려가는데 위에서 줄을 잡고 있는 모습이다. 20명의 선교 팀들이 개척 선교를 가면 나머지 성도들은 다 이 줄을 잡고 있어야 한다. 온 몸에서 땀이 나고 때로는 손에 상처가 나야 한다. 온 몸이 성령 안에서 하나가 되어 함께 사역하는 것이다.

그래서 선교 훈련이나 혹은 선교 기간이 아니더라도 평소에 온 교회가 기도하는 훈련이 가장 중요하다. 선교는 오직 기도로 이루어진다. "기도 외에는 이런 종류가 나갈 수 없다." 기도 없이 선교하면 반드시 마귀의 공격으로 무너지고 시험든다. '왕의 선교 모델'의 핵심은 기도다. 성령 안에서 끊임없는 기도가 교회 공동체 혈관 속에 지속적으로 흘러야 한다.

(4) 선교사의 역할 변화가 필요하다

'왕의 선교' 즉 '지교회가 주도하는 총체적 협력 선교'에서 장기 선교사의 역할은 전통적인 선교사의 역할과 전혀 다르다. '지.총.협' 선교사는 '선교 전략가 역할'을 수행해야 한다. 즉 미전도 종족 개척을 위해 필요한 모든 전략을 알고 미전도 종족을 완전히 복음화할 수 있는 사람이어야 한다. 미전도 종족 현지에서 조사를 해서, 그에 따라 교회 개척에 필요한 전략을 세우고, 현지 사역자를 양성하고, 전도 및 양육 자료를 개발하고, 협력 선교 자원과 재정을 동원하여 target으로 삼은 미전도 종족에 자립적이고 재생산적이고 선교적인 교회 개척 운동을 추진해야 한다. 전략적 개척 선교를 수행할 능력을 갖추어야 한다.

오늘날 선교지에 파송된 선교사들 대다수가 교회 개척을 하지 않는다. 정말 개탄할 현실이다. 이것은 선교학이 잘못되어서 그렇다는 이야기를 듣고 동감했다. 성경적인 선교가 아니라 인간이 만든 선교학에 바탕한 선교를 해서 그렇다(물론 성경과 위배되는 부분에서). 그런 중에 소수의 선교사들이 교회를 개척하는 것은 매우 귀하다. 그러나 그런 선교사들도 앞에서 언급한 '전략적 개척 선교'를 하지 못하는 경우가 많다. 그저 교회를 열심히 개척해서 그곳에 눌러 앉아서 담임목사 역할을 하는 경우도 많이 보았다. 선교사가 떠나면(재정 지원이 끊기거나, 그만큼 교회를 이끌 현지 지도력이 부족하면) 그 교회는 무너진다. 선교사에 의존하는 교회를 개척하는 것은 전략적 선교가 아니다.

세계협력선교(GAP)에서는 매년 미전도 종족 개척 선교를 위한 선교 전략 코디네이터 훈련(Coverage Strategy Coordinator Training)을 실시한다. 우리 교회에서 파송한 선교사도 이 훈련을 받고 파송했다. 이 훈련에서 제공하는 미전도 종족 교회 개척(Church Planting Movement) 훈련과 선교 전략 코디네이터 훈련을 받고 나면 미전도 종족 및 선교 대상 지역을 개척할 수 있는 비전과 전략과 방법을 마스터할 수 있다. 5주 동안 합숙하면서 기존 선교사들에게 미전도 종족 내에서 교회 개척 운동을 일으킬 수 있도록 무장시킨다. 성경적인 사역 원리와 실천 사역까지 함께 다룬다.

오늘날 모든 지역에 파송된 선교사의 역할이 바뀌어야 한다. 물론 과거에 교회가 파송한 선교사들을 갑자기 미전도 종족에게 교회 개척 선교를 하도록 요구하기에는 무리가 따를 것이다. 지교회가 현재 선교 단체나 교단을 통해 파송한 선교사들은 그대로 유지해야 할 것이다. 그러나 점차적으로 교회 개척 선교로 바꾸도록 요구하는 것이 필요하다. 이미 파송된 선교사들도 재교육을 받기를 권고한다. 지금과 같은 전통적인 방식을 빨리 벗어나야 한다. 새롭게 왕의 길을 예비하는 선교로 전환이 시급하다.

<부록 2>

'제1차 북인도 교회 개척 선교'를 마치고

김궁헌 목사

　북인도! 그곳에는 하나님의 특별한 섭리의 손길이 머물고 있었다. 지금이 바로 "추수기"라는 말이 이번에 파송된 17명의 교회 개척 선교사들의 입에서 똑같이 흘러 나왔다. 우리가 가는 곳마다 복음에 목마른 사람들이 몰려들었고, 어눌하기(?) 짝이 없는 우리들의 단순한 복음의 외침을 듣고 수많은 사람들이 예수님을 영접하고, 살아계신 하나님께로 돌이키는 대추수의 역사가 전개 되었다.

　우리 17명의 선교 팀은 이번에 5개 팀으로 나눠서, 12명(연인원 20명)의 현지 사역자들과 함께 여러 마을을 예수 그리스도의 복음의 횃불을 들고 진군했다. 북인도 Bihar주의 Patna와 Arah 지역에 Bhojpur 언어를 사용하는 약 100개의 마을이었다. 12월 19일부터 12월 31일까지 그렇게 선교했다. 그러나 약 80시간의 왕복 여행(기다리는 시간을 포함)과 그곳 현지 교회들을 격려하기 위한 성탄절 축제 행사 등을 빼고 나면 실제로 마을을 방문해서 하루 종일 사역할 수 있는 기간은 5일간이었다. 이 짧은 기간에 엄청난 역사가 일어났다. 힌두와 이슬람의 어두움 영에 눌려 소망없이 살아가는 그곳에 복음의 밝은 빛이 비추었다.

우리 팀은 약 10,000여 명에게 예수 그리스도의 십자가 복음을 전했고, 이중에서 약 3,800명이 예수님을 새로 영접했다. 엄청난 규모의 수확이다. 혹시 이들이 예수님을 힌두교의 잡신의 하나로 생각하고 영접하지나 않나 염려했다. 복음 제시가 끝나고 "예수님을 구주로 영접하기 원하면 손들라"고 할 때마다 너무 많은 사람들이 손을 들기에, "손을 내리라"고 하고 다시 한 번 한 분이신 여호와 하나님과 그의 아들 예수가 유일한 진리와 길임을 설명하곤 했다. 미심쩍어서 때로는 앞으로 나오라고 할 때도 있었고, 예수님을 영접하는 사람들에게 한 사람씩 안수 기도까지 해주었다. 나중에 안 일이지만 이것을 세례를 베푸는 것으로 생각해서 앞으로 나오지 않은 사람도 있었다고 한다.

함께 간 17명의 팀원들은 정말이지 잘 무장된 복음의 특공대였다. 아침에 일어나서부터 잠잘 때까지 쉬지않고 아무도 예배하지 않은 그 땅에서 마음껏 주님을 예배했다. 찬양과 경배로 하루를 시작하고, 방문하게 될 마을을 놓고 힘차게 중보 기도를 하고, 차를 타고 이동할 때도 쉬지 않고 예배가 하늘로 향해 올라가게 했다. 마을로 들어갈 때는 "문들아 머리 들어라" 찬양으로 선포하며 만왕의 왕 예수의 이름으로 어둠의 세력을 몰아내었고, 다 마치고 나올 때는 그 마을을 예수님의 이름으

▶ 팀 전원이 함께 기도하는 모습

로 축복했다.

가는 곳마다 주님께서 승리를 안겨 주었다. 물론 도중에 강한 방해와 저항도 있었다. 호기심에 모여 들었다가 "예수가 유일한 길"이라는 말을 듣고 자리를 떠난 사람들도 있었고, 반론을 제기하면서 우리의 말을 가로막기도 했고, Kantani Char라는 마을에서는 약 100명이 모였는데 이들을 향해 힘껏 복음을 외쳤지만 한 명도 영접하지 않고 끝내야 하는 아픔도 있었다. 그러나 복음은 언제나 힘차게 확산되었다.

수많은 병자들과 고통 당하는 자들에게 안수 기도했는데, 즉석에서 고통이 사라졌다고 좋아하는 경우도 많았다. 벙어리와 귀머거리들에게 안수 기도 했는데 표적과 기사가 나타나지 않아서 실망한 적도 있었다. 그러나 정말 놀라운 것은 눈에 보이는 표적이 없어도 수많은 영혼이 주께 돌아오는 "영혼의 대추수"의 기적이 나타났다. 우리는 그들의 머리에 손을 얹고 전심으로 기도하면서 하늘의 복을 마음껏 선물했다.

획기적인 사건

이번 제1차 북인도 교회 개척 선교를 마무리 하면서 주님께서 주신 마음은 이것은 흔히 말하는 "단기 선교"가 아니라는 것이다. 그곳에 계신 어떤 선교사님은 인도에 파송된 장

▶ 바하르 마을 사역 중 한 장면

기 선교사 20명이 오랜 기간 선교한 결과보다 더 많은 영혼이 주께 돌아온 엄청난 역사라고 격려해 주었다. 우리는 앞으로 이 사역을 "단기 선교"라고 부르지 않기로 했다. 우리 교회의 선교에 큰 획을 긋는 사건이다. 그리고 한국 교회와 전 세계에 흩어져 있는 한인교회에 "새로운 교회 개척 선교 모델"을 제시하는 사건이다. 아래와 같이 네 가지 의미를 생각해 보았다.

첫째, 지역교회가 "선교의 주체"가 되어 미전도 종족에게 가서 가정교회를 개척하는 선교가 이 시대에 새로운 패러다임의 선교임을 입증했다.

지금까지 지역교회는 해외 선교에 있어서 매우 제한적인 역할만을 수행했다. 선교 단체가 선교의 주체가 되고, 지역교회는 선교사를 파송하거나, 재정적으로 돕거나, 혹은 중보 기도로 돕는 일이 전부였다. 단기 선교는 파송된 장기 선교사의 사역을 돕는 역할을 주로 할 뿐이었다. 그러나 이런 과거의 전통적인 선교 방식으로는 주님의 재림을 앞두고 아직도 남아 있는 수많은 미전도 종족을 복음화시키는 "남은 과업"을 수행하기에는 역부족이라는 데 모든 선교 단체가 공감한다.

어느 선교 단체나 교단도 당장 미전도 종족을 복음화하는데 필요한 수천 명의 선교사를 보낼 능력이 없다. 각 지교회의 교인들이 모두 다 선교사가 되는 방식이 아니고는 남은 과업을 수행할 수 없다는 것이 "남은 과업 성취 운동(FTT)" 협력 선교 기관에서 모두 한 목소리로 공감했던 과제였다. 이것이 이 마지막 시대에 성공적이고 실현 가능한 교회 개척 선교 모델이라는 것을 각 지역교회에 설득할 사례가 필요했다. 이번에 우리 교회의 북인도 교회 개척 선교는 비록 짧은 기간이었지만 지역교회가 선교의 주체가 되고, 선교 단체와 협력해서, 미전도 종족을 직접 개척할 수 있다는 것을 성공적으로 입증했다. 앞으로 새로운 교회 개척 선교 모델로 우선 한국과 미주 전역에 있는 교회들에게 확산되기를 소원한다.

둘째, 지교회와 선교 단체가 긴밀하게 협력하여 모든 선교 자원을 공유하고, 현지 사역자들을 동원해서 효과적인 사역을 할 수 있음을 확인했다.

이번에 FTT 협력 선교 기관인 GAP 선교 단체는 해외 교회 개척 선교에 경험이 없는 우리 교회를 도와서 선교 모델을 제시하고, 훈련된 북인도의 현지 사역자들을 교회와 연결시켜서, 지교회와 선교 단체, 그리고 현지 교회가 하나로 협력하여 미전도 종족 개척 선교를 성공적으로 이루었다. GAP의 P목사님은 우리 교회를 도와 '선교자문가'로서의 역할을 잘 수행했다. 우리 교회가 선교 방향을 정하는데 큰 도움을 주었고, 한 번도 직접 선교에 경험이 없는 우리에게 필요한 정보를 제공하고, 용기를 주며, 훈련 내용까지 점검해 주었다. 그런 상세한 자문 때문에 한 번도 가보지 못한 열악한 북인도에 그것도 단독으로 큰 위험 부담을 안고 갈 수 있었다.

인도 현지에서 A 선교사님은 지난 9월 Patna 지역에서 현지 사역자 훈련을 통하여 80여 명의 현지 사역자를 배출했다. 이것이 이번 선교에 결정적인 도움을 주었다. 훈련 받은 사역자들 중에서 가장 우수한 12명(연인원 20명)을 선발해서 함께 동역할 수 있었다. 우리는 이들 현지 사역자들을 겸손한 마음으로 섬겼고, 모두가 한 마음이 되어 복음을 전했다. 지역교회가 중심이 되어 선교 단체의 지원을 받을 때 얼마나 효과적인 현지 선교 사역이 이루어 질 수 있는지 보여준 사례이다.

셋째, 지역교회와 현지 사역자들과의 팀 사역이 한 몸처럼 이루어 질 수 있음을 실감했다.

이번 선교의 핵심은 현지 사역자들과 함께한 팀 사역이었다. 우리 교회에서 3명, 그리고 현지 사역자 2명, 총 5명이 한 팀이 되어 미전도 종족(UPG) 혹은 미접촉 미전도 종족(UUPG) 마을들을 공략했다. Bihar주를 책임지고 있는 B 목사님이 우리와 함께 일할 현지 사역자들을 선정했다. 그리고 우리 팀이 도착하기 전에 미리 공략할 미전도 종족 마을들을 정하고, 각 팀별로 영어를 힌디어(정확히 Bhojpuri어)로 통역할 현지 사역자들을 잘 준비시켰다.

우리 교회는 강력한 중보 기도와 복음 제시 훈련으로 각 팀을 이끌 영적인 준비를 철저히 했다. 팀원들의 간증, 복음 제시, 그리고 재정 지원 등 모든 선교 자원들을 동원해서 현지 사역자들을 격려하고, 그들과 함께 복음을 효과적으로 전하기 위해서도 훈련했다. 그래서 한 번도 본적이 없는 현지 사역자들과 팀을 이루었지만 각 팀이 마치 한몸처럼 긴밀하게 움직일 수 있었다.

현지 사역자들과 이렇게 연합할 수 있었던 것은 선교 센터의 백 간사(지금은 선교사)의 역할이 두드러졌다. 우리 교회와 현지 사역자들의 중간에서 coordinator 역할을 잘 수행했기 때문이다. 여름에 미리 현지에 가서 사역자 훈련을 받으면서 현지 사역자들과 교제를 가질 뿐만 아니라 대상 선교지를 정하는 등 가장 중요한 역할을 성공적으로 감당했다.

만약 사전에 이런 철저한 준비가 없이 단기 선교를 시작했다면, 각 팀들이 마을에 들어가서 '평안의 사람'을 찾고, 그에게 복음을 전하고, 그를 통해 사람들을 모으고 하는 과정을 겪어야 했을 것이다. 단기 선교 팀의 짧은 일정의 성격상 단기간에 이번처럼 약 3,800명의 영혼을 추수하는 것은 불가능했을 것이다.

넷째, 지교회의 단기 선교가 단지 일회용 선교(?)가 아닌, 교회 개척 사역으로 연결될 수 있음을 입증했다.

과거 지교회의 단기 선교는 선교지에서 실제 교회 개척으로 연결되기가 매우 어려웠다. 장기로 파송된 선교사들의 사역을 돕는 '간접 선교'가 전부였다. 설령, 보다 공격적인 직접 선교를 펼쳐서 결신자들이 생겼다고 해도 현지 교회로 연결되기가 매우 힘들었다. 그래서 단기 선교가 "일시적인 선교 event"이거나 혹은 "게릴라식의 산발적인 복음 전도"로만 인식되었다. 그래서 그동안 단기 선교의 부정적인 시각도 많았다.

그러나 이번에 북인도 교회 개척 선교는 달랐다. 비록 단기 사역이었지만 우리가 전도한 3,800여 명의 결신자들은 모두 현지 가정교회 지도자들에게 인계되었다. 어디를 가든지 복음을 제시해서 결신자가 생기면, 우리의 마지막 순서는 언제나 그들에게 반드시 가정교회에 들어가도록 권고하면서 현지의 가정교회 사역자들에게 인계하는 것이었다. 지금까지 복음이 한 번도 전해지지 않은 UUPG 마을은 옆마을의 UPG 가정교회 지도자에게 인계했다.

대개 모인 장소가 가정교회로 모이는 집 뜰이나 바로 앞 공터였기 때문에 새신자들이 쉽게 알수 있었다. 작은 마을이라 주민들끼리 서로 아는 사이였지만 가정교회 지도자를 그들에게 공식적으로 소개해 주었다. 그리고 이들을 우리 교회가 뒤에서 돕겠다고 약속했다. 처음에는 가져간 사역품들을 우리가 직접 주민들에게 나눠주다가, 점차로 가정교회 지도자들의 권위를 세워주기 위해 이들을 통해서 나눠주도록 변경했다.

우리의 미약한 전도 활동이지만 이것을 통해 각 마을의 가정교회가 새롭게 주민들에게 인식되고 그곳의 그리스도인들이 큰 힘을 얻는 모습을 볼 수 있었다. 현지 사역자들 스스로는 아직 이런 적극적인 전도 활동을 펼칠 수 없는 상황인데, 우리와 함께 전도할 때 용기를 내어 담대하게 전하는 모습을 보았다. 우리의 작은 섬김이 하나님 나라를 확장하는데 쓰여지는 것을 보면서 주님의 은혜에 감격했다. 무엇보다도 선교 출발 한 달 전부터 전교인 릴레이 금식 기도와 선교 기간 중에는 매일 저녁마다 중보 기도 모임으로 지원해 주신 많은 교우들의 소원을 주님께서 들으신 것이다. 선교는 온 교회가 함께 하는 것이다.

앞으로의 과제

물론 앞으로 남은 과제를 안고 돌아왔다. 가장 큰 과제는 "이번에 전도해서 결신한 사람들을 어떻게 가정교회에 정착시킬 것인가"이다. 작은 마을에서 갑자기 40-50명씩 새신자가 불어났다. 어떤 마을에서는 100-200명의 새신자들이 생겼는데 현재 있는 2-3개의 가정교회에서 어떻게 그들을 감당할지 난감해 한다. Bhadaura 마을은 한 개의 가정교회도 없고 한 사람의 신자도 없던 마을인데, 이번에 모인 200명이 다 예수를 믿게 되는 기적도 일어났다. 이들에게 어떻게 가정교회를 조직해서 신앙생활을 할 수 있게 할 것인지, 정말 엄청난 과제이고 큰 도전이다.

바로 이러한 일을 수행하기 위해 우리 교회 제3호 선교사로 백 선교사가 곧 북인도에 파송된다. A 목사님의 FTT/GAP 우산 아래 있으면서, 추수한 열매들이 흩어지지 않도록 하기 위해서, 현지 사역자들과 가정교회 지도자들을 독려하고, 훈련하며, 각 마을에서 건강한 가정교회가 세워지도록 섬길 것이다. 이미 우리 교회가 GAP의 동역자로 북인도의 복음화를 위한 사역에 동참한 것이다. 그래서 부족한 저도 금년에 Varanasi를 중심으로 UP주의 현지 목회자들에게 성경을 가르치는 사역을 준비하고 있다.

교회의 머리되신 주님께서 이 시대의 모든 교회에게 요구하시는 것은 "다시 오실 주님의 길을 예비하는" 사명이다. 이것을 위해 주님께서 우리 교회에게 주신 사명은 "북인도에서 이스라엘까지"이다. 성경의 예언을 볼 때 주님의 재림을 예비하는 두 기둥이 있다. 첫째, 모든 미전도 종족에게 복음이 전파 되어야 한다. 둘째, 온 이스라엘이 주님께로 돌아와야 한다. 그래야 예수님이 다시 오신다.

북인도 선교는 다시 오실 주님의 길을 예비하는 출발점이다. 우리 교회는 이슬람 선교에 대한 부담을 가졌는데 왜 북인도로 가느냐고 질문한다. 답은 간단하다. 인도는 이슬람 인구가 두 번째로 많은 나라이고(약 1억5천만 명), 특히 북인도에 가장 많은 이슬람 미전도 종족들이 살고 있기 때문이다. 그리고 주님께서 지금 그곳에 추수할 수 있는 밭을 열어 주셨기 때문이다. 북인도에 수많은 힌두들, 이슬람들이 추수하는 일꾼들을 기다리고 있다.

주님께서는 우리에게 "그곳으로 가라"고 명령하셨다. 실은 북인도는 제가 가장 꺼려했던 곳이다. 가장 못살고 더럽고 기후가 나쁘고 환경이 열악한 장소라서 이왕이면 좀 상대적으로 낳은 곳에 교인들과 함께 가고 싶었다. 1호 선교사를 파송한 터키나, 2호 선교사를 파송한 이스라엘을 원했다. 그러나 주님께서는 아무도 가기를 원하지 않는 북인도에서 예수님이 오시는 길을 예비하라고 명령했다. 이번에 많은 성도들이 즐겁게 여기에 순종해 주셔서 너무 감사하게 생각한다.

이번 첫 북인도 선교를 통해 배운 것을 기초로 앞으로 우리 교회의 보다 구체적인 중장기 선교 목표가 수립될 것이다. 물론 이미 설정된 큰 목표에는 변함이 없다. "북인도의 미전도 종족(혹은 지역)에 가정교회를 개척해서 이 가정교회들이 자립적이고 재생산적인 교회로 세워질 때까지 책임지는" 선교이다.

우리가 섬길 북인도의 미전도 종족과 지역이 확정되면, 적어도 3-5년간은 이 목표를 향해 온 교회가 힘차게 달려가야 할 것이다. 전교인의 총체적인 참여가 필요하다. 이것을 위해 매년 정기적인 outreach 뿐만 아니라, 현지 가정교회 지도자 양성, 그리고 사역자와 목회자들을 양육하고 훈련하는 일, 나아가서는 여러 가정교회를 묶어서 지역교회를 세우는 일에까지 헌신해야 할 것이다. 우리 교회는 가정교회이기에 이것이 효과적으로 가능하다. 가서 우리가 지금 여기서 하는 그대로 그들을 훈련하고 보여주면 된다.

"북인도에서 이스라엘까지!" 대장정의 막이 드디어 올랐다. 첫 선발대의 승리의 개가가 귓가에 울려 퍼진다. 우리 교회는 금년부터 본격적으로 북인도창의 힌두와 이슬람의 미전도 종족을 복음화하는 일에 전념할 것이다. 다음 단계는 북서쪽을 향해 페르샤창과 소아시아(터키)창 및 아랍창을 넘어서, 마지막 종착역인 이스라엘까지 복음을 들고 진군해 나갈 것이다. 구체적인 일정은 오직 주님만이 아신다. 우리는 그저 그분의 음성에 귀를 기울이며 열어주시는 곳에 순종하면서 달려갈 것이다. 주님 오실 그날까지!

2011년 1월 1일 밤에

"이 천국 복음이 모든 민족에게 증거되기 위하여 온 세상에 전파되리니 그제야 끝이 오리라."(마 24:14)

〈부록 3〉

'특별한 선교지 비하르'

김궁헌 목사

　어제 제2차 북인도 개척 선교의 모든 일정을 마치고 델리(Delhi)에 혼자 돌아와서 지금 지친 몸을 잠시 추스르고 있다. 아직도 백 선교사와 Youth Team은 빠트나(Patna)에 남아서 며칠 더 사역을 할 것이다. 여기 Delhi에서 내게 하루의 시간이 있는데도 호텔 방을 나갈 엄두가 나지 않는다. 무더운 한증막 안으로 들어가는 것을 생각만 해도 몸이 힘들어진다. 많이 지친 탓일께다. 이곳의 여름은 만만치 않다. 기후와도 싸워야 하니 적이 하나 더 늘어난 것이다. 원래는 백 선교사와 함께 Delhi에 와서 백 선교사의 학교도 가보고 Delhi 사역도 보려고 했는데 일정이 변경되었다. 밤 비행기를 기다리면서 지난 일주일간 주님께서 행하셨던 일을 정리하기로 했다. 혼자 호텔 방안에 앉아서 찬양하며 기도하고 감격의 예배를 드린다.
　우리 교회가 사역하는 북인도 특히 비하르(Bihar)주는 특별한 곳이다. 고대에 이 지역은 천하의 중심이라고 해도 과언이 아니다. 세계 최초의 공화국이라고 말할 수 있는 바이샬리를 비롯하여, 마가다 왕국, 마우리아 왕조, 굽타 왕조에 이르기까지 당시 최고의 정치적 종교적 중심지였다. 그러나 지금 비하르 지역을 다녀 보면 인도에서도 가장 가난한 지역이고 문맹률도 가장 높은 곳으로 바뀌었다. 복음을 전하기 위해서 빠트나시 주변 도시를 다녀보면, 빈민가의 모습은 말로 표현하기도 힘들 정도다. 지금도 생계를 위하여 캘커타 등지의 대도시로 옮기는 비하르 사람들의 수는 엄청나다.

영적으로 보면 비하르는 사탄이 만든 세계의 모든 동양 종교의 원산지라고 해도 좋을 것 같다. 힌두교, 시크교, 불교의 성지가 여기에 있다. 부처(Budda)가 평생 활동했던 곳이 바로 비하르다. 부처가 처음 출가해서 수행길에 오를 때 빠트나 바로 위에 있는 바이샬리(Vaishali)에서 무소유에 대한 가르침을 받았다. 가야(Gaya)에 있는 보리수 나무 밑에서 득도하고, 그리고 80세 때 최후 열반한(죽은) 장소도 바이샬리다. 자이나교를 창시한 마하비라도 바이샬리에서 탄생했다. 시크교(Sikh)의 마지막 구루(guru) 고빈드 싱(Govind Singh)도 빠트나에서 출생했다. 힌두교의 가장 유명한 guru 발미키(Valmiki)가 태어난 곳도 비하르다. 여기 언급한 모든 것이 다 비하르주에 있다. 비하르에 있는 날란다, 라즈기르, 바이샬리, 빠트나 모두 고대 세계 "지식의 성"으로 알려진 곳이다. 영적으로 보면 "어두움의 성"이다.

이런 의미에서 우리 교회는 바로 "사탄의 심장부"를 공격하는 것이다. 지난 수천 년 동안 사탄이 수많은 사람들을 종교라는 이름으로 미혹했던 바로 그 진원지다. 그래서 그런지 이곳 Bihar주는 아직도 두꺼운 흑암에 싸여 있는 듯한 느낌이 든다. 복음을 증거하기 가장 어렵고 복음화율이 거의 영(zero)에 가깝다. 비하르의 37개 district 중에서 복음화율이 0.1%를 넘는 곳이 겨우 7군데이다. 가장 높은 곳이 자뮈(Jamui) district인데 겨우 0.33%다. 나머지 district는 다 0.1%에도 못 미친다. 전체 주 8천 3백만 명 중에서 겨우 53,000명이 기독교인이다. 평균 복음화율이 0.06%이다. 그것도 가톨릭 신자를 포함해서 말이다.

어쩌면 우리 교회는 앞으로 적을 제대로 공격하기 위해서 "적의 입속으로" 들어가야 할지도 모르겠다. 아무 것도 모르고 북인도 선교에 뛰어든 우리에게 주님은 적의 입속으로 들어가는 문을 활짝 열어 주셨다. 비하르주와 유피주를 정복하면 고대 시절부터 사탄이 지금까지 장악하던 역사적인 본거지를 파괴하게 될 것이다. 이번 여행에서 주님께서 그런 부담을 안겨 주셨다. 비하르주와 유피주가 너무 넓지만, J 선교사 말대로, 빠트나(Patna)에서 서쪽으로 향해서 바라나시(Varanasi: 힌두교의 최대 성지)까지가 적의 입을 통해 심장으로 연결되는 길이 될 것이다.

주님께서 만약 이 지역을 우리 교회에게 맡기셨다면 우리에게는 엄청난 도전이고 특권이다. 만약 우리 교회가 정말로 "기도하는 교회"가 된다면 충분히 승산이 있다. 이곳은 절대로 만만히 볼 곳이 아니다. 이곳에서 사역하는 선교사들 이야기로는 바로 몇 년 전만 해도 이렇게까지는 열리지 않았다고 한다. 다녀보면 지금이 최적기인 것을 피부로 느낄 수 있다. 사람들의 마음이 활짝 열려 있고 영적으로 목말라 한다. 사탄도 이것을 알기에 방해는 심하다. 정말 선교사들이 와서 살기 어렵다. 보수적이고 위험하고 폐쇄적이다. 많은 선교사들이 피하는 곳이다. J 선교사와 함께 진지하게 이야기를 나누는 기회를 가졌는데 결국 식구들이 도저히 이곳에서 살수가 없어서 자신을 제외한 나머지 식구들은 일단 본국으로 철수한 상태란다.

이곳의 현지 사역자들의 토양도 척박한 것을 본다. 정말이지 마음만 먹으면 얼마든지 교회들이 수많이 개척될 수 있는데도 불구하고 외부 의존적인 마인드가 너무 크다. 한 사람 보스(boss)에게 의존하고 수동적이다. 오랜 기간 카스트(Caste) 제도에 길든 결과일까? 가정교회를 개척하고 목양을 해야 하는데 현지 사역자들에게 목회적인 마인드가 없다. 한 번도 모델을 본적이 없기 때문이다. 그래서 막상 가정교회가 개척이 되어도 그 다음에 예배와 양육과 훈련으로 이어지지 못한다. 주님! 이런 답답한 상황을 어찌해야 합니까? 어떻게 우리가 이들을 도와야 합니까? 죽기를 각오하고 복음에 미친 한국 선교사들이 어느 때보다 절실히 필요하다. 백 선교사가 그 중에 하나라는 확신이 들었다.

이번에 둘러 보면서 내린 결론은 우리 교회가 앞으로 집중해야 할 일은 두 가지다. 첫째는 중보 기도이고, 둘째는 이곳에 현지 사역자들을 키우는 일이다. 북인도의 부흥은 인도 자체에서 얼마나 예수님을 닮은 진정한 사역자들이 나오느냐에 달려 있다. 그래도 감사한 일은 인도의 N 지역에서 그런 사역자가 나타나기 시작하고 교회 개척의 부흥이 일어난다는 소식을 들었다. 그렇다. 하나님 나라의 원리는 언제나 동일하다. 한 사람의 사역자만 있으면 된다. 그 한 사람이 온 비하르를 바꿀수 있다.

너무 감사하게도 A 목사님을 중심으로 금년 초에 조직된 N 총회가 우리 뒤에 든든히 있다. 그곳에 파송한 백 선교사도 있다. 이번에도 인도 교회가 무한한 가능성을 가진 것임을 보았다. 만약 인도 교회가 한국 교회의 장점만을 배워서 매일 새벽 기도하고 매일 모이는 교회, 힘에 지나도록 헌금해서 스스로 자립하는 교회, 자립하자마자 다른 종족을 돕기 위해 선교하는 교회, 이런 모델을 정착시킬 수만 있다면 세계 선교에 엄청난 충격파를 줄 것이다.

앞으로 인도 교회는 하나님이 예비하신 철병거이다. A 목사님이 품고 있는 비전대로 인도 교회가 일어난다면 과거 영국의 식민지였던 50여 개의 나라들을 향해 흩어질 수 있기 때문이다. 이미 인도인들이 들어가 있는 아프리카, 중동, 동남아시아의 나라들에게도 하나님 나라의 "확대재생산 cycle"이 가동될 수 있게 된다. 이와 같은 엄청난 일에 너무나 작고 부족한 우리 교회를 사용하시는 주님께 감사할 뿐이다.

우리 교회 단기 선교 팀은 이 확대재생산 cycle에 중요한 역할을 한다. 우리가 그곳에 가면 현지 사역자들에게 큰 활력소와 동기 부여를 준다. 그들이 혼자서는 감히 할 수 없는 일을 우리가 함께 하면 해낼 수 있다. 일종의 외국인(?)이 갖는 부양효과라고 할까. 가기만 하면 큰 역사가 나타난다. 앞으로 여러분 가운데서 더 많은 단기 선교 팀이 갈 수 있기를 바란다. 백 선교사처럼 파송이 되지 않더라도 단기 선교사로도 할 수 있는 일이 너무 많다.

하나님의 시계가 비하르주와 북인도를 변화시키기 위해 부지런히 움직인다. 이제 머지 않아 전체 북인도에 성령의 불이 붙어서 수많은 인도의 영혼들이 주님께 아침 이슬과 같이 돌아올 그날을 소망한다. 그때가 되면 리워야단을 찌르신 그 칼로 사탄의 심장을 찌르실 것이다. 누가 여기에 앞장을 서겠는가? 예수님께 사랑의 빚을 많이 졌다고 생각하는 성도들이여, 주저하지 말고 일어나라!

2011년 8월

〈부록 4〉

제3차 북인도 교회 개척 선교를 돌아보며

김궁헌 목사

12월 19일부터 약 2주간 21명의 교회 개척 선교 팀들이 북인도 Delhi 시를 중심으로, Haryana주, U.P.주, Rajastan주, Punjab주 등 4개 주에 흩어져 복음의 씨를 뿌리고 교회를 개척하는 사역을 하고 돌아왔다. 이번에 사역한 곳은 모두 복음화율이 0.1% 미만인 Level 1 District였다. 말이 0.1% 미만이지 아예 복음의 불모지라고 하는 말이 더 적합하다. 전혀 예수님의 이름을 들어보지 못한 마을들이다. 수천 년간 한 번도 복음이 전해지지 않은 지역이다. 그래서 그런지 지난번 1차 2차 사역 때 Bihar주와는 마을의 분위기가 사뭇 다른 것을 느낄수 있었다. 복음에 대한 저항이 대단했다. 지난번처럼 동네 거리에서 200명 이상씩 모이는 대규모 집회는 아예 불가능했다. 불필요한 충돌을 막기 위해 공개적인 장소는 피하고 미리 예비된 "평안의 사람" 집에서 소규모 모임을 가졌다.

이런 방식을 취한 것은 단순히 유호적이지 못한 환경 때문만은 아니다. 많은 사람에게 대량으로 복음을 전하고 예수님을 영접시키는 것보다 소수의 사람이라도 그 동네에 가정교회를 세우는 것이 더 중요함을 깨달았기 때문이다. 복음화의 핵심은 가정교회 지도자를 발굴하고 이들을 지속적으로 교육시켜서 사역자로 키워나가는 것이다. 주님이 명령하신 대로 "제자삼는" 것이다. 그렇지 않고서는 아무리 많은 사람들에게 복음이 전해진다고 해도, 좀 지나면 다 사라져 버리는 것을 너무 자주 보았다. 마을을 복음화시키는 지름길은 오직 교회를 개척하는 것이다.

가장 저항이 심한 주는 U.P. 주였다. 힌두교의 강한 뿌리가 있는 주라서 그런지 저항이 만만치 않았다. 마을마다 미리 준비한 "평안의 사람"을 앞세워 들어갔는데도 힘든 곳이 여럿 있었다. 우리가 전하는 복음이 타협하지 않는 성경 그대로 원색적인 십자가 복음이기 때문일 것이다. "예수님만이 유일한 구원의 길이고, 십자가의 피를 믿어야 죄 용서함 받고 구원받는다"는 복음의 메시지를 전하자 청년들이 일어나 고의적으로 집회를 방해했다. 집회 중에 소란하게 떠들기도 했다.

어느 마을에서는 복음전하고 나서 우리 팀을 거의 반강제적으로 동네 한복판에 있는 힌두 신당으로 끌고가다시피 데리고 가서 자기네 신이 이 마을을 지키니까 건들지 말라는 위협적인 메시지를 주기도 했다. 돌이켜 보면 정말 위험한 순간이었는데 하나님이 보호해 주셨다. 또 다른 곳에서는 우리 팀이 떠난 뒤에 동네 청년들이 "평안의 사람" 집에 쳐 들어가 왜 외국인들을 끌여들여 기독교를 전하냐고 부부를 폭행해서 우리 사역자들이 달려가 병원에 입원해서 치료받게 했다. 노골적인 저항과 핍박을 경험했다. 그리고 Delhi 주변의 도심 지역들은 이미 도시화 현상이 나타나 아예 복음에 관심조차 없는 사람들도 많았다.

그러나 이런 어려움 속에서도 어디를 가나 하나님이 준비한 영혼들이 우리를 기다리고 있었다. 그들을 만나는 것이 우리의 즐거움이었다. 그들은 마치 오랫동안 목마른 사람들처럼 우리가 전하는 복음을 기다렸다는 듯이 두 눈을 반짝이면서 기꺼이 받아드렸다. Haryana주의 어떤 형제는 1년 전에 꿈에서 우리가 오는 것을 보았다고 했다. 이들이 예수님을 영접하고 구원받고 기뻐하는 모습은 우리에게 큰 힘을 주었다.

이번에 5개 팀들이 132개 마을을 방문했는데 약 7,300여 명에게 복음을 증거하여 약 4,800여 명이 예수님을 영접했다. 그리고 중요한 것은 80개의 마을에 가정교회 지도자가 세워졌다. 물론 아직도 30여 마을에서 "평안의 사람"으로 남아 있기도 하지만, 남은 사역을 통해 곧 가정교회 지도자로 세워질 것으로 예상한다. 복음의 불모지였던 이 지역에 드디어 "길"이 뚫린 것이다. 이 길은 앞으로 북인도의 영적 지도를 바꾸어 놓을 중요한 길이다.

안 목사님의 말로는 북인도 선교 역사상 한 교회가 집중적으로 이러한 대형 공세를 펼친 적은 없다고 했다. 맞는 말이다. 세계 선교를 완성하려면 북인도의 장벽을 뚫어야 하고 그렇게 하려면 인도 전체에 171개 미개척 District을 모두 공략해야 한다. 그런데 이번에 Delhi시를 중심으로 반경 300Km내에 있는 85개 미개척 지역을 공략해서 "복음의 길"을 닦는데 우리 교회가 쓰임을 받았다. 부족하지만 하나님의 손에 쓰임 받은 것이 참으로 영광스럽고 감사한다.

마지막 그곳을 떠나오기 전에 안 목사님이 내게 하신 말이 기억난다. 지금까지 총회에서 그 일을 하려고 시작했지만 앞에 가로 막혀 있는 거대한 산을 뚫기가 역부족이었다고 털어 놓았다. 현지 사역자들을 겨우 훈련시켜 놓으면 떠나고. 아마 그 이유는 앞이 안 보였기 때문이었을 것이다. 거대한 북인도의 장벽을 어떻게 자신들이 넘을 수 있을까? 지금까지 경험한 대로 과거 수십 년간 안 된다는 선입견 때문일 것이다. 그런데 이번에 우리 교회와 함께 나가서 그 장벽을 돌파한 것이다. 원래 산을 뚫으려면 처음에 가장 많은 힘과 에너지가 들어가는데 우리 교회 팀이 현지 사역자들과 합세해서 '첫 길'을 낸 것이다. 전혀 불가능하게 보였던 마을에 8일만에 약 100여 개의 교회가 세워지는 것을 보았으니 이제는 현지 사역자들도 "할 수 있다"고 하면서 용기를 낼 것이다.

이번에 수고한 20명의 특공대원(?)들에게 감사를 드린다. 엄청난 공해와 흙먼지를 코로 마셔 가면서 목이 쉬라고 복음을 외치고, 더럽고 냄새 나는 그들의 몸을 하나씩 껴안고 기도해 주었던 복음의 용사들이다. 여러 명이 돌아가면서 감기로 몸살로, 또 복통으로 힘들었지만 끝까지 잘 견딘 것은 전적으로 주님의 은혜이다. 특별히 교회에 남아서 중보 기도에 힘써준 여러 성도들에게 감사를 드린다. Rajasthan 팀이 매우 위험한 상황이었는데 극적으로 피하게 해주셨다. 주님께서 직감적으로 지시하셔서 사역을 중단하고 급히 호텔로 가서 짐을 싸서 Delhi시로 철수했는데, 우리 팀이 떠나자마자 현지 경찰들이 들이 닥쳤다고 한다. 주님의 은혜인 동시에 온 교회가 합심해서 중보 기도해 주었기 때문이다.

이제 남은 일은 100여 개 마을에 가정교회를 든든히 세우는 일이다. 1월중순부터 이번에 세운 평안의 사람과 가정교회 지도자를 위해 현지에서 훈련이 시작된다. 백 선교사가 준비하고 있다. 2월에도, 그리고 3월에도 계속 이들이 모두 견고한 사역자들이 되도록 더 강도 높은 사역자 훈련이 진행될 것이다. 북인도 3차 교회 개척 사역은 아직 끝나지 않았다. 아니 지금부터 시작이다. 이제부터 온 교회는 이들 마을과 평안의 사람들을 가슴에 품고 기도해야 할 것이다. 이들 모두가 신실한 사역자로 세워져서 그 마을에 "주님의 교회"가 세워지는 것이다. 이 교회가 음부의 문들을 부수며 침투해 들어갈 것이다. 이를 위해 앞으로 이들 현지 사역자들을 더 많이 기도와 물질로도 지원해야 할 것이다.

주님, 연약한 우리를 통해서 북인도의 장벽을 뚫게 하시니 감사합니다. 이제 시작입니다. 인도 총회와 안 목사님, 백 선교사, 현지 사역자들, 가정교회 지도자들, 그리고 우리 교회가 하나가 되어 이 과업을 힘차게 수행하도록 힘을 주옵소서! 성령의 능력으로 다음 단계 공격을 준비합니다. 이번에는 더 많은 미개척 마을들에게 복음의 꽃을 피우기 원합니다. 불씨가 확산되어서 북인도에 135개 모든 District 가운데 선교하는 교회들이 세워지기를 원합니다. 그 때까지, 그리고 온 열방에 "남은 과업을 완성할" 때까지 온 교회가 지치지 않고 전진하게 하소서! 다시 오실 주님의 길을 예비하는 것이 우리의 가장 큰 기쁨입니다. 주님을 사랑합니다. Marana Tha!

2011년 12월

〈부록 5〉

마을 사역 가이드라인
(Guideline)

아침 예배

매일 아침 7시경에 팀원과 현지 사역자들이 모여서 함께 예배를 드린다. 팀장이 인도한다.

- 찬양: 팀장이나 찬양 인도자가 미리 준비하라.
- 통성 기도
- QT 및 주신 말씀을 서로 나눈다.

출발 전에 현지 사역자와 회의할 때(식사할 때)

- 현지 사역자에게 최대의 존경과 예의를 표하라. 인사와 격려의 말을 아끼지 말라. 그들이 바로 북인도에서 교회를 일으킬 주역들이다. 우리는 그들을 돕는 사람이다.
- 아침/저녁 사역회의 때 함께 route plan을 짠다. (그러나 이 route는 실제로 사역하면서 성령님의 지시에 따라 언제나 바뀔 수 있다.) 사역할 마을에 대한 영적 상태를 파악하라.
- 사역 계획을 기록하고 그날 사역을 위해 통성 기도를 한다.

• 방문할 마을 이름과 미전도 종족 등 자료는 모든 팀원들이 공유해야 한다.

• 현지 사역자와 함께 모든 팀원이 아침 식사를 한다.

집회 장소로 가는 길(차 안에서)

• 차에 올라탈 때 운전기사에게 최대의 존경과 예의를 표하라. (웃으면서 모두 인사와 격려의 말 등…) 운전기사가 불신자일 경우가 많다. 이때에는 복음을 전한다.

• 차에 타자마자 모든 팀원들이 기사를 축복하고 다음 목적지까지 안전을 위해 함께 통성 기도를 하고 팀장이 대표 기도로 마무리 한다. 너무 길지 않아야 한다.

• 차 안에서는 찬양 인도자의 인도하에 함께 찬양을 부르거나, 팀장의 인도에 따라 다음 목적지 마을의 복음 전파와 영혼들을 위해 통성 기도를 한다. 이때 팀장은 구체적인 기도 제목을 미리 준비해서 알려 주어야 한다. (예: ㅇㅇㅇ 마을에 평안의 사람을 위해…/ 악한 영이 묶이도록…/ 그 마을에 복음이 힘차게 전해지도록…/ 온 마을에 구원이 임하도록… 등)

• 이동할 때는 절대로 세상적인 잡담을 금지한다. 오직 찬양/기도/간증만 나눈다.

• 지나가면서 차창에 보이는 모든 마을을 축복하고 지역과 나라를 위해 중보 기도 한다.

• 현지 사역자를 위해서도 기도하고 격려한다.

마을 진입

• 마을에 도착하기 전에 마을 상황(마을의 특이사항, 영적 상태, 믿는 자,

종교, 안전)을 서로 나눈다. 모든 팀원이 숙지해야 한다.

- 마을 진입 10분 전부터 찬양("문들아 머리 들어라")과 통성 기도 - 현지 사역자에게 도착 10분 전에 알려 달라고 하라.
- 마을과 집회를 위해 기도한다.
    o 예수의 이름으로 평안이 임하고 하나님의 나라가 임하도록
    o 마을에 있는 악한 영이 결박되도록
    o 그 마을의 영혼들이 복음을 받아드리고 구원이 임하도록
    o 교회가 세워지도록, 일꾼이 세워지도록
- 차에서 내려서 마을 안에 들어가서 목적지(평안의 사람 집)로 갈 때는 안전을 위해 통성으로 하지 않고 마음속으로만 기도한다.
- 진입하면서 간증자와 Evange Script 담당을 미리 결정하거나 현장 상황을 보고 결정할 수도 있다.

마을 전도 사역(미리 확보한 평안의 사람이 없을 때)

- 마을을 걸어 들어가면 동네 사람들이 다 쳐다 볼 것이다. 그들에게 눈으로 가볍게 인사한다. 모른 척하고 갈 필요는 없다. 대체로 남자는 여자에게 인사하지 않는 법이다. 여성이 여성에게 반갑게 인사하고 남성은 남자들에게 인사한다.
- 각 마을마다 사역 형태는 다를 수 있다. 모르는 마을에서도 우리가 가면 사람들은 모여든다. 사람을 많이 모이게 해서 공개적인

손을 들고 예수님을 영접하는 모습

장소에서 전도하는 것은 피하라. 반드시 평안의 사람을 찾아야 한다. 평안의 사람이 없는 경우에는 마을의 촌장 집을 방문해서 '당신의 마을을 축복하러 왔다'고 말해라. 먼저 그 마을 리더에게 복음을 전하는 것이 좋다. 리더가 거부하면 마을을 떠나라.

- 성령께 지혜를 구하고 인도하시는 대로 움직여라. 가장 좋은 것은 미리 현지 사역자가 평안의 사람을 준비해서 그 사람의 집으로 직접 가는 것이 가장 안전하다.

전도 집회(평안의 사람 집에서 Seekers' Meeting을 할 때)

- 인사:
  - 집주인, 평안의 사람과 인사를 나누고 마을 상황을 파악하라.
  - 사람들이 모이는 동안 간단한 힌디 찬양을 가르쳐 주며 따라하게 한다.
  - 사역자가 준비됐다고 사인을 주면 시작한다.
- 집회 진행:
  - 소개 - 팀장
  - 간증
  - 복음 제시(Evange Script)
  - 영접 기도
  - 확인 및 '5 things as a new believer' - 팀장
  - 세례: 팀장이 세례의 의미(로마서 6장이나 10 commands 참조)를 설명하고 세례는 현지 사역자가 준다. 부인들의 경우 남편(가장)이 세례를 받을 때까지 기다리게 하는 것이 좋다. 남편이 세례를 받으면 온 가족이 받게 된다.

o 헌금: 팀장이 헌금의 의미(10 commands 참조)를 설명한다. 헌금 시 팀원들은 찬양을 한다.
  o 가정교회 지도자(HCL) 임명식: 평안의 사람이 가정교회 지도자가 되어 가정을 오픈할 수 있는지, 언제 오픈할 수 있는지 문의한다. HCL은 보통 현지 사역자가 결정한다. 결정이 되면 HCL 임명식을 한다.
  o 기도: 병자나 귀신 들린 자를 위해 기도한다. 시간이 부족할 경우나 병자가 너무 많을 경우는 아픈 부위에 손을 얹으라고 하고 전체를 위해 기도한다.
- 기록: 서기(기록 담당자)는 마을 사역 보고서를 작성한다. 현지 사역자에게 문의해서 각종 정보를 수집하고 기록하고 사진을 찍는다. 집회가 끝나고 이동 중에도 가능하다.
- 팀원이 간증과 복음 제시를 하는 동안 다른 팀원들은 계속 기도한다.
  o 잡담이나 대화 금지
  o 사진은 집회에 방해되지 않게 찍을 것
  o 집회 현장을 이탈하지 말 것
- 팀장은 집회 동안 상황의 진행과 안전을(RSS)주시한다.
- 집회 중 아이들과 동물들을 통해서 오는 영적 방해를 주시한다.
- 집회에 방해가 될 만한 어떤 것도 나누어 주지 말라(선물, 복음 책자, 사탕 등).
- 위험 요소가 보일 때는 즉시 사역 현장을 떠나라.

전도집회 시 주의 사항

- 평안의 사람 집에 모일 때는 나이드신 분들에게 경의를 표해라. (예:

의자를 주고 앉게 하는 등) 면장이나 마을의 리더들이 있는지 잘 살펴라. 복음을 전할 때는 복음에 어떻게 반응하는지 얼굴을 잘 살펴라. 반드시 현지에 하나님이 준비하신 일꾼이 있다. 그 일꾼을 찾아야 한다.

- 처음부터 힌디 찬양을 부르면서 예배를 시작하라. 여러 사람들 앞에서도 팀원들이 함께 통성 기도를 하면서 예배의 형태로 모임을 시작하라.

- 앞에서 아이들이 떠들거나 어수선하게 할 때도 신경쓰지 말고 성령 충만해서 큰 소리로 확신있게 간증하고 복음을 전해라.

- 치유 기도를 할 때는 예수님을 영접하고 세례를 받은 사람부터 하는 것이 좋다. 이들은 예수님을 믿던 안 믿던 무조건 기도 받기를 좋아한다. 시간을 효율적으로 사용하고 한 곳에서 너무 많은 시간을 보내지 않기 위해서다.

- 한 마을에서 가능하면 1시간 이상을 보내지 말라. 안전을 위해서다. 마을 주민이 신고 하더라도 인도 경찰들이 오는데 보통 한 시간은 걸린다. 핍박이 많은 곳에서는 현지 사역자 한 사람은 밖에서 주변 상황을 살피고 망을 보는 것이 좋다. 수상한 움직임이 있으면 즉각 해산하고 마을 입구에 세워둔 차를 타고 퇴각하라.

- 사역 기록을 맡은 사람은 마을 이름, 모임의 숫자, 영접하는 분위기, 기도 받는 모습, 평안의 사람 이름과 연락처, 특기 사항 등 그날 모임의 상황을 자세히 기록한다. 물론 사진도 다 찍는다.

전도 집회가 끝난 후

- 평안의 사람 집에서 물을 줄 때는 감사하다고 말하고 물이 있다고 하면서 미리 물을 앞에 갔다 놓아라. 그들이 주는 물은 마시면 안 된다.

Tea나 과자를 주면 먹는 것이 예의이다.

• 기록을 맡은 사람은 평안의 사람의 이름/전화번호, 연락처/주소뿐만 아니라 이분의 배경, 직업, 가족 상황 등 대화 내용을 상세하게 적어야 한다(나중에 교역자 팀이 갈때 그 기록이 유일한 자료가 됨). 물론 사진을 찍어서 이름과 연결시키도록 하라.

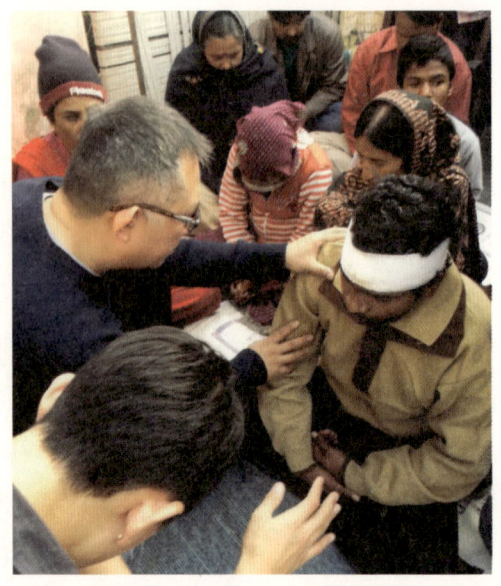
▶ 라자스탄 한 마을에서 교통사고 환자를 위해 기도하는 모습

• 처음부터 평안의 사람이나 가정교회 지도자의 벽에 걸린 힌두교 신의 달력을 다 제거하라고 할 필요는 없다. 눈에 거스리겠지만 가져간 예수님 달력만 달아주라(가져갔을 때). 물론 성령의 인도에 따라 제거할 것을 요구할 수도 있다. 그러나 처음부터 무리할 필요는 없다. 점차로 현지 사역자들이 할 것이다.

• 두 번째 방문을 하고 싶을 때는 언제 다시 올지 시간을 정한다. 반드시 이때에는 믿기로 작정한 신자를 모으라고 부탁한다.

마을을 빠져 나갈 때

• 차를 타고 마을을 빠져나오면 다 함께 통성으로 감사 기도 및 찬양

을 한다.
- 세워진 가정교회를 위해 구체적으로 기도한다.
- 다음 목적지를 확인하면서 다음 사역을 위해 기도한다.

하루를 정리하는 사역 회의
- 현지 사역자들과 함께 모여서 그날 좋았던 점과 개선할 점 등을 나눈다.
- 언제나 찬양과 기도로 시작하고 끝낸다. 이 모습을 현지 사역자들이 보고 배우는 것을 기억하라.
- 모든 사역 내용이 잘 기록되었고 사진/영상 등이 잘 연결되는지 확인해서 정리하고 다음 날 사역을 계획한다.
- 사역 회의 후에는 조장이나 담당자는 반드시 그날 사역했던 현황 보고와 다음날 사역 계획을 정리해서 본부(교역자 팀)에 연락한다.

▶ 선교지 떠나면서 호텔에서 현지 사역자들과 마지막 드리는 예배

〈부록 6〉

12주 선교 훈련 안내

1. 훈련 시간 및 장소
매 주일 2:30pm-5:00pm, 201호

2. 출석 관련
- 결석은 총 2번까지 가능(단, 이 경우에도 합당한 이유, 선교, 출장, 병가 등만 가능, 그 외에는 인정 안됨).
- 3번 이상 무단결식 시 탈락됨. 3번 지각/조퇴는 1번 결석으로 처리됨.
- 결석 시 추가 과제물 제출해야 함.

3. 매주 과제물
- 간증문 제출 및 암기
- Evange Script 암기 및 숙달
- 성경 암송(암송 구절 참고)
- 성경 읽기(성경 읽기표 참고)
- 매일 기도 90분 이상(기도 제목 참고)

4. 선교 간증문 제출

처음 가시는 분들만 9월 8일까지 강대이 목사님에게(y2vision@gmail.com) 제출

5. 경비 안내
- 항공료 $1,000~1,500 예상(팀 전원 동일한 일정과 경로로 항공권 구입하는 것이 기본 원칙임). 단, 사역을 다 마친 후에는 다른 경로를 통해 귀국 가능.
- 사역비 $600(현지 숙식, 교통비 등)

6. 여권/비자 안내
- 여권 copy 제출: 8월 25일까지(여권 만료일이 입국 기준 6개월 이상 남아 있어야 함)
- 본인의 국적에 따라 비자 필요 여부 반드시 확인할 것

7. 아시아 지역 예방접종
Travel Nurse와 상담 후 처방 받을 것(말라리아, 파상풍, 장티푸스, 간염 등).

8. 훈련 중 주의 사항
- 훈련 시작 10분 전에 미리 모여 기도로 준비합니다.
- 서로 사랑하며 섬기는 자세로 훈련에 임합니다. 신앙 경력, 나이, 직업, 학연 등으로 서로 간에 위치를 정하는 것은 절대 금물이며, 반드시 경어를 사용하도록 합니다.
- 훈련 중 올 수 있는 시험, 영적 전쟁이 있습니다.

- o 멀쩡하던 가족, 친척, 직장, 학교에서 갈등과 문제가 생길 수 있습니다.
- o 과제물의 부담감, 가정생활의 쫓김 등으로 어려움이 올 수 있습니다.
- o 훈련생 상호 인간관계(가치관, 기질 차이, 경쟁 의식에서 오는 갈등과 미움)에 문제가 있을 수 있습니다.
- o 자기 자신과의 내적 갈등, 건강 문제, 권태와 회의("꼭 이런 식으로 해야 하나?")등이 들 수 있습니다.
- o 선교 훈련은 특공 훈련임으로 사탄이 가장 싫어하는 것 중의 하나로 영적 공격이 있습니다.
- o 그러므로 이 부분을 염두에 두고 항상 기도함으로 다만 시험에 들지 않도록 해야 합니다.

팀장은 하나님이 세우신 리더입니다. 따라서 훈련 때부터 선교를 마칠 때까지 팀장에게 절대 순종합니다.

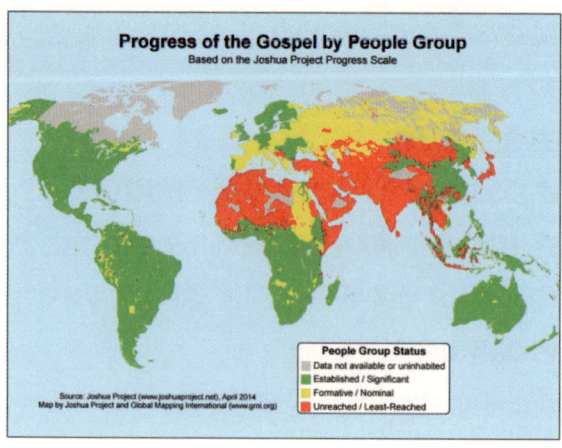

<부록 7>

간증문 작성 및 간증 요령

이광수 목자

1. 간증의 성경적 원리
(1) 예수님의 방법(요 4:4-26)

(2) 수가성 여인의 방법(요 4:27-30, 39-42)

(3) 예수님의 명령(눅 8:39)

(4) 바울의 간증(행 22:3-21)

2. 간증의 목적
(1) 부드러운 자신의 이야기 형태의 approach 로 사람들의 마음을 열게 한다.

(2) 공감대 형성 - 간증하는 나와 그들이 주님 앞에서 동일한 인간임을 느끼게 함.

(3) 접촉점 마련(사마리아 여인에게 "물"을 구했던 예수님)

(4) 전하는 우리들에 대해서 이질감, 경계심, 적대감이 사라지게 한다.

(5) 가장 중요한 목적은 저 사람을 변화시킨 예수님이 누구인지 알고 싶은 욕구가 생기게 한다.

3. 간증문 쓰는 요령

(1) 성경의 방법(바울의 간증- 행 22:3-21)
- o 예수님을 만나기(영생) 이전의 삶(3-5절)
- o 내가 예수님을 만난 실제 이야기(6-11절)
- o 예수님을 만난 후의 삶(12-21절)

(2) God이라는 호칭은 배제하고 Jesus를 사용할 것.
- o 예수님을 강조 - 힌두교의 다신교 사상 때문에 하나님은 이미 그들에게 익숙함.
- o 잘못하면 우리가 또 하나의 "신"을 그들에게 소개 하는 것이 됨.
- o "나"를 드러내지 말고 예수님을 드러내도록 할 것.

(3) 신자가 아닌 불신자 앞에서 간증하는 것임을 명심할 것.
- o 자신의 상처를 과감하게 드러내는 간증이 좋음.
- o 세상 대부분의 사람들이 겪을 만한 내용이고 또 공감할 수 있는 부분이 되어야 함.
- o 내용은 단순하지만 impact 가 강할수록 좋음.
- o 구전 문화권에 있는 그들이 외워서 동네의 다른 사람들과 나눌 수 있을 정도로 하면 좋음.
- - 인도의 구전 문화 - 나의 간증이 한 동네 모두를 주님께 돌아오는 매개체로 사용될 수도 있음.
- o 철학적이나 논리적인 내용은 피하는 것이 좋음(예외: 브라만).

(4) 글을 쓸 때
- o 길이: 3-5분(동시통역을 하기 때문에 실질적으로 2배로 늘어남).
- o 문장은 단순하고 짤막짤막할수록 좋음(번역하기 쉽고 집중력 강화를 위해)

- 단어 선택은 중학교 학생이 이해할 수 있는 범위 내에서
- 간증을 듣는 사람이 다른 사람에게 쉽게 전달할 수 있도록 "스토리"식으로 작성할 것.
- 자랑하지 말고, 아무에게도 말하고 싶지 않았던 자신의 과거 상처와 연약한 면을 노출할 것.
- 추상적이고 관념적인 내용은 피할 것.

4. 좋은 간증 내용의 예제

(1) 회심
- 교회 안 다니다가 다니게 된 이야기가 아니라, 어떻게 예수님을 인격적으로 만나게 되었고, 그 후의 삶이 어떻게 변했는지가 중요함.
- 예전 종교에서 개종한 것을 말하는 것은 좋지 않다. 배신자로 인식될 우려가 있다. 부모가 불교였는데 예수 믿고 바뀐 경우에도 개종이라는 단어는 쓰지 말라.

(2) 인생 좌절/실패
- 자매들은 과거의 음주/흡연/남성 관계에 대해서 나누지 말것. 인도의 보수적 전통상 절대 용납 안됨.(형제의 경우는 전혀 상관없고 오히려 더 좋음)
- 현지인과 공감되지 않는 내용은 배제할 것(예, 대학 입시에서 실패한 이야기- 우리에게는 공감이 되지만, 그들에게는 공감이 안됨)

(3) 가정 문제
- 부부 문제, 고부 간의 갈등, 자식/부모와의 갈등

(4) 육체적/정신적 질환/치유

5. 간증할 때

(1) 대상 파악
- 여자가 많을 경우에는 여자가 간증, 남성이 많을 경우에는 남자가 간증한다.
- 팀의 계획과는 달리 그 자리에 하나님께서 세우고 싶으신 간증자가 있을 수 있음.
- 본인의 마음에 간증에 관한 부담을 주셨을 때 팀장과 상의할 것. 그러나 사역 중간에는 흐름이 끊기지 않도록 최대한 은밀히 소통할 것.

(2) "편안"하게 할 것.
- 외운 것을 기억하려고 애쓰지 말 것. 간증하는 사람과 듣는 사람 모두 긴장하게 됨.
- Presentation 이 아니고 "내가 겪은 삶의 이야기"를 나누는 것임.
- 감정 표현을 솔직하게 할 것 - 눈물을 억제하지 말 것.
- 원고를 보고 하면 안 된다. 듣는 자의 눈을 바라보며 사랑하고 축복하고 기도하며 간증할 것.

(3) 흐름은 성령님께 전적으로 맡길 것.
- 성령님께서 자유로이 역사 하시도록 기도하는 마음으로 임할 것.
- 자유롭게 성령님께 맡기면 때로는 다른 간증을 시키실 때도 있고 살짝 변형을 하게 하실 때도 있음.
- 긴장감을 풀기 위해 가벼운(성령님이 허락하시는 한도 내에서) joke 할 수 있음.
- 시선 집중 - 눈과 눈을 맞추며…

(4) 간증하는 자가 구원의 감격을 느끼며 전달할 것.

ㅇ 예수님이 도대체 누구인지 궁금해하도록.

　(5) 다른 팀원들은 옆에서 청중들이 어두움에서 결박이 풀어지도록 조용히 중보 기도하라.

〈부록 8〉

선교 훈련시 매일 기도 제목

전체 기도

- 이번에 파송되는 "교회 개척 선교사"들을 통해 수많은 영혼들이 복음을 듣고 예수님을 영접하게 하소서.
- 선교를 방해하는 사탄의 세력들을 결박하시고 우리가 가는 곳마다 평탄한 길이 열려서 많은 교회들이 개척되고 하나님께서 모든 영광을 받으소서.
- 어느 마을에 가정교회를 개척하기 원하시는지 주님의 뜻을 명확히 보여 주소서. 미리 준비하는 선교사님들과 현지 사역자들에게 우리가 가야 할 지역을 구체적으로 보여 주시고 준비하게 하소서.
- 선교지에서 만나는 모든 미전도 종족들과 미개척 마을들마다 성령의 놀라운 역사들이 나타나게 하소서.
- 모든 개척 선교 팀원들이 지속적으로 기도로 무장하고, 주님을 향한 사모함으로 준비하게 하시고, 준비 단계부터 마지막 끝나고 돌아올 때까지 건강하게 지켜주시고, 어렵고 위급한 일을 당하지 않게 도와 주소서.
- 각 지역의 모든 교회들이 부흥하게 하소서. 많은 사역자들이 더 많이 일어나게 하시고, 그리스도의 제자의 삶을 살게 하소서.

- 모든 팀원들이 하나가 되어 이번 기회를 통해 열방을 향한 주님의 마음을 알고 주님께 더 헌신된 삶을 작정하게 하시고, 이들이 세계를 변화시키는 "불씨"들이 되게 하소서.
- 이번 선교를 이끄시는 강대이 목사님에게 건강을 주시고, 성령의 지혜와 능력으로 순간순간 주님의 뜻을 분간해서 모든 일을 잘 결정하고 추진하게 하소서.
- 지역장 장로님들과 각 나라장, 팀장들에게 영안을 열어 주시고, 지혜와 계시의 영을 부어 주셔서, 성령의 이끄심을 따라 사역을 감당케 하소서.
- 모든 개척 선교 팀원들이 떠나기 전에 영적으로 성령 충만하고 인격적으로 성숙하여 사역에 기름 부음이 있는 "복음의 제사장"으로 견고하게 세워지게 하소서.

선교지를 위한 기도

- 인도/네팔/미얀마/일본/이스라엘/터키/이집트에 남아 있는 미전도 종족에게 복음이 전해지고 일꾼이 세워지고, 교회가 개척되게 하소서.
- 그 땅을 덮고 있는 악한 영들이 결박되게 하시고, 물이 바다를 덮음 같이 그 땅들이 여호와의 영광을 아는 지식으로 충만하고 모든 백성이 주께 나와 예배하게 하소서.
- 주님께서 추수할 것은 많은데 추수할 일꾼이 부족하다 하셨습니다. 각 나라와 민족에 추수할 일꾼을 보내 주소서.
- 힌두, 이슬람, 불교, 유대교, 토속 종교 등의 견고한 진이 무너지게 하시고 모든 나라가 기독교 국가가 되게 하소서.
- 새로운 세대의 사역자들이 일어나게 하시고, 청소년과 대학생들에

게 복음을 전할 수 있는 조직적이며 체계적인 성령님의 지혜와 전략을 주소서.

- 각 나라가 선교를 받는 나라에서 선교하는 나라가 되게 하소서.
- 각 나라의 선교사님들과 사역자들에게 지혜와 계시의 영을 부어 주시고, 담대하게 복음 증거하게 하소서.
- 각 나라의 정부가 회개하고 돌아오게 하시고, 사람의 나라가 아닌 하나님의 나라를 세우게 하소서.
- 각 지역의 교회들에게 부흥을 주셔서 자신의 종족들의 구원을 위해 사역할 일꾼들이 일어나게 하소서.
- 온 세계 교회를 깨워주셔서 미전도 종족 개척을 위해 기도와 재정과 훈련으로 단기나 장기 선교로 협력하고 지원할 개인과 교회들을 보내 주소서.

사역을 위한 기도

- 새로 교회를 개척하기 위하여 마을에 들어갈 때마다, "평안의 사람"을 연결시켜 주시고, 이 "평안의 사람"을 발견할 눈을 열어 주소서.
- 들어가는 마을마다 미리 성령께서 가셔서 길을 예비해 주소서. 복음을 받을 사람들의 마음을 열어 주셔서 복음의 메시지를 듣고 믿음으로 반응하게 하소서.
- 그 곳에 수많은 영혼이 구원받고, 가정교회가 개척되게 하소서. 가정들을 열어 주셔서 전 가족들이 구원받게 하시고, 가정들이 참되고 살아 계신 하나님을 예배하는 교회가 되게 하소서.
- 개척 선교 팀원 각자와 현지 사역자들에게 지혜를 주셔서 할 말을 넣어 주시고, 특별히 통역자들과 우리 팀이 하나가 되어서 함께 성령의

지혜와 충만함으로 그들의 영혼을 향해 외치게 하소서.

- 현지에 있는 현지 사역자들과 아름다운 협력이 이루어지게 하시고, 모든 준비가 철저히 되어서 막히는 일이 없게 하소서.
- 각 팀마다 성령 충만함으로 성령 안에서 하나가 되어, 나보다 남을 낫게 여기고, 서로 섬기고 존경하며, 세워주는 마음으로 사랑의 공동체가 되어서 그리스도의 향기를 풍기게 하소서.
- 팀 안에서 역할 분담이 잘 이루어지게 하시고, 팀장, 간증자, Evange Script 복음 선포자, 사역자 모임 등 모두 아름다운 조화를 이루어 완벽한 팀 사역이 이루어지게 하소서.
- 들어가는 마을의 어둠의 세력을 묶어 주시고, 복음을 전할 때 영적 분위기를 성령님이 주장해 주소서.
- 모든 팀원들이 예수의 마음을 품게 하시고, 뜨거운 마음으로 전도하고 싶은 열망이 불일듯 일어나게 하시고, 영혼을 불쌍히 여기시는 예수님의 심정으로 기도하며 사역을 감당하게 하소서.
- 인간적인 모든 것들을 십자가에 못 박고, 서로의 관계에서 한 번의 섭섭함이나 다툼이나 단절이 없게 하시고, 팀장에게 절대 순종하는 마음을 부어 주소서.

숙박/안전을 위한 기도

- 어떤 음식도, 어떤 잠자리도 감사함으로 다 먹고 즐길 수 있게 하시되, 지혜롭게 분별하여 먹고, 건강에 아무런 문제가 생기지 않게 보호해 주소서.
- 숙소에서는 항상 성령 충만한 분위기가 되게 하시고, 모든 사람이 서로에게, 그리고 현지 사역자들에게 섬김의 본과 사랑의 본을 보이는 생

활이 되게 하소서.

- 가난한 현지인들을 볼 때도 나보다 남을 낮게 여기게 하시고, 그들에게 힘이 되고 격려가 되는, 삶의 본이 되게 하소서.
- 어떤 여건과 환경 속에서도 감사하는 법을 배우게 하시고, "거룩한 거지"의 심정으로 선교지에 잘 적응하게 하소서.
- 먼지와 소음, 더위 등 힘든 환경 속에서도 건강을 지켜주시고, 육체적으로 지치지 않게 하시고, 주를 앙망하는 자에게 주시는 힘과 능력으로 날마다 공급해 주소서.
- 찾아가는 장소가 어디가 될지 모르지만 주님께서 친히 인도하셔서 가는 곳마다 과격 힌두/이슬람 단체나 개인에 의해 저항이 일어나지 않게 하시고, 안전하게 지켜 주소서.
- 당하는 모든 상황에서 대처할 지혜를 주시고 성령의 이끄심을 따라 24시간 주님과 교제하는 법을 배우게 하소서.
- 분실, 도난, 기타 사고가 발생하지 않도록 특별히 눈동자와 같이 한 사람 한 사람을 보호해 주소서.
- 현지 운전기사에게 특별한 은총을 베풀어 주셔서, 한 건의 사고도 생기지 않도록 안전하게 지켜주소서.
- 식중독, 이질, 말라리아 등 모든 풍토병으로부터 모든 사람들을 보호해 주시고, 과로 등으로 육체적 어려움을 당하는 사람이 한 사람도 없게 하시고, 모두가 건강하게 끝까지 사역을 잘 감당하게 하소서.

행정/이동/기타 사항을 위한 기도

- 준비에서부터 마치고 돌아올 때까지 모든 행정 및 수속을 책임진 선교 센터 코디와 맡은 책임자들에게 지혜를 주시고 모든 일이 주 안에서

아름답게 이루어지게 하소서.

- 특히 비자 신청, 출입국 시에 아무 어려움이 없게 하시고, 선교 물품이나 기자재 등이 압수당하지 않게 하소서.
- 각 지역으로 파송될 팀들의 수송(항공, 버스, 택시 등)편이 정확하게 잘 연결되고 차질없이 마련되게 하시고, 특별히 운전기사들에게도 복음을 받을 수 있는 마음을 열어 주소서.
- 장시간 이동하는 비행기/버스/택시 안에서 모두 건강하게 지켜 주셔서, 한 사람도 어려움을 당하거나 지치지 않게 하소서.
- 현지에서 이동할 때 항상 찬양하고 기도하는 시간이 되게 하시고, 모두 기쁨이 넘치며 영적으로 충만하게 충전하는 시간이 되게 하소서.
- 참가자 모두에게 필요한 재정이 모두 채워지게 하시고 한 사람도 재정적으로 어려움을 겪지 않게 하시고, 이것을 통해서도 하나님이 역사하시는 것을 체험하게 하소서.
- 두고 가는 직장과 가정을 보호하시고 장기간 동안 어렵고 위급한 일 당하지 않게 하소서.
- 우리의 출입을 지키시는 주님께서 항상 도울 사람들을 처소마다 예비하셔서 효과적인 사역들을 감당할 수 있게 하소서.
- 현지에서 우리를 지원하는 안강희 선교사님, 그리고 각 지역의 선교사님들에게 성령 충만과 영적 지도력을 가지고 현지 사역을 잘 조정하게 하소서.

교회 개척에 참가한 단기 선교사들 모두 이번 선교를 통하여 성령의 역사를 경험하고, 열방을 향한 하나님의 손길을 느끼며, 앞으로 주님 오실 때까지 교회를 충성스럽게 섬기고, 기도, 부흥, 선교의 목표를 향해 헌신된 사람이 되게 하소서.

〈부록 9〉

팀장이 참조할 내용

Namaskar! We are from Korea, but we all live in the U.S. We came here to bless you. Meranam Kim Hae.. (모든 조원들 소개) We would like to share the Gospel, a good news. It is about Jesus! I am sure that it will be a "great blessing" to you.

◆ First, here is ooo.(S)he is going to tell you his(her) personal story.
Personal testimony …(통역까지 6-7분이내로)
Do you like his(her) story? It is Jesus who made him what he(she) is today! Jesus is the only answer to all of our problems!

◆ Now, here is ooo.(S)he is going to tell you more about Jesus.
복음 제시 …(손 들 때까지)
Thank you very much. Now you can put your hand down.
You have to remember three things.
- First, Jesus is the only Son of God, who came to save you.
- Second, we are all sinners. "The penalty for your sin is eternal death."

But Jesus paid for all your sins with His blood on the Cross.

- Third, if you believe in Jesus, the blood of Jesus will cleanse all your sins. And you shall have eternal life with God!

I'll ask you again. Would you like to repent and receive Jesus as your Savior? Please raise your hands again. Please stand up.

People standing …

♦ 여기서부터는 대개 현지 사역자들이 함(비상시를 대비해서 팀장들은 숙지할 것)

The Bible says, "if you confess with your mouth that Jesus is Lord and believe in your heart that God raised Him from the dead, you shall be saved." I'll pray for you. Remember, God knows your heart. It is not just the saying the words, but the true faith in your heart that saves you!

Let's pray together to God. Please close your eyes and repeat after me

"God, thank you for loving me. I confess that I have sinned against you. I believe that your Son, Jesus died on the Cross, to pay for all my sins. I also believe you raised Him form the dead. Now I put my faith only in Jesus. Please forgive me and save me. I confess that Jesus is my Lord! Thank you for the gift of eternal life. I pray in Jesus' name. Amen."

Congratulation!

The bible says "To all who received Jesus, who believed in his name, he gave the right to become children of God!" You are the children of God.

There are five things you have to do from now on.

- Love God and all people.

- Read bible daily.
- Pray God constantly.
- Come to House Church and meet with other Christians.
- Tell others the good news about Jesus.

We will tell you more about these things later.

◆ 팀장이 세례에 대해 설명 후 현지 사역자가 세례를 준다.

◆ Introduce House church leader

Now I would like to introduce you the House Church Leader in this village. His name is _____. This house will be your place of meeting.

◆ We would like to pray for you and bless you.

남자들은 형제 팀장이, 여자들은 자매 리더가 머리에 손을 얹고 안수 기도한다. 나머지 팀원은 옆에서 함께 손을 어깨에 대고 함께 기도한다. 이 때 형제들은 여자들의 몸에 손대지 않는 것이 좋다.

<부록 10>

복음 소책자(Evangelism Tract)[15]

This light represents God.

In the beginning, God created the universe and everything in it. God made human beings **in His own image** so we can know Him, love Him and worship Him.
He wants to give you **eternal life** in heaven and **abundant life** on earth. He is a good king and He is love!

This darkness represents sin.

We live in sin. God made us to **worship Him alone**. But we served other gods and raised ourselves. That is sin. Sin separates us from God. That's why our hearts are filled with darkness - like greed, Pride, selfishness and hatred. God hates sin, because **He is righteous**. One day we will all die and stand before God and be punished for our sins. We are all destined to **go to hell** forever!

But *"God so loved the world that He gave His only Son, Jesus, that whoever believes in Him shall not perish but have eternal life!"*

Jesus Christ is the **Son of God!** Yet He became a man just like us! He lived a perfect life **without sin**. God, however, made Jesus die on the cross **as a sacrifice for our sins**. He **paid for the penalty** of all our sins with His blood!

Jesus was buried in a cave tomb. But on the third day, He resurrected from the dead!

Jesus **conquered sin and death!** Then God took Jesus back to heaven. One day, Jesus will **come again** to judge the world!

Jesus is "the only way" we can come to God!

Jesus said, *"I am the way, and the truth, and the life. No one comes to the Father except through me!"*

Jesus opened a new way leading to God. There is only **ONE WAY** and **ONE SAVIOR**, Jesus Christ! Jesus alone can forgive your sins and save you!

So repent your sin and believe in Jesus as your Savior!

"Whoever believes in Him has eternal life and is not judged."
He will lead you to heaven. If you cry out, **"Jesus I am a sinner, have mercy on me!"**, then He will come and save you. But if you **reject** Him, then the **wrath of God** remains on you! You will die in your sins, and suffer eternal punishment in hell.
WHAT CHOICE WILL YOU MAKE?

---

13 여기에 그림들은 EvangeCube의 이미지를 사용하였습니다.

The bible says *"if you believe in Jesus and confess with your mouth that Jesus is Lord, you shall be saved."* (Romans 10:9)
Do you want to **pray to receive Jesus** right now? Then, as you belive, **pray** this prayer sincerely!
"Lord Jesus, I am a sinner. I need You. Thank You for dying on the cross for my sins. I open my heart and receive You as my Lord and my Saviour. Thank you for forgiving my sins and giving me eternal life. I pray this in Jesus' name. Amen."
Jesus said, *"Whoever comes to me I will never cast out."* (John 6:37)

When you receive Jesus as your Saviour, you became a **child of God** and part of **the family of God**.
(John 1:12, Romans 8:16)

You have **eternal life** in Jesus.
(1 John 5:11)

Jesus promised that He would **be with you forever**. (Hebrews 13:5)

God gives you a **new life**. In order to live an abundant and fruitful life, you need to **live out your belief** in Jesus by **obeying His commands**.

LOVE God and all people.
(Matthew 22:37-39)

Because God loves us, we love God and others.
(1 John 4:7)

Read and sutdy the Bible, the Word of God, daily.
(Romans 15:4)

The Word of God is our **spiritual food**. The word of God is the **light** to guide our life according to His will.
(2 Timothy 3:16-17)

Pray to God continually.
(Philippians 4:6)

God, our Father wants to have constant **conversations** with us.
(1 Thessalonians 5:17)

Talk to God about both your joy and your concern on all occasions.
(Ephesians 6:18)

Go to church and meet regularly with other believers.
(Hebrews 10:25)

Jesus promised to **be with us** when two or three people gather together in His name.
(Matthew 18:20)

Tell others the good news about Jesus.
(1 Peter 3:15)

Go and tell your family and your friends about **Jesus** and about **your new life** in Jesus.

Welcome to the **family of God**. God also wants to **save your family**.
(Acts 16:31)

Get your family and friends together at your house to pray and to worship God.

〈부록 11〉

복음적인
말씀 묵상(3R QT)의 요령

김궁헌 목사

QT(말씀 묵상)는 단순히 성경을 읽고 자기 나름대로 깊이 생각해서 자신의 삶에 적용하는 것이 아니다. 말씀 묵상은 매일 성령 충만한 가운데 말씀으로 주님과 동행하면서 주님께 드리는 개인 예배(personal worship)가 되어야 한다. 그래서 말씀 묵상은 반드시 기도로 시작하고 기도로 진행하고 기도로 끝내야 한다. 이 개인 예배에는 반드시 아래의 세 가지 요소(3R)가 포함 되어야 한다.

◆ Repent(회개): 말씀을 묵상하면서 가장 중요한 것은 성령님의 음성을 들으면서 성령께서 지적하시는 모든 죄를 회개하는 것이다. 말씀은 언제나 자신을 찌르는 칼이 되어야 한다. 죄의 본질은 내가 하나님 자리를 차지하려는 타락한 옛 본성 혹은 옛 자아이다. 내 안에 하나님보다 나를 사랑하고 나를 드러내고, 하나님의 왕국보다 내 왕국을 확장하려는 악한 죄의 본성이 있다. 말씀을 읽으면서 언제나 이 죄의 본성을 부셔야 한다. 언제나 나의 옛 자아를 죽인다는 생각을 하면서 말씀 묵상하기를 권한다. 단순한 행동적인 죄만 회개하는 것이 아니라 더 근본적으로 옛 자

아를 죽이지 못한 죄를 회개해야 한다.

◆ Rebuke(꾸짖음)/ Rescind(무효화): 회개는 자신의 잘못을 인정하고 하나님께 고백하는 것으로 끝나서는 부족하다. 진정한 회개는 잘못된 길에서 완전히 돌아서는 것이다. 회개하고 다시 똑같은 죄를 반복해서 10년 20년 계속 짓는다면 그것은 결코 정상이 아니다. 악의 순환고리에서 벗어나야 한다. 그래서 회개와 더불어 Rebuke(꾸짖음)와 Rescind(무효화)가 필요하다. 나를 동일한 죄로 빠뜨리는 세력이 있다. 바로 마귀와 세상이다. 세상은 마귀가 지배하는 가치관을 말한다. 구체적으로 말씀을 가지고 나를 유혹하는 마귀와 세상을 믿음으로 맞서서 정복하는 것이 중요하다. 효과적인 방법이 '꾸짖는(rebuke)' 것이다. 예를 들어, "내게 음란한 생각(혹은 미운 생각)을 주는 악한 영은 떠나갈지어다"라고 외치며 꾸짖어야 한다. 죄를 정복하기 위해서는 마귀와 싸움에서 이겨야 하기 때문이다. 그리고 예수 그리스도의 피로 완성한 구원을 근거로 내 마음을 오염시킨 마귀의 악한 영향들을 무효화시켜야 한다. 예를 들어, "나의 죄책감은 예수의 피로 이미 깨끗하게 씻어졌다."고 선포해야 한다. 죄는 우리의 원수인 마귀와의 영적 싸움이다. 말씀 묵상하면서 기도로 싸워야 한다.

◆ Repletion(충만함)/ Rejoice(기쁨): 회개하고 다시 양심이 깨끗하게 되고 내 심령이 묵상한 말씀으로 채워지면 그 결과 내 안에 예수의 생명이 넘칠 것이다. 이것을 성령 충만이라고 한다. 자연히 구원의 감격과 기쁨이 찾아온다. QT는 매일 충만함과 기쁨으로 개인 예배를 주님께 드리는 것이다.

중요한 것은 QT를 성경 연구로 생각하면 안 된다는 것이다. QT는 "개인 예배"로 주님께 드려야 한다. QT는 기도로 시작해서 기도로 말씀을 묵상하고, 기도로 내 삶에 말씀을 적용하고, 기도로 끝나야 한다. 거룩한 제단 위에 제물처럼 기도로 자신을 태워서 주님께 자신의 인생을 드려야 한다. '3R QT'는 그런 목적으로 한다. 그래서 만약 말씀을 묵상할 때마다 Repent(회개)하지 않으면 QT가 아니다. 말씀을 묵상할 때마다 나의 죄를 끊고(Rescind) 나를 죄에 빠지게 하는 악한 영을 꾸짖고(Rebuke) 죄의 영향력에서 벗어나지 않으면 QT가 아니다. 말씀을 묵상할 때마다 십자가 위의 주님을 만나고 구속의 은혜에 감격해서 기쁨으로 충만하지(Rejoice) 않으면 QT가 아니다.

물론 말씀을 묵상할 때 성경 본문을 읽고 연구하는 자세도 중요하다. 말씀 충만이 성령 충만이기 때문이다. 냉철한 이성으로 말씀을 바로 파악하고 바른 진리 위에 서야 한다. 그러기 위해서 말씀을 묵상할 때 언제나 "그리스도 중심"으로 접근해야 한다. 많은 분들이 자기를 중심으로 접근한다. "내가 이 본문에서 무엇을 배우고, 내가 무엇을 느끼고, 내가 어떤 은혜를 받을까"를 먼저 생각한다. 잘못된 접근이다. 복음의 핵심인 그리스도를 중심으로 묵상해야 한다. 모든 성경은 예수 그리스도께로 수렴되므로 이 거대한 흐름(방향성) 속에서 각 구절을 읽고 묵상해야 합니다. 언제나 "그리스도가 어떤 분인가? 그리스도가 어떤 일을 하시는가? 그리스도가 내게 뭘 말씀하시는가?" 모든 마음의 생각과 관심을 예수 그리스도께 집중하면서 말씀을 묵상하는 습관을 길러야 한다.

다시 말한다. 말씀 묵상은 단순히 말씀을 관찰하고 연구하고 내 것을 만들어서 적용하는 과정이 아니다. 물론 성경 공부도 아니다. 말씀 묵상은 말씀과 기도로 매일 예수님을 만나는 것이다. 거룩하지 못한 내가 거룩한 주님을 만나면 내 안의 더러운 죄가 드러나기 마련이다. 죄를 회개하고 옛 자아가 죽고 내가 십자가에 못 박히고 오직 내 안에 예수 그리스도만이 점점 확장되어야 한다. 그것이 바로 하나님 나라가 내 안에서 이루어지는 것이다. 이런 훈련을 하는 것이 3R QT이다. 3R QT는 개인 예배이다.

물론 이 말씀 묵상은 하루 아침에 이루어지지 않는다. 적어도 3년-5년 이상 꾸준히 말씀을 배우고 묵상하고 말씀으로 주님과 교제할 때 점차로 이루어진다. 말씀 묵상은 그리스도인이라면 누구나 반드시 해야 하는 의무이다. 매일 말씀 묵상이 없이 그리스도인이 된다는 것은 거짓말이다. 우리 교회 회원이 되면 누구나 의무적으로 3R QT를 해야 한다. 목장에서 삶을 나눌 때 묵상한 내용을 나누어야 한다. 당장 오늘부터 시작하기 바란다. 처음부터 잘 되는 사람은 아무도 없다. 목장에서 목자/목녀들의 도움을 받아가면서 시작하기 바란다. 혹시 중간에 못하게 되어도 포기하지 말고 그 날부터 다시 시작하라. 3R QT를 통해 매일 "그 아들의 형상을 닮아가는" 성도들이 되시기를 축복한다.

〈부록 12〉

'우리의 선교는
하나님의 역사입니다'

안강희 선교사

미얀마의 수도인 양곤과 만달레이 시 중간 쯤에 자야와디라는 지역이 있습니다. 자야와디(Zayawaddy)시와 주변 마을에는 대부분 인도의 비하르주에서 온 7만 명 이상의 사람들이 농사를 지으면서 살고 있습니다. 힌두교가 대부분이고 회교도들도 약 천 오백 명이 있습니다. 이들 마을마다 힌두교 사원이 있고, 간디 기념 강당과 백개나 넘는 학교에서 힌디

▶ 미얀마 내 보즈푸리 언어 종족에게 복음 전하는 모습

부록 301

어를 가르치고 인도의 힌두교 강경 단체(RSS)도 지회를 두고 있습니다. 이 농부들은 비하르주의 아라(Ara)의 왕족인 케샤브 프라사드 신하(Raja Keshav Prasad Sinha)라는 사람이 데리고 왔습니다. 그는 자야와디 지역과 주변의 땅 2만 에이커(1천 4백 5십만 평)를 영국 식민지 통치부로부터 30년 동안 쓸 수 있도록 임대를 했습니다. 첫 번째로 1889년에 3천 5백 명, 1902년에 4천 명을 이주시켰습니다. 영국의 식민지 정책에 따라 숲과 정글을 개간하여 농지를 만들고 주로 사탕수수를 심었습니다.

이들은 40개 이상의 동네에 흩어져서 살고 있습니다. 그들 중에는 단 한 명의 비하르주의 보즈푸리 언어로 설교하는 목사나 그들의 언어로 예배를 드리는 교회가 없습니다.

2016년 1월에 이들 가운데 교회를 세우고 목회자를 세우기 위해 인도에서 Rooo 목사와 Soooo 목사와 함께 미얀마에 왔습니다. 자야와디 지역 마을들을 다니면서 복음을 전하고 세례를 주었습니다. 양곤에서 사는 인도 사역자들을 훈련하여 비하르 보즈푸리 언어의 동네들을 개척을 하도록 했습니다.

미국 센프란시스코 지역에 있는 마라나타 비전교회가 2010년부터 비하르주의 미전도 종족들을 입양하고 담임목사님이신 김궁헌 목사님과 성도님들이 단기 선교로 와서 아라 지역의 무교회 동네들을 다니면서 복음을 전하고 가정 교

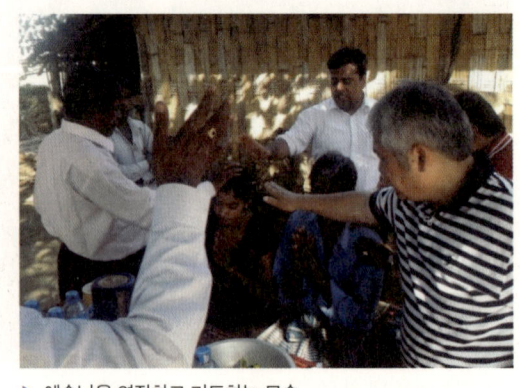
▶ 예수님을 영접하고 기도하는 모습

회들을 세웠습니다. 마라나타 비전교회에 미얀마의 비하르 보즈푸리 언어의 사람들의 상황을 설명하고 그들을 입양하여 교회 개척과 사역자 양성을 도와 주도록 요청했습니다. 2016년 3월 말에 마라나타 비전교회에서 단기 선교 팀을 파송해서 자야와디 지역 동네들을 다니면서 복음을 전했습니다. 동네 가운데 있는 힌두교 사원에 동네 사람들을 모아 놓고 복음을 전하기도 했습니다.

2016년 7월 19일에 드디어 비하르주에서 R○○○ 목사를 데리고 자야와디 지역에 갔습니다. 현지인이 복음을 전해 예수님을 영접한 사람의 집이 비어 있어서 한 달간 머물기로 했습니다. 그런데 동네에서 행정 책임자가 동네 모임을 소집하고 이민국에 전화를 걸어 R○○○ 목사가 머물 수 있는지 물어 보도록 했습니다. 당연히 외국인이 개인 집에 머물 수 없다고 하면서 당장 호텔로 옮기도록 했습니다. 비가 엄청나게 쏟아지는 한밤중에 다른 지역에 있는 텔레구 언어 교회 목사에게 전화를 해서 도움을 요청했습니다. 그 목사가 오토바이를 타고 와서 R○○○ 목사를 데리고 그 동네에서 빠져 나왔습니다. 지금은 이 목사의 교회에 머물면서 자야와디 무교회 동네를 다니면서 복음을 전하고 교회를 개척하고 있습니다.

비하르주의 아라 지역에서 인도의 왕족이 비하르 사람들을 미얀마 자야와드 지역으로 이주시켰는데, 만왕의 왕이신 하나님께서는 같은 아라 지역에서 미전도 종족을 개척하고 있던 하나님의 종인 S○○○○ 목사를 자야와디에 보내 비하르 보즈푸리 언의 사람들을 구원하고 계십니다.

놀라운 사실은 미얀마의 비하르 보즈푸리 언어의 사람들을 개척하려고 했던 우리들 중 아무도 비하르주의 아라 지역에서 온 것을 몰랐습니다. 그리고 왜 아라 지역에서 사역하던 R○○○ 목사를 도전해서 미얀마로

▶ 미얀마 보즈푸리 종족이 거주하는 마을의 힌두 신당에서 주민들에게 복음을 전하고 있는 모습

오게 했는지 이유를 몰랐습니다. 또한 마라나타 비전교회가 단기 선교를 왜 아라 지역으로 2010년에 갔었는지 이유를 몰랐습니다.

그러나 이 모든 것이 하나님의 역사적 섭리였다는 것을 이제야 알게 되었습니다. 우리는 하나님의 뜻에 순종하여 모르고 선교를 해도 하나님은 모든 것을 알고 계시면서 모든 일을 합력하여 영광의 구원의 역사를 만들어 가십니다.

우리의 선교는 하나님의 역사입니다. Our mission is God's history.

〈부록 13〉

'저는 엑스트라였습니다'

김연정 목녀

이번에 선교를 준비하면서부터 지금 간증하는 순간까지 온전히 하나님의 주권적 계획 안에서 이루어졌음을 주님께 감사 찬양을 드립니다. 지금 돌이켜보면 한 편의 영화였던 것 같습니다. 영화 제목은 '하나님이 하시는 일'. 감독 그리고 주연은 여호와 하나님, 성령, 예수. 그리고 저는 여러 조연 중 한 명이었습니다. 아니 수많은 엑스트라(extra) 중 한 명이었습니다. 하나님께서 홀로 영광받으실 이 영화에서 한 엑스트라(extra)로 동참할 수 있었음은 주님의 은혜였습니다.

처음 1월에 동인도 선교에 지원서를 냈을 때는 남편과 다른 분들 간증을 듣고 가고 싶은 마음도 있었고 더불어 주님의 제자로서 살아가는 하나의 의무감으로 지원을 결심하였습니다. 하지만 지원 당시는 제가 2월 지역 전도 간증에서도 말했던 것처럼 주님의 제자로 사는 것이 너무 힘들고 버겁고 무거웠습니다. 어느 날 저녁 기도회 때 김건표 목사님 설교 중에 "주님의 제자로 사는 것은 사실 힘든 일이다. 목사인 나도 힘들다. 하지만 우리에게 주님이 계시고 주님을 바라보고 나아가야 한다"는 말씀에 힘을 얻었습니다. 특히 목사님도 쉽지 않다라는 말씀이 저에게 큰 위로가 되었습니다.

이렇게 주님의 제자로 사는 것이 힘들다고 생각하던 즈음에 김궁헌 목사님께서 설교하실 때 이런 말씀을 하셨습니다. "사람들은 장로님의 자녀가 좋은 대학 가서 졸업하고 좋은 직장을 잡아서 결혼하여 교회 잘 다니면 사람들이 부러워한다. 그런 것을 부러워하지 말고 자녀가 선교사로 살다가 순교하는 것을 부러워해야 한다"고 하셨습니다.

그때 저는 그 말씀이 제 마음에 콕 박혀서 매우 불편해 하며 이렇게 생각하였습니다. "저도 하나님의 뜻이면 저희 아이를 선교사로 보낼수 있어요. 하지만 순교까지는 너무한 것 아닌가요? 너무 가혹해요. 그러면서 왜 이렇게 주님을 따라가는 것이 힘들어요? 주님의 제자로 사는 것이 왜 이렇게 어려워요?" 라고 하면서 주님께 반문하고 떼쓰면서 한 달 정도 지냈습니다.

그러던 중 어느 순간 갑자기 "만약 오늘 네 아들이 하나님을 만나지 못한채 교통사고를 당하여 목숨을 잃으면 어떻게겠니?"라는 마음을 주시는 것이었습니다. 저는 엎드려 엉엉 울면서 "주님 저희 아이들 주님의 것입니다. 지금까지는 말로만 주님의 것이라 했습니다. 주님 죄송합니다. 저와 저희 아이들 목숨을 다 주님께 드립니다." 하고 저는 목숨을 내려놓았습니다.

그리고 나니 정말 놀라운 일이 저희 가정에 일어났습니다. 2월 중순에 있었던 유스 수련회(Youth Retreat)에서 저희 둘째 아이는 성령 세례를 받고 완전히 회개하고 새 생명을 얻고 새로운 삶을 살게 되었습니다. 솔직히 저희 아이는 교회에 오기 싫어하고 매주일마다 깨워서 데려와야 했고 매번 교회 안 갈 이유만 찾는 아이였습니다. 한마디로 믿음이 없이 부모의 강요로 교회에 참석하는 아이였습니다. 수련회에서 성령 세례를 받고 주님을 인격적으로 만남으로 우리 아이에게 새 생명과 새 삶이 주어졌습니다. 제가 아이의 목숨을 내려놓으니까 주님께서 저희 아이에게 새 생명을 주셨습니다. 제가 목숨까지 내려놓을 때까지 기다려주신 주님을 찬양합니다.

제가 인도에 도착한 날에 제 아이는 여기 마라나타 비전교회에서 성도님들의 축복과 함께 세례를 받았습니다. 이렇게 저희 아이의 중생(born again)과 함께 지역 전도에서도 마찬가지로 한 명의 영혼 구원이 얼마나 주님이 기뻐하시는 일인지 깨달으면서 기쁜 마음과 감사하는 마음, 그리고 자유하는 마음으로 인도로 나아갈 수 있었습니다.

하나님의 계획과 이끄심은 저희 팀 계획과는 다소 차이가 있었습니다. 원래는 비행기 스케줄이 샌프란시스코에서 델리까지 16시간 논스톱으로, 그리고 오디샤주의 수도 부바네스와르로 2시간 후에 떠나기로 되어 있었지만 파키스탄과 인도의 분쟁으로 파키스탄 영공을 못지나가므로 아랍 에미네이트에서 연료를 넣고 떠나는 바람에 델리에서 늦은 비행기를 타고 샌프란시스코에서 떠난지 30여 시간 만에 부바네스와르에 도착할 수 있었습니다. 델리에서 7시간 기다리는 동안 안강희 목사님을 만나서 주님이 일하시는 사역에 동참하는 것에 대해 격려의 말씀을 마음에 새기고 부바네스와르로 떠났습니다.

하지만 부바네스와르에 도착했을 때 저희 짐들이 transfer 되지 못하고 아직도 델리에 있다는것을 알게 되었습니다. 그래서 30시간의 비행과 그 다음 하루를 옷도 못 갈아입고 오직 성경책, 찬양집, 복음 제시 패널을 가지고 다음날 사역을 하였습니다. 주님께서는 저희가 잔뜩 싸온 짐 하나도 없이 달랑 저희 각자의 몸, 찬양, 말씀, 기도로 첫날 사역을 주님과 함께 은혜롭게, 그리고 기쁘게 할 수 있었습니다.

주님이 마음에 주시는 말씀은 우리가 바리바리 챙겨가고 잔뜩 싸가지

▶ 예수님을 영접한 후 안수 기도 받고 5분 동안 실신한 동안 예수님께서 빛 가운데 친히 안수해 주셨다고 간증함

고 간 것 없이도 전혀 부족함이 없이 주님이 주시는 풍족함으로 저희 마음과 생각을 집중하여 사역을 할수 있다는 마음을 주셨습니다. 짐 싸는 것에 focus 하지 말고 주님에게만 focus 하라는 마음을 주셨습니다. 저희 팀 모두 불만 불평없이 기쁘고 감사함 뿐이었습니다. 할렐루야! 주님은 이렇게 시작하는 시점부터 주님의 뜻과 계획 안에서 이끄셨고 저희 팀 모두 순종하며 기쁜 마음으로 따랐습니다.

첫날에는 전ㅇㅇ 장로님, 현지의 Sㅇㅇㅇ 목사님, Sㅇㅇㅇ 목사님의 제자 Gㅇㅇㅇ 목사님, 그리고 팀 6명이 같이 사역하였는데 인상적인 것은 Sㅇㅇㅇ 목사님이 성령 충만하시고 열정적이셔서 저희 팀과 매우 잘 맞고 같이 사역하는데 은혜롭고 큰 힘이 되었습니다. 첫날부터 치유의 역사가 일어나고 묶인 데서 놓임을 받아 주님께 돌아오는 은혜로운 일들이 일어났습니다.

첫날 만난 한 형제님은 코에 암이 있어서 코에서 피가 흐르고 오른쪽 눈까지 퉁퉁 부어있고 오른쪽 눈에서는 눈물이 끊이지 않고 나오고 있었습니다. 저희가 기도하고 나서 제가 느낀 것은 흐르던 눈물이 멈추고 많이 부어있던 눈 부위가 조금 가라앉아 보였습니다. 저희가 떠나는 날 형제님이 Sooo 목사님께 연락해서 피가 나오는 것이 완전히 멈췄다고 합니다. 할렐루야!

둘째 날부터 사역은 두 팀으로 나누어서 하였습니다. A 팀은 전oo 팀장님 홍oo 자매님 송oo 자매님 저와 Gooo 목사님, 그리고 B팀은 정oo 팀장님 손oo 형제님 석oo 자매님, 그리고 Sooo 목사님 이렇게 나누어서 사역하였습니다. A팀의 첫 번째와 두 번째 미팅은 fan도 없는 양철 지붕 밑에서 해서인지 정말 많이 더웠습니다. 전 장로님은 온 티셔츠가 땀으로 젖어셨고 바닥에는 흘리신 땀으로 흠뻑 젖으셨습니다. 저는 원래 땀을 잘 안 흘리는 체질인데 이날은 등 뒤로 땀이 줄줄 흐르는 것이 느껴졌고 제 평생에 그 세 시간이 제일 땀을 많이 흘렸던 시간이었습니다.

하지만 두 미팅 동안 땀은 많이 흘렸지만 모든 사역과 기도는 전혀 방해를 받지 않고 온전히 주님께 focus 할 수 있었고 기쁨과 감사가 넘쳤습니다. 이건 성령 하나님께서 함께 해주셨기 때문임을 고백합니다. 이들은 복음을 듣고 눈빛이 바뀌면서 환하게 웃고 저희는 땀으로 다 젖었어도 서로 안고 기뻐하였습니다. 한 자매가 손을 꼭잡고 아쉬워하며 짧은 영어로 다음에 다시 오고 그때 다시 자기네 집으로 꼭 오라고해서 저는 알았다고 대답하였습니다. 다시 한 번 오리사에 가서 그 자매님을 다시 꼭 만나고 싶습니다.

세 번째 날은 부바네스와르에서 2시간 45분 정도 떨어진 자낙스푸어로 갔습니다. 여기는 매우 한적하고 징겨운 초가집 마을이었습니다. 이날은 인도에 선거날이어서 가는 중간중간에 군인이 차를 세우고 체크하던 중 한 청년이 장로님쪽으로 오더니 악수를 청하면서 손가락으로 차 안에 뭔가를 가리키며 달라고해서 보니 오리사 방언으로 된 복음지였습니다. 그래서 복음지 4-5 개를 주었습니다. 참 신기하고 놀라운 일이었습니다. 그리고 가는

2시간 내내 기도와 찬송을 계속하며 가는데 중간 조금 지칠쯤에 항상 화나고 무표정이었던 운전사 아저씨가 차를 세우더니 웃으면서 밖에서 파는 fresh coconut에 스트로를 꽂아 각각 하나씩 가져왔습니다.

처음에는 안먹으려고 했는데 장로님께서 다 때에 맞춰 주님이 마련하여 주시는 것이라고 드시기에, 또한 운전사 아저씨가 보여준 성의를 봐서 다 마셨습니다. 그리고 다마신 껍질을 달라고 하더니 코코넛 오일 같은 것을 발라서 가져왔습니다. 그것을 다 먹고나니 진짜 몸 안에서 에너지와 힘이 났습니다. 좀 피곤했던 것이 싹 사라지고 새 힘이 솟아 났습니다. 시간과 여의가 없어서 점심을 못 먹을 것을 대비하여 주님께서 미리 마련하여 주셨던 것 같습니다. 주님 감사합니다.

첫 번째 미팅부터 주님이 임재가 강하여 많은 치유의 역사가 일어났습니다. 그중 기억에 남는 한 자매님이 있었습니다. 20여 명 모인중에 눈이 반짝반짝하며 제일 집중해서 모든 것을 잘 듣고 영접한 자매였는데 치유기도에 나와서 귀가 잘 안들린다고 하였습니다. 두 번의 기도로 귀가 잘 들린다고 하고 들어가려고 하는데 절룩절룩 걷는 뒷모습을 보고 다시 오라고해서 발을 보니 오른쪽 발이 완전히 꺾이고 틀어져 있었습니다 저희 팀은 간절히 기도했지만 고쳐지지 않았습니다. 저는 그 자매 발을 붙들고 기도했는데 제 마음은 간절히 기도하면서 솔직히 마음속으로 살짝 의심했습니다. 기도하는 내내 저의 믿음 없음을 회개하였습니다.

저는 그 집회가 끝나고 이동하는 내내 차 안에서 주님 죄송합니다. 주님 제가 살짝 의심했습니다. 용서하여 주세요. 다시는 주님이 하시는 일에 의심하지 않겠습니다. 그리고 지금 돌이켜 생각해 보면 그 자매도 처음부터 발에 대한 기도 제목을 안냈던 것은 아마 의심했던 것 같습니다. 사도행전에 14장에 나오는 '구원 받을 만한 믿음' 있는 자에게 역사하시는 하나님 죄송합니다. 제가 믿음이 없었습니다. 다음 장소로 가는 내내 차 안에서 회개했습니다. 역시 주님은 신실하십니다. 바로 다음번 미팅에서 엄청난 주님의 치유의 역사가 일어났습니다.

두 번째 미팅에서 저희 팀이 간증하고 복음을 증거하는 모든 사역 중에 한 두세 살 정도되는 아이 한 명이 저희 집회를 너무 열렬히 방해했습니다. 그아이는 정신없이 돌아다니고 사역자 바지를 잡고 울고 떼쓰고 하니 정말 저희도 혼미백산하고 있었습니다. 지금 돌이켜 보면 왜 그랬는지 알 것 같습니다. 아마 사탄이 엄청난 치유의 역사를 방해하려 했던 것 같습니다. 마지막 기도의 시간에 한 청년이 기도 받으러 왔고 그 청년은 귀머거리에 벙어리였습니다. 그래서 저희 팀 모두 열심히 기도를 했는데 치유의 역사가 일어나지 않았습니다.

그래서 장로님이 그 청년에게 물어봤습니다. 이 청년이 예수님을 영접했냐고 말입니다. 하지만 이 청년은 바로 전에 어머니가 기도로 고침을 받고 어머니가 아들을 데리고 온 것이었습니다. 그래서 사역자가 따로 복음지로 복음을 전하자 청년이 영접하니 세례를 베풀고 나서 기도를 했습니다. 정말 거기에 모인 모든 사람들이 눈물로 기도했습니다. 이 청년이 귀가 열리면서 다 듣고(그중 특히 너가 얼마나 하나님에게 귀하고 아름다운지 아느냐?라는 말에) 얼마나 마음이 지금까지 힘들었는지 엉엉 울며 예수 예수, 그리고 자이마시키를 연속으로 외쳤습니다, 할렐루야! 이렇게 3번째 미팅을 마치고 점심도 못 먹었지만 돌아오는 내내 찬양과 감사와 기도가 끊이지 않았습니다. 온전히 주님께서 행하신 모든 것을 기억하며 주님께 영광을 올립니다.

마지막 미팅 4일째, 저희는 지치지도 않고 기쁨과 감사로 하루를 또 시작하였습니다. 첫 번째 미팅 장소에 복음 증거와 세례가 끝난 다음 젊은

▶ 예수님 영접한 후 아팠던 허리 통증이 사라져 감사하다고 여러 번 꼭 안아주는 할머니

청년이 양쪽의 친구의 부축을 받고 기도받으러 왔습니다. 혼자 걷지 못하는 그 청년은 일 년반 전에 사고로 다리를 다쳤다고 하였습니다. 두 다리가 몸에 비해 너무 마르고 빈약해 보였습니다. 눈물과 땀의 간절한 3번의 기도로 그 청년은 일어나서 아무 부축없이 천천히 걸을수 있었습니다. 그리고 모든 pain이 사라졌다고 말하였습니다. 할렐루야! 또한 홍oo 목녀님이 그 청년에게 목녀님의 아들 명철이 대한 간증을 하시고 눈물로 용기와 위로와 축복함으로 안아주니 비로소 활짝 웃으면서 눈에는 눈물이 글썽거렸습니다. 정말 잊을 수 없는 장면이었습니다.

그리고 그 마지막날 두 번째 미팅에서 결국 운전사 아저씨가 세례받고 Sooo 목사님 교회로 나가기로 하셨습니다. 세 번째 미팅은 취소되었는데 저에게는 마지막 미팅이 취소되어서 너무 아쉬웠습니다. 역시 미팅이 취소된 이유가 있었습니다. 호텔에 돌아오자마자 엄청난 천둥 번개가 1시간 이상 쳤습니다. 주님은 저희를 위해 주권적으로 계획하시고 모든 것을 마련하여 주십니다. 저희는 주님의 음성을 들으면서 따라가면 모든 것을 주십니다.

마지막 5일째, Sooo 목사님과 함께 새로 지을 센터 부지를 보러가서 거기에서 찬양과 축복 기도를 하였습니다. 그리고 Sooo 목사님 교회에서 사역자 미팅(worker's meeting)을 가졌습니다. 총 7명이 참석하였는데 전 장로님의 격려와 설교가 인상적이었고 매우 은혜로왔습니다. 지교회 방문을 마지막으로 이번 동인도 사역을 모두 마쳤습니다.

저의 이번 선교는 앞서 말씀드렸던 영화 '하나님이 하시는 일' 이라는 영화에서 모든 감독과 setting과 계획 모두 주님이 하시고 저는 조연으로 하나님이 하시는 일들을 보고 즐기면서 찍었습니다. 저희 아들과 지역 전도를 통하여 이뿐 아니라 나에게 일어났던 다른 여러 가지 일들을 통하여 영혼 구원의 귀중한 마음을 주셨고 인도에서 죽어가는 영혼이 새 생명을 얻고 주님께로 돌아오는 것이 저도 이렇게 기쁜데 주님은 하늘에서 얼마나 기뻐하실까? 하는 생각을 하였습니다.

이 기쁨은 제가 보통 느끼는 기쁨과는 차원이 달랐습니다. 지금까지는 저는 나의 유익에서 오는 안락함과 만족감으로 기쁨을 느꼈던 것 같습니다. 이것은 진짜로 말로 표현할 수 없는 넘치는 기쁨입니다. 정말 모두 다 느끼셨으면 합니다. 제가 젊었을 때 여행을 많이 했지만 지금까지 다녔던 모든 여행 중 최고 중에 최고였습니다. 사실 저는 치유의 기적을 기대하고 선교지에 나가지는 않았지만 덤으로 넘치는 치유의 기적으로 주님의 살아계심과 역사하심을 보면서 마음껏 찬양하였습니다.

열방에서 예수의 이름을 한 번도 들어보지 못한 영혼들에게 예수의 이름에 능력이 있음을, 그리고 십자가 보혈로 새 생명을 얻는 것을 증거하는 것은 정말 저에게 너무 축복된 시간들이었습니다. 김태훈 선교사님이 지난번 간증에서 사람들이 선교사님들에게 너무 수고하고 애쓰신다고 또 고생하신다고 쯧쯧하시는 분들이 많으시다고 하면서 선교지에서 절대 그렇지 않고 주님이 주시는 기쁨이 넘치신다고 하신 말씀이 지금에 와서야 마음에 와 닿습니다.

저는 선교를 마치고 집에 돌아올 때는 인도에서 성령 하나님과 함께 한 매일 잠자는 시간까지 24시간 동안, 그리고 7일의 사역을 같이한 것과 똑같이 이곳에서도 천국의 삶을 누리고 싶다는 소망이 가득합니다. 물론 어렵겠지만 맛을 보았으니 정말로 여기서 이 천국의 삶을 누리고 싶습니다. 선교지에서는 매 순간마다 성령 충만함과 임재하심을 느끼는 것은 하나님의 일을 하고 저희가 주님만 바라만보고 있으니 주님이 모두 행하시지만 여기서는 우리가 우리의 일을 하면서 하나님을 찾기 때문에 그런 것 같습니다. 우리는 지금 있는 가정에서 또 직장에서, 그리고 교회에서 조차 하나님의 일을 하여야 하는데 내 뜻대로 내 일을 하면서 하나님을 찾아 끼어 맞추려고 하니 주님의 음성을 듣지도 못하고 있는 것 아닌가? 하는 생각을 하였습니다.

그러므로 이제부터 저는 매순간 주님의 일을 하기를 소망합니다. 주님이 원하시고 뜻하시는 일을 하기를 원합니다. 간증을 쓰면서 계속 생각이 드는 것은 이 간증의 글로나 말로 제가 겪었던 하나님과 함께한 시간을 다 표현하기는 역부족이고 정말 어렵다고 느낍니다. 마지막으로 저희 팀원 7명 모두께 감사드립니다. 팀원 모두 주님의 일에 헌신적이셨고 순종적이셨고 다들 성령 충만하셔서 하나를 이루었던 것 같습니다. 특히 전병일 장로님의 성령 충만하심에 저희는 묻어갈 수 있었고 그 엄청난 리더십에 감사합니다.

제일 감사하는 것은 이곳에서 기도의 끈을 붙잡으시고 저희 동인도 팀을 위해 한마음으로 기도하여 주셔서 정말 감사합니다. 모든 것을 행하신 주님께 모든 영광 올립니다.

자이마시키!

2019년 4월

〈부록 14〉

'2020 세계 교회 지도자 미전도 종족 개척 선교 대회' 취지문
2020 Global Assembly of Pastors for Finishing The Task

안강희 목사

I. 대회의 역사적 배경: 태동 및 연혁

전 세계 교회를 동원하여 미전도 종족들을 개척하자는 '기독교 21세기 운동(AD2000&Beyond Movement)'이 1989년 로잔 마닐라 대회의 후속 사역으로 시작되어 2000년 말까지 추진되었습니다. 미전도 종족 개척 선교의 중간 평가와 계획을 위해 한국 교회가 지원하고 '기독교 21세기 운동'이 주관한 '95세계 선교 대회'를 사랑의교회, 충현교회, 횃불 선교 센터에서 열었습니다. 186개 국가에서 약 4천 명의 대표들이 참석하였습니다. 암스테르담 2000 대회에 참석했던 선교 전략가들과 선교 리서치 전문가들은 '95 세계 선교 대회(GCOWE 95)' 이후에 세계 교회가 연합하여 일한 결과로 미전도 종족 개척 선교에 괄목할 만한 성과가 있었다고 발표했습니다.

그러나 당시에 단 한 명의 교회 개척 사역자도 없고, 교회도 없는 약

3,000개의 미접촉 종족들이 남아 있다고 발표를 했습니다. 암스테르담 대회 전략 분과 모임에 참석했던 교단과 선교 단체 지도자들은 남아 있는 세계 선교의 최대 과업인 미접촉, 미전도 종족들을 모두 개척하는 일에 서로 협력하고 연계하고 연대하여 '남은 과업 성취 운동'을 추진하기로 합의를 했습니다. 현재까지 미국 교회 내에서는 암스텔담 대회에서 결성된 미전도 종족 개척 선교 협력체인 '테이블 71' 모임이 주체가 되어 미국 교회와 교단 선교부와 선교 단체들을 동원하여 미접촉 미전도 종족(Unengaged Unreached People Groups) 개척 선교 운동(Finishing The Task)을 벌이고 있습니다. 2000년에 약 3000개였던 미접촉, 미전도 종족이 2019년 현재 약 310개만 남아 있습니다.

세계 선교사에 있어서 가장 빠른 시간에 가장 많은 미접촉, 종족들을 개척할 수 있었던 것은 '남은 과업 성취 운동(Finishing The Task)'이 전 세계 지역 교회들과 선교 단체들과 선교사들이 총체적인 협력 선교 운동을 펼친 결과였습니다. '남은 과업 성취 운동(FTT)'의 협력 단체들과 전략 선교사들은 지역 교회가 미전도 종족을 입양할 뿐만 아니라 교회의 인력과 사역 자원을 동원하여 미전도 종족 개척 선교에 직접 참여할 수 있도록 교단과 교회 지도자들을 훈련하고(Strategy Coordinators), 교회 개척 선교에 필요한 전략과 방법들을 제공하고 있습니다. 미국의 새들백교회도 미개척 미전도 종족 개척 선교에 3,000개나 넘는 구역 소그룹을 동원하였습니다. 교인들이 사는 지역과 직장에서 개척 사역을 시작하고, 또한 자신들이 입양한 미전도 종족을 찾아가서 현지에서 사역하고 있는 선교사나 교회 지도자들과 미전도 개척 선교 사역을 협력하고 지원하도록 하고 있습니다.

미주 한인 교회들은 1995년 '95세계 선교 대회' 이후 지속적으로 중앙아시아를 시작으로 전 세계의 미접촉, 미전도 종족들을 입양하여 개척하는 일을 협력하여 왔습니다.

1. 2004년 6월 7일-9일 세계 민족 제자화 운동(Discipling A Whole Nation) 지도자들을 초청하여 한국과 세계 완전 복음화 운동을 공동으로 추진하기로 하고 DAWN이 2007년 세계 교회 지도자 대회 협력키로 하였습니다.

2. 2004년 8월 29일 루이스 부시(Transform World)를 초청하여 한국 교회와 사회의 변혁 운동을 추진하기로 하고 2007년 세계 교회 지도자 선교 대회를 협력하기로 하였습니다.

3. 2004년 태국 로잔 대회 중 10월 2일 김상복 목사가 서울 세계 교회 지도자 선교 대회를 공포하고 세계 교회 지도자들을 초청하였습니다.

4. 2007년 '남은 과업 성취 운동' 본부의 요청으로 '남은 과업 성취 운동' 대회를 서울 오륜교회에서 열었습니다. '남은 과업 성취 운동'의 최고의 지도자들이 와서 한국 교회에 전 세계의 미접촉, 미전도 종족들의 정보를 제공하고, 선교 전략과 자원과 자료들을 제공하기로 했습니다.

2007년 대회 후에 각 교단 해외 선교 책임자들이 중심이 되어 '한국 남은 과업 성취 운동' 진행 위원회가 결성되었습니다. 연합하여 선교사들과 지역 교회에 미접촉, 미전도 종족 정보들을 제공하고 개척 사역자 훈련을 제공했습니다. 세계협력선교회(Global Assistance Partner)와 교단 및 많은 선교 단체들이 협력하여 북아프리카, 프랑코폰 아프리카, 중앙아시아, 남아시아, 동남아시아, 동아시아 지역에서 선교하는 한국 선교사들에게 미전도 종족 개척 선교 훈련을 제공하였습니다.

2000년 당시 전 세계에서 가장 많은 미접촉, 미전도 종족들이 있었던 인도에서는 미주의 한인 교회들과 한국의 교회들이 인도의 미접촉, 미전도 종족들을 입양하여 한국 선교사들과 인도 교회와 개척을 협력한 결과 인구 500명 이상의 미접촉, 미전도 종족을 다 개척하게 되었습니다.

그러나 아직도 전 세계에는 약 310개의 미접촉, 미전도 종족들(Unengaged Unreached People Groups)이 남아 있습니다. 미전도 종족들 가운데 거의 교회 개척 사역이 일어나고 있지 않은 4,763개의 미개척 미전도 종족들이 있습니다. 복음화 율이 0.1% 미만의 4,763개 미개척 종족들(Most Underengaged Unreached People Groups or Frontier Unreached People Groups)의 약 18억 명의 복음화를 위해서는 전 세계 교회를 총동원해야 합니다. 미개척 종족들의 최상의 개척 전략은 각 나라의 현지 교회들이 자기 나라에 있는 미개척, 미전도 종족들을 입양하여 개척하도록 하고, 전 세계 교회와 선교 단체들과 선교사들은 현지 교회와 협력하고 지원하고 지도하는 것입니다.

II. 대회의 취지

주님 오신 지 2000년이 지났지만, 아직도 약 4,800개의 미전도 종족의 18억 명이 거의 복음을 들을 기회가 없는 무교회 지역에서 살고 있습니다. 큰 과제처럼 보이지만 전 세계에 있는 교회 숫자를 놓고 보면 별로 큰 문제가 아닙니다. 만약 전 세계 교회가 협력하여 미전도 종족 개척 선교에 참여하기로 헌신만 한다면 미개척, 미전도 종족들 가운데 반수 이상은 교회 개척 사역이 당장 시작될 수 있습니다(랄프 윈터, US Center for the World Mission; Finishing the task).

세계 교회의 최대의 선교 과제인 미개척, 미전도 종족들을 복음화하기 위해서는 전 세계의 모든 교회를 동원해야 합니다. 2020년 남은 과업 성취를 위한 '세계 교회 지도자 선교 대회'는 한국 교회를 포함한 세계 교회 지도자들과 미전도 종족이 몰려 있는 나라의 교회 지도자들이 만나 실제적으로 교회 개척을 위한 협력 선교의 전략과 계획을 협의하기 위한 것입니다. 미전도 종족 개척 선교를 위한 최고의 정보를 제공하고 최고의 사례들을 소개하여 미전도 종족 개척 선교의 비전(Envisioning)을 전수할 것입니다. 미전도 종족 개척 선교에 필요한 지역 교회 선교 훈련과 선교사 훈련(Equipping)을 제공할 것입니다. 또한 미전도 종족 개척 선교에 필요한 자원과 자료와 도구를 제공(Empowering)할 것입니다. 지역 교회와 선교 단체와 선교사들의 협력(Partnership)과 연계(Networking)와 연대(Alliance)를 촉진시킬 것입니다. 2020 세계 교회 지도자 선교 대회는 전 세계의 전 교회 즉 모든 교인들과, 모든 사역들과, 모든 기독교 자원을 총 동원하여 교회의 최대의 남은 과업인 미개척 종족들과, 미개척 지역들을 복음화 하기 위한 것입니다.

III. 대회의 목적

2020 세계 교회 지도자 미전도 종족 개척 선교 대회(2020 Global Assembly of Pastors for Finishing The Task)는 전 세계 모든 교회들을 총동원하여 아직도 복음을 듣지 못하고 있는 미개척, 미전도 종족들을 복음화 하기 위한 것입니다.

1. 한국 교회를 포함하여 모든 나라의 모든 교회들이 310 미접촉, 미전도 종족(Unengaged Unreached People Groups)과 가장 복음화 되지 않은

4,700여 개의 미개척 미전도 종족을 입양하고 교회 개척 선교를 협력하고 지원하도록 동원하는데 있습니다.

2. 한국 교회 및 세계 교회 지도자들과 교단 선교부와 선교 단체 지도자들과 선교사들과 미전도 종족의 교회 지도자들이 미전도 종족의 개척 선교를 위해 기도하고, 사역과 자원을 연계(Networking)하고, 협력(Partnership)하며, 연대(Alliance)하도록 하는데 있습니다.

3. 미전도 종족 개척 선교를 위해 전 세계 교회의 모든 신자들의 전문적인 직업과 관계와 영향력을 총동원하여 미전도 종족을 개척하는데 있습니다.

4. 전 세계 교회 지도자들의 미전도 종족의 개척 선교에 있어서 가장 효과적이고 전략적인 사역의 원리들과 경험들을 나누는데 있습니다.

5. 전 세계 교회들이 지속적이고 포괄적이며 장기적인 미전도 종족 개척 선교 전략과 계획을 수립하고 추진하는 것을 돕는데 있습니다.

6. 미전도 종족 개척 선교를 위해 현지 교회들을 총동원하기 위한 국가별 종족별 교회 지도자 모임들을 정기적으로 가지도록 돕는데 있습니다.

7. 미전도 종족 개척 선교를 추진할 수 있도록 교회와 교단 선교부와 선교 단체들이 미전도 종족과 무교회 지역의 자료와 정보를 수집하고 또한 교환할 수 있도록 돕는데 있습니다.

8. 전 세계 교회 지도자들이 한국 교회와 협력 선교 및 자매 결연을 통해 한국 교회의 기도와 제자화와 전문 사역과 세계 선교를 보고 배울 수 있는 기회를 제공하는데 있습니다.

9. 한국 교회가 비서구권 교회 중심의 세계 교회 선교 운동을 섬기고 돕기 위한 것입니다. 한국 교회가 아시아 및 남미, 아프리카 지역의 교회들이 미전도 종족 개척 선교에 적극적으로 참여할 수 있도록 협력하고 지

원하는데 있습니다.

10. 전 세계 미전도 종족 개척 전략가들이(Strategy Coordinators) 모여 세계 교회가 남아 있는 미접촉 종족들과 미개척 종족들을 개척하는 일들을 협력하는 방안을 협의할 것입니다.

IV. 한국 교회의 세계적 역할과 책임

하나님께서 한국 선교 초기부터 민족 복음화에 대한 비전을 한국 교회 지도자들에게 주셨습니다. 한국 교회가 연합하여 민족 복음화를 위해 기도하고 복음을 전한 결과 한 세기 만에 한국 사람 대부분이 복음을 듣고 지역마다 교회가 세워지게 되었습니다. 직장마다 신우회가 조직되고 전문 계층마다 그리스도인들의 모임이 생겨났습니다. 한국 교회는 한 세기 만에 민족 복음화의 기본적인 목표를 성취했고 전 세계에 선교사를 파송하여 세계 복음화를 돕고 있습니다. 세계 선교 학자들에 의하면 하나님께서 한국 교회를 통하여 한세기 만에 이루신 일들은 세계 기독교 역사상 보기드문 사례입니다.

기독교 21세기 운동(AD 2000 and Beyond Movement) 국제 대표였던 루이스 부쉬(Luis Bush)는 한국은 세계 변혁 운동(National Transformation Movement)의 대표적인 국가라고 말했습니다. 세계 민족 제자화 운동(Discipling A Whole Nation)의 창설자인 짐 몽고메리는 한국은 교회 개척 운동의 세계적인 사례가 된다고 했습니다. '89 마닐라 세계 선교 대회' 대회장이었고 기독교 21세기 운동 총재였던 토마스 왕은 한국 교회는 세계 선교 운동의 모범적 교회라고 칭찬했습니다. 또한 남미 지역의 성시화 운동(COICOM) 대표인 라울 후스티아노는 한국은 세계 성시화 운동(City Transformation)의 모본이라고 했습니다. 전문인 선교를 하는 세계적 사역자들은 한국을 직장 선교 운동의 세계적인 예라고 말하고 있습니다.

한국 교회가 세계 교회에 최대로 기여하는 길은 하나님께서 한국 교회에 주신 민족 복음화와 세계 복음화에 대한 비전과, 사역들(교회 제자화 사역), 민족 복음화와 세계 선교의 경험들을 세계 교회 지도자들에게 나누어 주는 것입니다. '95 세계 선교 대회(GCOWE 95)'에 참석했던 많은 세계 교회 지도자들은 한국 교회들을 돌아보면서, 자기들의 교회가 한국 교회처럼 성령 충만하고, 제자화 사역이 활발하게 일어나고, 세계 선교를 할 수 있도록 도와 달라는 요청을 했습니다. 10/40 미전도 지역의 효과적인 복음화를 위해서 한국 교회들의 모본적인 사역들을 미전도 종족 지역의 교회 지도자들에게 전수시켜 주고, 자료와 훈련을 제공하며, 개척 선교를 협력하고 지원해 달라는 부탁을 했습니다.

2020 세계 교회 지도자 미전도 종족 개척 선교 대회는 미전도 종족 지역에서 사역하고 있는 교회 지도자들을 초청하여 한국 교회 지도자들을 만나고, 한국 교회 사역을 경험할 수 있는 기회를 제공할 것입니다. 한국 교회가 그들 종족을 입양하여 그들을 협력 선교사 내지는 협력 목회자들로 삼고, 지속하여 협력 선교를 하게 되면, 그들은 한국 교회의 모본을 따라 교회의 모든 성도들을 제자화하여 자체적으로 무교회 지역과 계층과 사회 구조를 복음화 할 것입니다. 또한 한국 교회 지도자들과 교회 사역을 본받아 자기 종족과 국가 복음화 뿐만 아니라 다른 종족의 개척 선교를 돕는 세계 선교의 동역자들이 될 것입니다.

2020 세계 교회 지도자 미전도 종족 개척 선교 대회를 한국 교회가 중심이 되어 치름으로 한국 교회는 세계 교회 운동과 선교 운동이 서구권

중심에서 비서구권 중심으로 축이 넘어오는 과정에서 비서구권 교회를 대표하여 서구권 교회와 비서구권 교회를 연결하고 연합하는 견인차 역할을 하게 될 것입니다. 한국 교회는 세계적인 교회로, 한국 교회 지도자들은 세계적인 지도자들로, 한국 교회 사역은 세계적인 사역으로 발돋움하게 될 것입니다.

마라나타 비전교회 소개

'마라나타 비전교회'는 모든 민족들을 제자 삼으라는 지상명령에 철저하게 순종하는 교회이다. 미국 장로회(PCA) 소속으로 목장을 중심으로 평신도 사역을 활발하게 펼친다. 설립 때부터 주님께서 세 가지 비전을 주셨다. (1) 모든 교우들을 "예수의 제자"로 세우기 (2) 서로 사랑하고 섬기는 "예수가족 공동체" 만들기 (3) 모든 삶 속에서 땅끝까지 "하나님 나라"를 위해(선교사로서) 복음전하기이다. 이것을 나중에 '마라나타 비전'으로 불렀다. 성령께서 보여주신 초대 교회의 모습이 모든 시대의 교회가 추구해야 할 모델로 믿고, 교회의 본질을 회복하기 위하여 헌신하는 교회이다.

2006년 San Ramon에 설립 당시에는 '캐넌크릭한인교회'라는 이름으로 미국 교회인 Canyon Creek Presbyterian Church 예배당에서 파트너십으로 시작하였다. 교회 건물을 갖지 않고, 제자삼는 교회로, 모든 예산을 선교에 쓰며, 매년 한 사람씩 평신도 선교사를 파송하자는 각오로 출발했다. 감사하게도 주님께서 두 교회를 동시에 축복하셔서 둘 다 크게 성장했다. 그러나 두 교회가 성장하면서 부득불 2014년 10월에 현재 위치인 Livermore에 이전하였고, 교회 이름을 '마라나타 비전교회'로 변경하였다. 교회 건물은 주님께서 선물로 주셨다고 말하고 싶다.

처음부터 '선교적 교회'로 정체성을 가졌다. 처음에는 전통적인 선교 방식으로 이슬람권 선교에 주력하다가, 2010년부터는 왕의 길을 예비하는 선교(지교회가 주도하는 총체적 협력 선교)를 시작해서 미전도 종족을 개척하는 사역에 주력하고 있다. 세계협력선교회(GAP: Global Assistance Partners)와 함께 온 성도들이 직접 북인도, 네팔, 미얀마, 이스라엘, 터키, 이집트, 중국, 일본 등지의 미개척 종족에 교회 개척 선교에 앞장서고 있다. '기도-부흥-선교'의 틀을 따라 목장 사역을 통해 모든 성도들을 기도의 용사로 선교사로 훈련시키는 데 주력하고 있다.

http://www.MaranathaVC.org

세계협력선교회(GAP: Global Assistance Partners) 소개

세계협력선교회는 전 세계 미전도 종족의 복음화를 위하여 지역교회, 선교단체, 선교사 및 현지 교회들과의 전략적이고 글로벌한 협력 관계를 맺고 친밀하게 사역하고 있다. 주님께서는 "추수할 것은 많으나 일할 자가 적다"고 말씀하신다. 이 세상의 넓은 추수 밭에서 일꾼들이 모자라는 현실이다. 미전도 종족과 미개척 지역에서 일꾼을 찾아 훈련하고 제자삼고 교회를 개척할 필요가 절실하다. 그래서 우리는 이런 하나님의 비전을 품고 1995년부터 지금까지 미국과 한국의 많은 지교회들과 협력하면서 미전도 종족을 개척하기 위한 총체적인 협력 선교를 함께 수행한다.

우리는 각 국의 현지 교회들과 개척 비전을 공유하면서, 현지에서 훈련받은 일꾼들을 통하여 이들이 성공적으로 개척 선교를 수행할 수 있도록 준비를 갖추게 한다. 현지 교회들이 자국에서 사용할 수 있는 자료를 개발하고 제공한다. 우리가 개척한 현지 교회가 선교하는 교회가 되어, 자국 내의 미전도 종족 및 미개척 지역을 스스로 복음화 하도록 지원한다. 나아가서 현지 교회가 자체 선교사를 다른 곳으로 파송하고, 지원할 수 있도록 이끈다. 우리와 협력하는 지교회들에게는 미전도 종족과 미개척 지역을 개척하도록 세계 선교 비전을 제시하고, 장단기 선교사와 선교 팀을 받아서 훈련하고, 협력해서 개척 사역을 함께 수행한다. 개척된 현지 교회들에게는 권한을 부여해서 스스로 훈련하고, 자원을 확보하며, 다른 사역자를 지원하고, 감독할 수 있는 기능을 키워줌으로 현지 국가 및 지역을 자체적으로 담당하도록 독려한다.

http://www.globalassistancepartner.com

이 책의 모든 수익금은 '세계 교회 미전도 종족 개척 연대(세.미.연: GAP-FTT Mission)'에 보내져서 세계 선교의 가장 큰 우선순위인 복음화율 0.1% 미만의 4,800개 종족(18억 인구, 140개국)의 개척 선교를 위해서 사용됩니다.

후원계좌(한국):
세계 교회미전도 종족 개척연대(세미연)
국민은행 458701-04-504964

후원계좌(미국):
GAP-FTT Mission
Chase Bank Acct No.: 581739023 (Routing No.: 322271627)

*만약 Check으로 보내실 때는 Pay to the order of "GAP-FTT Mission"으로 적어서 아래 주소로 보내주시기 바랍니다.

5757 Woodrose Way Livermore, Ca 94551-9833 USA